星载 AIS 信号分析与处理

朱守中　张喆　李明　著

· 北京 ·

内 容 提 要

本书全面系统地介绍了星载 AIS（Automatic Identification System）信号的基本原理、信号分析模型、解调处理的新理论和新算法、实践应用和发展方向等。全书共 7 章，内容包括绪论、星载 AIS 信号概述、基于联合差分反馈的 AIS 重叠信号抗干扰解调、基于波形重构的 AIS 重叠信号单通道盲分离、基于时频变换的 AIS 重叠信号单通道盲分离、星载 AIS 信号解码纠错研究、结论与展望等。

本书内容全面，集系统理论与应用研究为一体。本书研究的算法均具有很强的实用性与指导性，有些算法已经应用于工程实践中。本书可作为航天电子侦察、通信与信息系统类专业本科生或研究生学习星载 AIS 信号处理的实用书籍，对国防工业部门、航天航空系统、海洋渔政部门等从事远洋运输管理、教学、科研的人员也具有重要的实用价值。

图书在版编目（CIP）数据

星载AIS信号分析与处理 / 朱守中，张喆，李明著. -- 北京 : 中国水利水电出版社，2020.6（2024.1重印）
ISBN 978-7-5170-8612-3

Ⅰ. ①星… Ⅱ. ①朱… ②张… ③李… Ⅲ. ①卫星监测—应用—航海通信—自动识别系统—信号分析②卫星监测—应用—航海通信—自动识别系统—信号处理 Ⅳ. ①U675.7

中国版本图书馆CIP数据核字(2020)第095425号

策划编辑：周益丹　　**责任编辑：**高　辉　　**封面设计：**梁　燕

书　　名	星载 AIS 信号分析与处理 XINGZAI AIS XINHAO FENXI YU CHULI
作　　者	朱守中　张喆　李明　著
出版发行	中国水利水电出版社 （北京市海淀区玉渊潭南路 1 号 D 座　100038） 网址：www.waterpub.com.cn E-mail：mchannel@263.net（万水） sales@waterpub.com.cn 电话：（010）68367658（营销中心）、82562819（万水）
经　　售	全国各地新华书店和相关出版物销售网点
排　　版	北京万水电子信息有限公司
印　　刷	三河市华晨印务有限公司
规　　格	170mm×240mm　16 开本　11.5 印张　170 千字
版　　次	2020 年 6 月第 1 版　2024 年 1 月第 2 次印刷
印　　数	0001—2000 册
定　　价	59.80 元

前　　言

挪威防御研究组织（Norwegian Defense Research Establishment，FFI）在 2003 年第四届 IAA（Internation Academy of Astronautics）小型地球观测卫星研讨会（Symposium on Small Satellites for Earth Observation）上最早提出了星载 AIS 概念，并在该次研讨会上做了星载 AIS 可行性研究的报告。后来，星载 AIS 这个概念又在多次会议上被进行交流，且于 2005 年 2 月被正式提交到国际海事组织（International Maritime Organization，IMO）。近年来，各国争相发展星载 AIS 技术。低轨卫星具有信号覆盖宽、传播时延小和损耗低等优点，因此采用低轨卫星搭载 AIS 接收系统，可以实现对全球范围内的海域进行监视，满足了对远海海域内船舶目标识别、跟踪、监管的需要，进一步提高了海上运输安全。我国海域辽阔，也是世界航运大国，并在全球航运市场占有举足轻重的地位，保障海上航运安全、保护人民生命和财产安全，迫切需要对远洋甚至全球海域进行实时的船舶监管。星载 AIS 的应用是解决当前世界海域内船舶监管的有效途径。因此，我国也与时俱进，在对星载 AIS 技术关注和跟踪的基础上开展具体的研究和实验。

自 2010 年开始，在重点基金项目“星载 AIS 盲分离技术”及与兄弟单位合作课题“AIS 信号地面解调算法”“多目标 AIS 信号模型设计”“星载 AIS 载荷全链路仿真与船舶检测概率评估系统”等支撑下，本书作者将星载 AIS 信号理论分析与工程实践相结合，系统地研究了星载 AIS 信号的特点与规律，一些研究成果已经在国内外重要的学术期刊和学术会议上发表。本书作为这些研究成果的总结与提炼，反映了目前国内外星载 AIS 信号处理的最新动态，集中介绍了单通道 AIS 信号分离算法，对突破星载 AIS 重叠信号单通道处理系统发展所遇到的技术瓶颈，提高船舶检测概率（在一定区域内及一定时间段内船舶被侦察设备发现的概率），最终生成态势情报，具有十分重要的理论意义和工程应用价值。

本书共分为 7 章。

第 1 章为绪论，介绍了星载 AIS 信号分析与处理的背景和意义，同时给出了本书的主要结构和内容。

第 2 章为星载 AIS 信号概述，对不同星载 AIS 重叠信号之间的多普勒频移、功率差、时延、重叠概率、重叠方式、信噪比、信干比等接收特征进行分析，研究重叠信号之间的功率差、频率差、时延等参数对处理性能的影响，给出重叠信号的特征分布概率图；同时分析盲分离算法对提高星载 AIS 船舶检测概率的影响；

最后引入信号分离因子，并基于该因子建立了 AIS 重叠信号处理能力与星载 AIS 性能的直观联系。

第 3 章针对重叠 AIS 信号处理需求，提出了联合差分反馈抗干扰解调算法，该算法分离信号时具有良好的抗干扰性能。针对算法中反馈因子的合理性极大地影响着算法的性能这一关键问题，本书提出了一种动态反馈因子选取方法，并详细分析了反馈因子对解调性能的影响，验证该算法在反馈条件下的误码率与解包正确率，分析分离性能受频率差和功率差的影响，并与一比特差分解调算法、二比特差分解调算法性能进行比较。

第 4 章提出一种基于信号波形重构的 AIS 重叠信号分离算法，该算法对波形重构中参数估计精度及抵消跟踪精度的影响进行理论分析，并对弱信号解调误包率进行实验验证。针对频率差小于 2kHz、功率差小于 4dB 时的重叠信号分离问题，本章提出短信号重构循环抵消的分离算法，该算法利用 AIS 信息结构和码元组合有限性特点，遍历码元组合实现信号波形重构。针对分离过程中信号匹配抵消这一难点，同时利用重叠信号码元组合的稀疏性，构造稀疏重构盲分离模型，提出基于稀疏重构的分离算法，该算法利用合成误差函数近似 l_0 范数建立对应的非凸优化问题，通过定点迭代格式的构造求解该问题，最后分析算法的收敛性能和码元估计性能。

第 5 章以短时傅立叶变换为基础，在重叠信号参数几乎全盲条件下，进一步放宽分离条件，提出基于时频变换的单通道盲分离算法。首先，算法通过短时傅立叶变换得到重叠信号中某一单信号的瞬时调制频率；其次，采用基于能量度量的同步与抽取算法作码元判决后恢复码元序列，并引入多门限判决与校验纠错思想，以降低误码率；最后，针对影响分离效果的因素进行理论分析，提出解调频差的概念，对解调频差的存在性和收敛性进行证明，并分析频率差和功率差对分离性能的影响。

第 6 章给出了基于 AMP 分解的解调算法，详细推导了算法原理，并对该算法在参数估计准确和模糊两种情况下分别进行了仿真，总结了该算法的应用条件，同时分析了循环冗余校验解码纠错算法对解调性能的影响。

第 7 章为结论与展望。

本书具有以下几个鲜明特点。

（1）新颖性：反映了当今星载 AIS 信号处理的最新研究进展，论述的解调算法和分离算法是目前研究应用的热点或将要引起人们关注的理论问题，内容新颖丰富，可启发相关领域的研究人员开展自己的新研究方向。

（2）学术性：具有一定的理论高度和学术价值，书中大部分内容提炼于国际国内一流的学术期刊公开发表的论文和作者的研究成果，细致而全面地展示了国内外大量最新的研究内容和发展动向，具有一定的前瞻性和学术参考价值。

（3）应用性：内容面向实践，尽量简化数学公式推导，强调在实际工程中的应用，为在各学科领域的扩展应用和延伸提供新型的优化方法。

在本书编写过程中，得到了国防科技大学电子科学学院博士生导师郭福成教授、柳征研究员的大力支持和帮助，同时还参阅引用了部分国内外学者的相关文献，在此一并表示诚挚感谢。

鉴于作者能力和水平有限，书中难免会出现一些疏漏和不妥之处，恳请读者批评指正。

作 者

2020 年 2 月

目　录

第 1 章　绪论

1.1　星载 AIS 信号处理的背景及意义

船舶自动识别系统（Automatic Identification System，AIS）是指在甚高频海上移动频段采用自组织时分多址接入方式自动广播和接收船舶动态、静态等信息以便实现识别、监视和通信的系统[1-4]。AIS 作为一种助航系统，在系统天线覆盖小区内具有收发短消息、交互电文、导航避碰等功能。在其电子海图上，能检测识别并显示小区内 80%以上船舶的航行状态、目的地、国籍、船舶类型等信息，有利于提高船舶海上航行效率和安全性，在海运中被广泛应用。我国 300 多家国际航运公司的 50 多万条船舶航行于世界各海域，监管任务繁重、需求迫切、手段单一。而当前岸基 AIS 和船载 AIS 设备的传输距离有限，均小于 30 n mile（海里），巡逻机、无人机等机载 AIS 设备虽可升空探测，扩大了接收范围，但受到航时、数量、任务类型、天气、海况等因素影响，有时性能上满足不了应用需求。随着我国海军的日益强大和渔政事业的发展，日常护渔、护航、反恐、撤侨等任务都要求海军从近海走向远海。因此，为实现对船舶的有效监控管理，急需研究一种有效的全天候的覆盖全球海域的技术手段，星载船舶自动识别系统（Space-Based Automatic Identification System，S-AIS）[5-10]应运而生。

星载 AIS 侦收系统可收到半径几百海里乃至上千海里内船舶的 AIS 信号，并可将 AIS 信号下传到地面数据处理中心，进而实现对我国周边海域乃至全球海域舰船的信息态势显示。处理中心还可对重点关注区域的单个目标和所有区域目标的 AIS 信息进行统计分析，通过长期积累建立对个体目标活动规律和区域目标态势的认知体系，并及时发现目标的异常情况和区域态势的异常情况，提供早期预警。AIS 信息也能通过专用信道实时转发给配有 AIS 接收设备的军用舰船，向其提供周围几百海里内舰船 AIS 信息的态势显示图，从而提高战舰的研判能力。因此发展星载 AIS 侦收系统不但可扩展全球海洋监视范围，加强对中、远海域的监视与管理，还可大大增强监视的时效性和提高船舶自身的早期预警能力。

对于星载 AIS 接收系统而言，接收天线采用单通道还是多通道接收需根据需求而定。与多通道接收或阵列处理相比，利用单通道进行多个时频域重叠信号的分离处理[11-13]只需一套接收处理设备，系统简单，成本大大减少，而且还可以避免多通道接收或阵列处理过程中的通道耦合及天线幅度相位不一致等问题，而这些问题又极大地影响利用多通道接收或阵列处理（主要是分离、解调）多个重叠信号算法的性能和复杂度。因此，研究单通道星载 AIS 信号处理技术具有重要的意义和实际应用价值。然而，单通道接收也有不容忽视的缺点，比如对分离两个以上信号的情况有很大的难度，且对重叠信号源之间有严格要求。但因其诱人的应用前景，单通道星载 AIS 还是受到国内外大量研究机构和学者的广泛关注。本书从工程实际需求出发，以星载 AIS 信号单通道处理为主展开研究，同时兼顾多通道处理技术。

在卫星视场内，星载 AIS 接收设备会同时收到多个小区的 AIS 信号，由于各小区之间没有协调机制，在同一时隙会有多个 AIS 信号出现，给处理带来困难。特别是在舰船密度较大情况下，星载 AIS 接收的信号时频域重叠现象十分严重，若无很好的分离处理算法，将直接影响解调解码效果，进而影响系统整体性能和后期效益。因此，研究有效的单/多通道分离算法或单/多通道抗干扰解调解码技术，对突破星载 AIS 单通道处理理论进一步发展完善所遇到的瓶颈、最终提高船舶检测概率（在一定区域内及一定时间段内船舶被侦察设备发现的概率）具有十分重要的理论意义和工程应用价值。

由文献[14]可知，时频域重叠信号单/多通道盲分离是星载 AIS 处理中一个重要研究课题，解决好这一问题，可以大大增加卫星覆盖范围内的船舶检测的数量，进而提高船舶检测概率，为相关部门决策提供重要信息保障。本书从星载 AIS 处理领域的迫切需求出发，对星载 AIS 时频域重叠信号的盲分离理论技术进行了深入研究，某些理论成果已经应用在星载 AIS 工程实践中。

1.2 星载AIS发展历史及应用现状

挪威防御研究组织（Norwegian Defense Research Establishment，FFI）在2003年第四届IAA（Internation Academy of Astronautics）小型地球观测卫星研讨会（Symposium on Small Satellites for Earth Observation）上最早提出了星载AIS概念，并在该次研讨会上做了星载AIS可行性研究的报告[10,11,13]。之后，星载AIS这个概念又在多次会议[21]上被提及与交流，并于2005年2月被正式提交到国际海事组织（International Maritime Organization，IMO）。此后，世界许多海洋国家相继开展了该项目的研究和实验工作。

从星载AIS概念的提出，到某些发达国家成功实现低轨卫星搭载AIS载荷进行船舶信息侦收与监控，经历的时间非常短。挪威2004年率先开始星载AIS方案的研究与设计，但到2006年才公开星载AIS理论研究与设计方案的文献[14]。文献[15]详细分析了AIS信号从发射到接收过程中功率、时延、频率等特征的变化，并对多普勒频移、Faraday偏转、信号功率的链路增益等进行了详细量化计算，为后续的研究工作奠定了基础。文献[16]提出了采用交叉极化天线结构来解决由于时隙冲突而引发的信号重叠问题，为后期引入变换天线结构来解决时隙冲突提供了新思路。2010年，挪威发射了两颗具有星载AIS接收处理功能的实验卫星：AISSat-1[17]和NORAIS[18]。其中，AISSat-1由挪威航天中心赞助，NORAIS由欧洲航天局赞助。文献[19,20]深入研究了星载AIS的检测模型，并认为AISSat-1卫星是目前世界上最先进的具有AIS接收处理功能的小卫星之一。

虽然挪威最早提出星载AIS概念并率先展开研究，加拿大却是世界上第一个成功运用星载AIS的国家[21]。加拿大COMDEV公司[22]在2008年完成了星载AIS计划的验证和研发工作，并从早期发射的具有AIS实验载荷的小型卫星TacSat-1[23,24,29]中吸取经验，同时在分析了星载AIS信号特征的变化之后，提出了一种采用半波偶极子天线[19,25]作为卫星载荷接收的实施方案。该天线的特点是极化方向平行于地球磁场的磁力线，优化了接收系统结构，取得了较好的实验效果。而后，Cain J S[26,27]

等人又对上述方案进行了分析，深入研究了星载 AIS 信号处理的难点，并着重分析了时隙冲突的特点与规律。同年，COMDEV 公司又完成了单通道星载 AIS 载荷 NTS 的设计和制造工作，并将地面接收站设置在加拿大多伦多市。

2008 年加拿大某公司成功发射了船舶跟踪海事卫星[28]（Nanosatellite Tracking of Ships，NTS），该卫星利用单根天线接收 AIS 信号，采用信号分离技术处理时频域重叠的 AIS 信号，检测解调的概率大大增加。该公司声称其系统具有独特的技术优势，核心技术已申报专利。其专利中提到，应用该项技术在卫星天线瞬时波束覆盖区域有 6000 条船的情况下，仍能达到 80%的正确识别率。图 1.1 为 NTS 分别用常规 AIS 接收机［图 1.1（a）］和专用星载 AIS 接收机［图 1.1（b）］对相同区域舰船目标的检测效果对比图。从图 1.1 可以看出，专用星载 AIS 接收机检测性能明显提高。

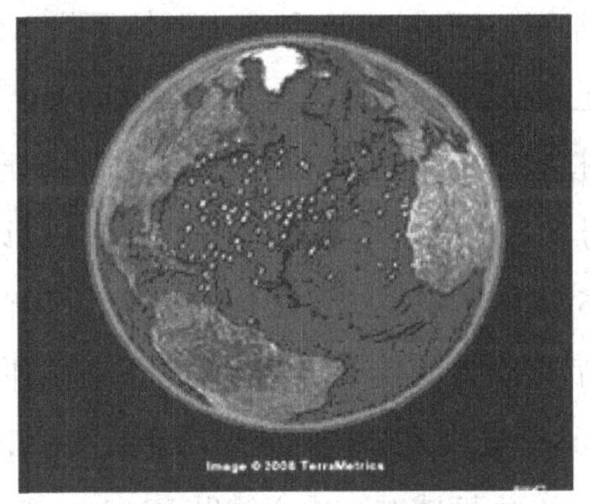

（a）常规 AIS 接收机检测效果

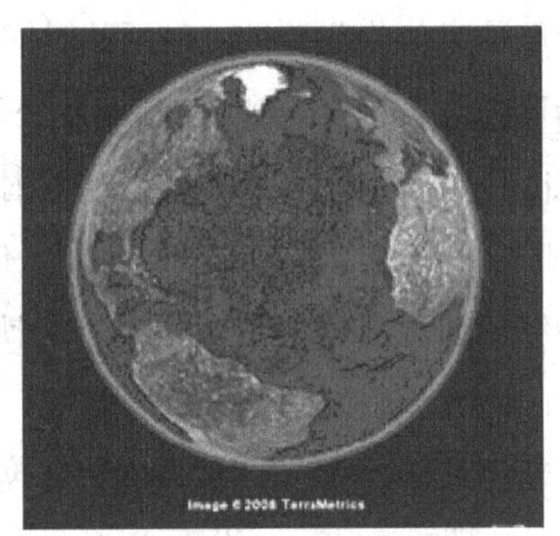

（b）专用星载 AIS 接收机检测效果

图 1.1 检测效果对比图

由于星载 AIS 技术在保障海洋航运安全方面的优势越来越突出，美国 ORBCOM 在研究星载 AIS 技术上投入巨资。美国在 2012 年底已发射两颗具有星载 AIS 功能的卫星，并计划在未来发射另外 18 颗具有 AIS 功能的卫星，从而实现对全球船舶的航运监控。我国在全球航运市场占有重要地位，因此应与时俱进，在对星载 AIS 技术跟踪的基础上开展具体的研究和实验工作。目前，国内星载 AIS 技术的研究刚刚起步[44,45,98-100]，主要研究单位有：国防科技大学电子科学学院、成都某研究所、南京某研究所等。2012年5月，国防科技大学“天拓一号”卫星的发射，标志着我国也跨入星载AIS技术研究与应用行列。“天拓一号”作为我国第一颗具有星载AIS功能的微小卫星，在轨试验期内，共接收到4万余条AIS报文，绘出了我国第一张全球船舶AIS海图，并成功参与了“神舟九号”的回收保障工作。从此，我国在研究和发展星载AIS领域拥有了一个新的平台。

总体看来，国内的研究成果离有效的系统工程应用还有一定的距离，“天拓一号”属于实验型小卫星，且由于卫星轨道较低、天线覆盖范围小、仅能解调单信号等原因，检测船舶数量极其有限。然而，目前我国在海洋监视、远洋船舶管理、反恐护航等应用领域对该系统及技术的需求却十分迫切。因此，突破星载AIS单通道盲分离关键技术，已成为国内星载AIS信号处理领域十分迫切的研究任务。

1.3 星载AIS分析与处理研究现状

1.3.1 星载AIS信号分析处理的主要内容

星载AIS信号单通道盲分离是典型的盲源分离问题，针对星载AIS特殊背景，需对以下三个方向展开研究：信号空间环境分析、检测识别概率模型研究和信号分离解调算法研究。星载AIS信号处理主要研究内容如图1.2所示。

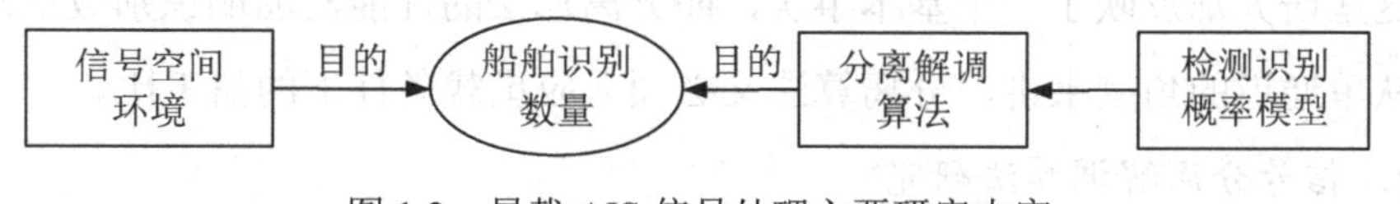

图1.2 星载AIS信号处理主要研究内容

1. 信号空间环境分析

信号空间环境分析是针对卫星接收AIS信号的多普勒频移[6]、Faraday偏转[20]、功率衰减、重叠信号源之间的时延等影响信号分离处理的因素进行分析。挪威的Ole Fredrik Haakonsen Dahl[20]详细分析了上述因素对接收信号的影响，并根据星载AIS信号的接收特点设计了一种多天线对消的解调方案，为后续设计信号处理流程提供了一定的参考。

美国的 PHILIPR 和 COWLE S[6]在 2009 年的专利中提到，充分利用多普勒频移，在重叠信号源中心频率差为 2kHz、功率差大于 3dB、信噪比大于 20dB 时能正确解调出功率较大信号。该结论也为算法研究提供了参考依据。

2. 检测识别概率模型研究

检测识别概率模型研究是针对星载 AIS 的天线结构及系统特点建立的检测概率模型，并对系统可行性及影响系统性能的关键因素进行分析。检测识别即船载常规 AIS 接收系统对小区范围内的其他船舶发射的 AIS 信号进行解调，识别出该船舶的相关信息。本书为便于表述，在星载 AIS 背景下认定船舶检测概率等价于船舶识别概率。算法设计的最终目的是提高卫星视场内的船舶识别概率。建立合理的识别概率模型，有利于改善算法设计思路、改进算法设计性能。Miguel A.Cervera 在文献[8]中假设卫星视场内船舶服从均匀分布，船舶发射时隙间隔相等，且仅考虑同一时隙发生重叠时的条件，建立了一种识别概率模型，并给出了仿真结果。该模型较直观地描述了船舶识别概率与卫星视场内船舶数量的关系曲线。但该模型不合理之处是当重叠信号是两重或两重以上时，建模时假设分离算法都能将单信号分离出来，这在实际中是不可能的。

除此之外，文献[6]还分析了卫星一次过顶时间与船舶识别数量的关系。文献[9]也研究了卫星轨道高度、天线波束、卫星视场内船舶密度与船舶识别数量的关系。这些研究都反映了一个基本事实，即分离算法的性能与船舶识别数量密切相关。从单通道的角度来讲，分离算法又必须适应星载条件下的信干比。

3. 信号分离解调算法研究

这里信号分离解调算法研究应该同时包括分离算法和解调算法以及分离解调效果有效性评价等三方面的内容。可以分别解决“源信号波形恢复”“源信号码元恢复”以及“分离效果如何”的问题。

分离算法是星载 AIS 信号处理技术的基础和核心，因为所选的分离算法的性能直接影响着 AIS 信号处理系统的船舶识别数量和检测概率。一般的单通道盲分离算法对 AIS 重叠信号的分离具有一定的借鉴作用，尤其是通信信号单通道盲分离的算法更有指导意义。由于AIS重叠信号分离研究的特殊性，相关单通道盲分离的文献也有涉及。另外，优秀的分离算法也有利于解调算法的设计。某些分离算法本质上也可以认为是抗干扰解调算法。分离算法对提高星载AIS信号处理系统的船舶识别数量如此重要，以至于现有绝大多数相关技术都集中于分离算法的研究上，尤其是单通道盲分离技术具有诱人的前景，这也是本书的阐述重点。

根据是要恢复波形还是要得到源信号码元信息的需求不同，可采用不同的分离方式：一种是利用单通道接收或观测信号直接分离出各源信号的时域或频域波形，再进行解调解码以完成分离；另一种是直接恢复各源信号的码元序列，从而也可达到分离的目的。二者均为单通道盲分离算法研究领域，与之对应的分离思路也有两类：一是AIS重叠信号波形分离算法；二是AIS重叠信号抗干扰解调算法。

1.3.2 AIS重叠信号分析处理算法研究现状

由于多通道盲分离技术不是本书研究重点，本节重点给出单通道盲分离技术的研究现状。单通道盲分离是指只用一根天线接收处理时域、频域或时频域重叠的同类调制信号的技术和方法，其广泛应用于雷达、通信、水声、医学成像等领域，自提出以来就受到国内外大量学者和研究机构的广泛关注。由于相关技术涉及商业应用，因而在技术上的保密要求相对较低，目前公开发表的技术性文献也相对较多。本书的研究重点是星载AIS重叠信号的单通道盲分离问题，该分离与通信信号盲分离问题背景相似，故可以借助通信信号盲分离研究的发展趋势进行分析，寻找发掘星载AIS信号盲分离研究的共同思路。

在重叠信号波形单通道盲分离的早期研究阶段[47-54,155,156]，由于重叠信号之间存在多普勒频移、码元调制参数不同，功率也存在差异等因素，人们发现在时域或频域重叠的信号通过变换域自适应滤波器后，可实现变换域上重叠信号的分离。该算法的本质是基于变换域滤波技术，JamesRH[39]在这方面取得了一定的成果，且推导了广义谱的构造及后续的分离算法。若针对两路重叠的AIS信号，信号调制方式及调制参数几乎相同，不同的是码元域、幅度域、频域等，特别是当多普勒频移量较大时（比如大于4kHz），采用频域滤波即可实现重叠信号波形的分离。

因此，上述变换域滤波方法值得借鉴。

文献[6]提到只要恢复 AIS 信号瞬时调制频率即可恢复码元，因此对 AIS 重叠信号的分离研究可以以恢复信号瞬时调制频率为出发点。文献[55]利用时变功率谱估计出各重叠信号的瞬时频率，该算法称为基函数法。文献[56]以时变 AR 模型法为例进行论述。基于时变 AR 模型的单通道盲分离算法是利用 AR 模型的时变系数对各重叠信号的瞬时幅度和频率进行估计，进而根据先验信息及参数恢复信号波形，实现重叠信号的分离，本质上是利用基函数展开方式估计时变系数，并将时变系数的估计转化成对时不变系数的估计，而对时不变系数的估计可采用递推方法。但该算法适应信噪比能力差，通常要求信噪比在 30dB 以上，当信噪比恶化时，误码率迅速增大，分离性能迅速下降，且该算法在工程应用上存在困难。

文献[2,46]中，Cand.ST 采用能量算子对 AM-FM 混合信号进行波形恢复的研究，该研究采用的算法将 AM-FM 信号在短时间内假设为单频信号，由于研究对象的频率和幅度是缓慢变化的，因此单频假设是合理和有效的。而对于 AIS 重叠信号，将对两信号分离问题转化为对各单信号的瞬时频率估计问题，这样虽将问题大大简化，但实际估计仍很困难，首先是将频率变化的信号进行了频率不变的假设，要求单频假设的区间要尽可能短，且要求单频估计的方法有很好的频率分辨率，其假设的单频很有可能由于重叠信号中心频率非常接近而无法实现分离，文献[54]还对该方法计算量进行了分析。针对通信信号恢复重叠信号中单信号瞬时频率是一个值得研究的方向。

2001 年，JAMES C J 提出了一种利用独立分量分析[48-60]（Independent Component Analysis，ICA）来进行单通道盲分离的算法。其主要步骤是：首先对单通道接收到的重叠信号通过动态嵌入（Dynamical Embedding，DE）的方法生成延迟向量[158]，并根据延迟不同生成多路延迟向量；其次利用 ICA 算法对重叠信号分离处理，得到多个分离后的向量；最后剔除无用信号，选择感兴趣的信号，并将其投影到测量空间。动态嵌入矩阵的构造是该算法的关键。Lee.J[157]在 2004 年给出了采用单通道构造多通道数据进行信号分离的方法，在该方法中，随着嵌入维数的增加，运算量呈指数级增大，且要求两路信号之间的成型滤波器一定要存在差异，同时过采样倍数、符号扩展时延也要选择合适，且对目标信号的选取难度也越来越大，因此实用性受到很大限制。

从实际效果看，重叠信号的单通道盲分离的研究都是针对某一种或几种具体信号而展开的，而没有一种算法能够适用于所有场景，这也是单通道盲分离的研究瓶颈，同时也是研究的魅力所在。上述研究中，文献[39]提出的变换域滤波技术值得关注。在本书后续的研究中，利用码元域的不同，提出了基于码元域差异信号重构分离算法，取得了良好的实验效果。本书在第 5 章提出的短时傅立叶变换分离算法即是从恢复瞬时调制频率出发展开的研究。

1.3.3 AIS 重叠信号抗干扰解调的研究现状

星载 AIS 信号单通道盲分离问题的研究近年来取得了飞速发展，国内外期刊也相继出现相关文章[30-40]，使得星载 AIS 信号处理已然成为当今的研究热点，尤其是对单通道分离算法的研究则更为深入。而已研制成功且投入使用的加拿大、挪威等国一直对技术严格保密，往往只给出一些文字性的介绍，极少透漏技术细节。本书参考大量文献，对星载 AIS 单通道盲分离问题进行了分析。1.3.2 节给出的独立分量分离算法、变换域滤波法、基函数法以及能量算子算法，都是针对恢复源信号时域或频域波形。下面总结和分析另一类算法，抗干扰解调算法，同时给出解调效果的有效性评价标准。

1. 非相干解调算法[32-35,62-66,68,69]

AIS 信号是典型的高斯最小频移键控（Gaussian Minimum Shift Keying，GMSK）信号[70,76-81]，目前，针对该类信号主要有两大类解调技术：非相干解调和相干解调。非相干解调算法是一种高效的解调算法，由于其结构简单，不需要进行信道参数精确估计，有助于简化电路，还能适应信号传输中的频率偏差和随机相位变化，特别适用于 AIS 信号的星上解调，常用的算法有一比特差分解调[72]、二比特差分解调[73]、鉴相算法[74-75]等。相干解调算法在已知载波频率、相位和码速率等先验参数信息情况下，可以获得优于非相干解调算法的误码率性能。非相干解调典型算法有：幅度调制脉冲（Amplitude Modulated Pulses，AMP）分解法[32]、基于模型（Model-Based Demodulator，MBD）算法[34,35]、逐留存路径处理（Per-Survivor Processing，PSP）算法[81]、粒子滤波法[81,82]。

Laurent[32]在 1986 年提出了一种思想：恒模二进制调相信号可以用一系列时限调幅脉冲来表示。AIS 信号的调制类型是 GMSK，因此可使用分解后的调幅脉冲来构建所有可能的信号波形，再通过最大似然序列检测来获得最接近源信号的波形，最后进行解调解码，该方法简称为 AMP 分解法[32]。文献[33]对该算法进行了详细的分析和推导，参见附录 A。此后，Kaleh 在此理论基础上提出了对连续相位调制信号的相干解调算法[83,84]。为了减少该算法中 Viterbi[85]译码部分的网格数、降低算法复杂度、提高运算效率，文献[86]进一步改进了该算法，并得出在两重叠源信号之间频率差大于 2kHz、功率差为 3dB 时能将强信号正确解调，且解包正确率优于 80%。由于相干解调电路实现相对复杂，且对信道参数、重叠信号参数等估计要求较高，目前，星载 AIS 接收处理系统还没有应用该类算法。

在文献[34,35]中提到的 MBD 算法采用前后线性预测（Forward-Backward Linear Prediction，FBLP）估计重叠信号的瞬时频率，其误码性能优于差分解调。该算法不能解调弱信号，且奇异值分解运算随着阶数的增大而越来越复杂，导致应用受到限制。

粒子滤波法又称序列蒙特卡罗（Sequential Monte Carlo，SMC）法，其基本思想是：对未知变量的后验概率分布进行蒙特卡罗采样，调整每个样点的权重来逼近最终的概率分布函数。每个采样点称为一个粒子，粒子足够多时能逼近任意复杂的概率分布函数。该算法的缺点在于计算复杂度大，由于基于最大似然准则，因而复杂度随调制阶数呈指数增长。

PSP 算法的基本思想是将基于数据辅助的未知参数估计技术嵌入到维特比算法[82]结构中，实现参数和序列的联合估计。下面给出 PSP 算法[81,82]的简要推导。

建立如下重叠信号简化模型：

$$\boldsymbol{y}_k = g_{1,k}\boldsymbol{a}_{1,k} + g_{2,k}\boldsymbol{a}_{2,k} + \boldsymbol{n}_k \tag{1.1}$$

单通道盲分离的目标是通过接收到的重叠信号 $\boldsymbol{y}_k$，采用最大似然算法进行估计恢复码元序列 $\{\boldsymbol{a}_{1,k},\boldsymbol{a}_{2,k}\}$，由于参数 $\{g_{1,k},g_{2,k},k=0,1,\cdots\}$ 未知，所以最大似然估

计必须在序列和参数$\{g_{1,k}, g_{2,k}, k=0,1,\cdots\}$组成的联合空间进行，即

$$\Phi = \arg\max_{\Phi,G} P(Y/\Phi, G) \tag{1.2}$$

式中，Φ表示$\{\phi_k = (\boldsymbol{a}_{1,k}, \boldsymbol{a}_{2,k}), k=0,1,\cdots\}$组成的码元序列；$G$表示$\{g_{1,k}, g_{2,k}, k=0,1,\cdots\}$构造的信道响应；$Y$表示$\{\boldsymbol{y}_k, k=0,1,\cdots\}$接收样点。

设k时刻状态为$s_k = [\boldsymbol{a}_{1,k-L_1+2:k+L_2}, \boldsymbol{a}_{2,k-L_1+2:k+L_2}]$，在$k$时刻输入码元$(\boldsymbol{a}_{1,k+L_2}, \boldsymbol{a}_{2,k+L_2})$时，状态从$s_{k-1}$到$s_k$，同时输出$\boldsymbol{y}_k$，状态转换可表示为

$$s_{k-1} \xrightarrow[\boldsymbol{y}_k]{(\boldsymbol{a}_{1,k+L_2}, \boldsymbol{a}_{2,k+L_2})} s_k \tag{1.3}$$

在时刻k，式（1.3）中的似然概率可以表示为

$$\begin{aligned} P(Y/\Phi, G) &= P(\boldsymbol{y}_{0:k} \left| \boldsymbol{a}_{1,0:k+L_2}, \boldsymbol{a}_{2,0:k+L_2}, g_{1,0:k}, g_{2,0:k} \right.) \\ &= \prod_{k=0}^{K} P(\boldsymbol{y}_k \left| \boldsymbol{a}_{1,k}, \boldsymbol{a}_{2,k}, g_{1,k}, g_{2,k} \right.) \\ &= C\exp(-\frac{1}{2\sigma^2}\sum_{k=0}^{K}\left|\boldsymbol{y}_k - g_{1,k}\boldsymbol{a}_{1,k} - g_{2,k}\boldsymbol{a}_{2,k}\right|^2) \end{aligned} \tag{1.4}$$

式中，$C = \left(\frac{1}{\sqrt{2\pi\sigma^2}}\right)^{k+1}$。定义$k$时刻某路的路径度量为

$$\lambda(s_{k-1} \to s_k) = \left|\mathrm{e}(s_{k-1} \to s_k)\right|^2 \tag{1.5}$$

$$\mathrm{e}(s_{k-1} \to s_k) = \boldsymbol{y}_k - g_{1,k}\boldsymbol{a}_{1,k}(s_{k-1} \to s_k) - g_{2,k}\boldsymbol{a}_{2,k}(s_{k-1} \to s_k) \tag{1.6}$$

式中，$\boldsymbol{a}_{1,k}(s_{k-1} \to s_k)$是状态转移$s_{k-1} \to s_k$对应的第$i$路信号的码元向量。对每一状态$s_k$，可得累积路径度量为

$$\Gamma(s_k) = \min_{\phi_{k+L_2}}[\Gamma(s_{k-1}^{\phi_{k+L_2}}) + \lambda(s_{k-1} \to s_k)] \tag{1.7}$$

式中，$s_{k-1}^{\phi_{k+L_2}}$表示k时刻输入码元对$\phi_{k+L_2} = (\boldsymbol{a}_{1,k+L_2}, \boldsymbol{a}_{2,k+L_2})$能达到状态$s_k$的全部$(k-1)$时刻的状态。PSP算法根据每条留存路径上对应的码元序列进行参数估计，并将参数估计值用于下一时刻分支路径度量的计算，参数更新公式为

$$g_{i,k+1} = g_{i,k} + \gamma\boldsymbol{a}_i^*(s_k \to s_{k-1})\mathrm{e}(s_k \to s_{k-1})^{\mathrm{T}} \tag{1.8}$$

式中，γ为更新步长。

另外，在文献[6]的专利中提到，当两重叠信号之间的多普勒频移大于4kHz时，在进行解调之前，可先进行频域滤波处理，原因在于AIS信号调制模式是GMSK，

带宽约为 10kHz，因此，设计合理的带通或低调滤波器会有一定效果，但该方案要求滤波器带宽和中心频点的设计必须自适应且具有较高的频率分辨率。

总体来说，与多通道相比，星载 AIS 信号单通道盲分离具有更高的难度，目前还有其他一些方法：HeidariS 等提出了时频变换法[87]，它利用数字信号间符号速率可能存在的差异，构造与特定符号速率正交的小波滤波器完成对重叠信号的分离，其局限在于符号速率一定要有差异（非整数倍差异），且仅适用于 MPSK 信号，同时也未考虑信道噪声，无法直接在实际环境中应用；Y Q Li[88,89]等提出了基于稀疏特性的算法，它主要利用数字信号的稀疏特性（也称有限符号集特性），将欠定不充分的单通道盲分离转化成了充分的分离问题，局限在于两路数字信号基本同步，要求较高的信噪比、较小的有限符号集。

2. *差分解调算法*

一比特差分解调和二比特差分解调统称为差分解调算法[73]，是目前最常用的解调单信号的方法之一，通常要求信干比大于 10dB，由于星载 AIS 面临的主要问题是解调重叠信号，因此信干比满足不了差分解调要求。鉴相算法[74]是差分解调算法的补充，本质是 GMSK 信号调制的反过程，由于相位受噪声影响非常大，因此在星载 AIS 环境下，重叠信号的信干比无法满足解调要求。

3. *解调效果有效性评价*

为满足卫星平台应用需求，在 AIS 重叠信号处理算法上往往需满足以下要求。首先，星上系统处理追求运算速度，可实时将星上处理结果下传；地面系统处理追求解调效果。总体来说就是星上处理又快又好，地面处理又好又快。其次，考虑卫星平台与船舶之间的几何关系，处理算法必须具有适应多普勒频移和不同时延的重叠信号的能力。除重叠信号之间的多普勒频移和时延之外，还有一个影响分离重叠信号算法的重要因素是重叠信号之间的功率差，以低轨卫星（高度 800km）为例，由于船载 AIS 发射机功率固定（12.5W，A 类），在卫星天线覆盖范围内重叠信号源之间的功率差范围是 0～10dB，在此范围内，正确分离或解调出强信号相对简单，如何从重叠信号中正确分离出弱信号则是一个难点问题，本书也对此进行了深入研究。

AIS 信号作为一种具有通信类特征的信号，衡量解调效果的主要评价指标是误码率和误包率。误包率低说明在相同条件下（例如同一小区）船舶识别数量多，误码率的定义无需赘述。下面给出误包率定义，首先给出解包正确率定义。

根据 ITU-1371 协议[25]，解包正确率（Package Right Rate，PRR）定义为：正确解调解码的 AIS 数据包个数与接收到的总的 AIS 数据包个数的比值，即

$$PRR = \frac{P_{\mathrm{r}}}{P_{\mathrm{all}}} \tag{1.9}$$

式中，P_{r} 表示正确解调解码的 AIS 包个数，P_{all} 表示接收到的总的 AIS 数据包个数。误包率（Package Error Rate，PER）定义为

$$PER = 1 - PRR \tag{1.10}$$

对于星载 AIS 的解调算法而言，除了误码率和误包率指标之外，还要考虑算法运行效率，即时间指标。

假设接收到的重叠信号为 y_{mix}，它是由单信号 y_1 和 y_2 叠加而成，即

$$y_{\mathrm{mix}} = y_1 + y_2 \tag{1.11}$$

那么重叠源信号之间的功率差是指单信号 y_1 和 y_2 之间的功率差；重叠源信号之间频率差是指单信号 y_1 和 y_2 之间的频率差；重叠源信号之间的时延是指单信号 y_1 和 y_2 到达同一接收天线的时间差。

1.4 本书主要工作及内容安排

基于上述研究背景及国内外研究现状，本书对星载 AIS 重叠信号单通道盲分离算法进行了深入研究。针对时频域完全重叠的 AIS 信号，分别提出了基于联合差分反馈的 AIS 信号抗干扰解调算法、基于波形重构 AIS 信号单通道盲分离算法、基于时频变换的 AIS 信号单通道盲分离算法，对各算法的误码率和误包率进行了理论分析和性能对比，并通过大批实测数据验证了算法的有效性。

全书分为 7 章，主要研究内容如下。

第 1 章为绪论。首先阐述了课题研究的背景和意义，然后总结了单通道盲分

离问题的研究现状，分析了星载 AIS 单通道盲分离研究存在的主要问题，最后给出了本书的主要工作及内容安排。

第 2 章研究星载 AIS 信号处理相关问题。首先分析了 GMSK 信号特征及信号重叠模型，研究了低轨卫星接收条件下重叠源信号之间的功率差、频率差、时延等因素对分离性能的影响，为后续各种分离算法研究奠定了基础。其次提出了一种新的船舶检测概率计算方法，由于接收到的重叠信号之间存在频率差和功率差，特别是功率差较大时，强信号很容易正确解调出来，但弱信号却无法正确解调，因此，任何算法实现两信号分离并不一定能将两信号都正确分离和解调，而是存在正确分离因子，本章推导了正确分离因子的计算方法，分析了其对船舶检测概率的影响，并进行了仿真验证。

第 3 章提出了基于联合差分反馈的 AIS 信号抗干扰解调算法，深入研究了功率差、频率差对解调性能的影响，主要内容包括：针对频率差小于 2kHz 时且存在功率差的情况，提出了联合差分反馈 AIS 信号抗干扰解调算法，并对算法中的反馈因子设计进行了优化，提出了动态反馈因子的思路，提高了算法的解调性能。分析了联合差分反馈抗干扰解调算法适应噪声的能力，进行了误码率理论分析，给出了误码率实验结果。

第 4 章利用 AIS 信息码元组合的有限性，提出了基于波形重构 AIS 信号单通道盲分离算法，该算法在强信号正确解调的前提下，重构强信号波形，然后从重叠信号中抵消掉强信号，进而分离出弱信号，且对抵消准则和抵消性能进行了理论分析和实验验证。在信号抵消算法的基础上，还提出了基于稀疏重构的单通道盲分离算法，该算法利用 AIS 信息码元组合的有限性，构造出短码信号集合，进行循环抵消，可分离频率差小于 2kHz、功率差小于 4dB 的重叠信号。

第 5 章提出了基于时频变换的单通道盲分离算法，针对频率差大于 2kHz 的重叠信号取得了良好的分离效果，主要内容包括：证明了重叠信号存在一定频差的条件下，通过时频变换可恢复各单信号瞬时频率，并分析验证了重叠信号之间功率差对分离性能的影响。还提出了基于能量度量的码元同步与抽取算法，该算法与迟门早门、过零检测算法进行了比较，并结合码元极性的多门限判决思路，给出了最优判决点的求解过程，该算法具有运算速度快，误码率低的特点。

第 6 章提出了星载 AIS 信号的解码纠错算法研究，主要包括基于 AMP 分解的相干解调算法、CRC 校验算法，并给出了实验结果。

第 7 章对全书进行了总结，包括本书的主要内容和创新点，以及有待进一步研究的若干问题。

通过第 2 章的分析可知，船舶检测概率与单通道分离算法的性能密切相关。围绕单通道盲分离这一主题。本书第 3、4、5 章研究了单通道条件下 AIS 重叠信号的盲分离问题。第 3 章针对频率差小于 2kHz、功率差大于 4dB 的信号环境，提出了基于联合差分反馈抗干扰解调算法，该算法只能从重叠信号中分离出强信号。第 4 章提出的波形重构算法共有两个研究重点：一是针对第 3 章中已经正确分离大信号的情况下，通过重构强信号，再从重叠信号中抵消强信号进而分离弱信号；二是对频率差小于 2kHz、功率差小于 4dB 的情况，采用短信号稀疏重构循环抵消的算法，成功实现了两个信号分离。第 5 章针对频率差大于 2kHz、功率差相等或相近的重叠信号，提出了基于时频变换的信号分离算法，该方法可以在几乎全盲的情况实现单通道盲分离。在星载环境下的两个 AIS 信号重叠之间的功率差范围为 0～10dB，频率差范围是 0～8kHz。上述相关研究内容结构框图如图 1.3 所示。

图 1.3 中列举的各算法之间的分界线严格意义上并不是绝对的，而是参考了相关文献和实际数据测试结果，是一个过渡性质的近似值。

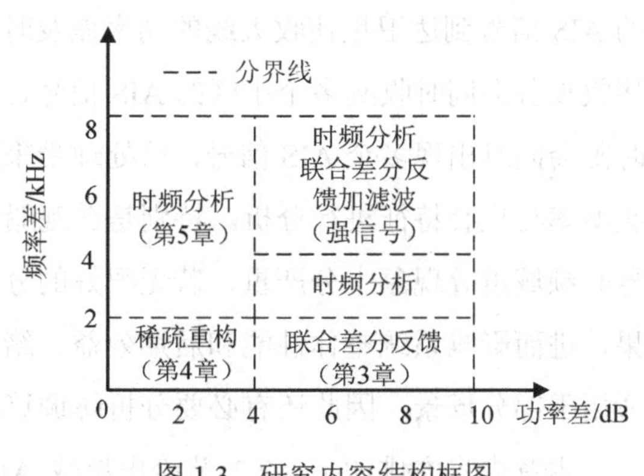

图 1.3 研究内容结构框图

第 2 章　星载 AIS 信号概述

2.1　引言

星载 AIS 是利用卫星平台搭载 AIS 专用接收机接收船载 AIS 信号的系统或设备[90-95]。星载 AIS 配合地面处理系统对接收到的船载 AIS 信号进行解码解译，可得到全球范围内船名、船舶类型、航速、航向、安全性、目的地、分布状态等相关信息，为国家相关部门作出决策提供重要技术支撑。为便于后续章节对星载 AIS 重叠信号分离问题的研究，本章对星载 AIS 重叠信号处理中的相关问题进行分析描述。

星载 AIS 信号接收特点不同于海面平台或岸基平台接收，分析时必须考虑多种因素的影响。如由于卫星相对船舶高速运动产生的多普勒频移，不同船舶发射的 AIS 信号到达卫星侦收天线的功率差及时延等。另外，在卫星视场内，星载 AIS 接收设备会同时收到多个小区的 AIS 信号，由于各小区之间没有协调机制，同一时隙会同时出现多个 AIS 信号，给处理带来困难。因此有必要对星载 AIS 信号重叠概率与重叠特征进行分析。特别是在舰船密度较大情况下，星载 AIS 接收的信号时频域重叠现象十分严重，若无很好的分离处理算法，将直接影响解调解码效果，进而影响系统整体性能和后期效益。绪论中提到现有的分离解调算法均只能适用于部分场景，因此还有必要分析解调算法对船舶检测性能的影响。

本章内容安排如下：2.2 节给出星载 AIS 相关概念并建立信号模型及重叠信号接收模型，为后续展开研究提供理论基础；2.3 节和 2.4 节分析星载 AIS 的信号环境及接收重叠信号的特征，包括多普勒频移、功率差、时延等；2.5 节分析星载 AIS 信号重叠概率与重叠特征，提出正确分离因子的概念并给出计算方法；2.6 节分析分离算法对船舶检测性能的影响；2.7 节为本章小结。

2.2 AIS 信号

2.2.1 相关概念

AIS 是一种有效的海上平台助航系统，使用该系统有助于加强海洋监控管理、提高船舶航行效率、增强国家海事安全。AIS 设备不仅具有避碰功能，还在增强海事通信及反恐等方面发挥重要作用。船载或岸基 AIS 单机主要包括：两个具有信道选择及切换功能的 TDMA 接收机，一般情况下使用国际电信联盟分配的 87B 信道（工作频率为 161.975MHz，采用 ITU-RM.1371 协议[96]）和国际电信联盟分配的 88B 信道（工作频率为 162.025MHz）；一个具有信道选择及切换功能的发射机，发射功率为 12.5W（A 类）；电子海图显示设备等。AIS 主要参数[161]见表 2.1。

表 2.1　AIS 消息特征参数

项目	意义
多址方式	自组织时分多址（SOTDMA）
TDMA 超帧长度	60s，每帧 2250 个时隙
数据包长度	256bit
船舶信息发射周期	2s～3min
发射功率	12.5W（A 类）
码元速率	9.6kbps
时间校准	世界协调时（UTC）
调制方式	GMSK（h=0.5）
接收信干比要求	大于 10dB
天线覆盖范围	20 n mile（海里）
发射频点及带宽	两个 VHF 频点：161.975MHz 和 162.025MHz；带宽为 25kHz

在 AIS 协议中，一个超帧时间长为 1min，将此时长等分为 2250 个固定长时隙，每个时隙长 26.67ms（AIS 信息解调后有 22 种消息格式，编号分别为 1—22，其中 1、2、3 号消息格式在一个时隙内传输 256bit 信息，其他消息格式可占用多个时隙，且传输的信息位数根据需求确定），作为一个用户一次传输 AIS 信息的时间长度如图 2.1 所示。

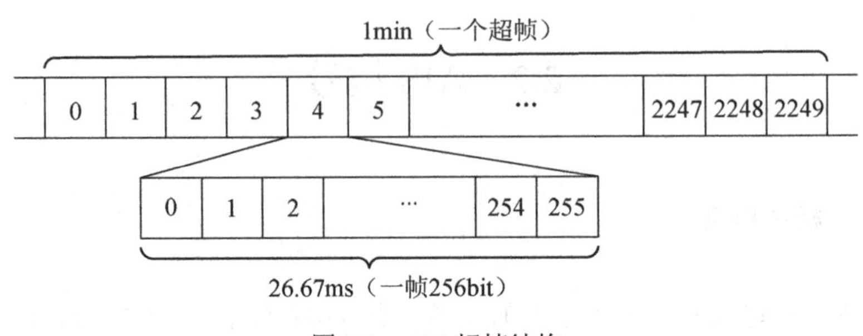

图 2.1 AIS 超帧结构

国际电信联盟（International Telecommunicational Union，ITU）规定[25]：一个时隙为一帧，一个完整的 AIS 数据包包含 256bit（位）信息，信息结构及表示含义如图 2.2 所示。

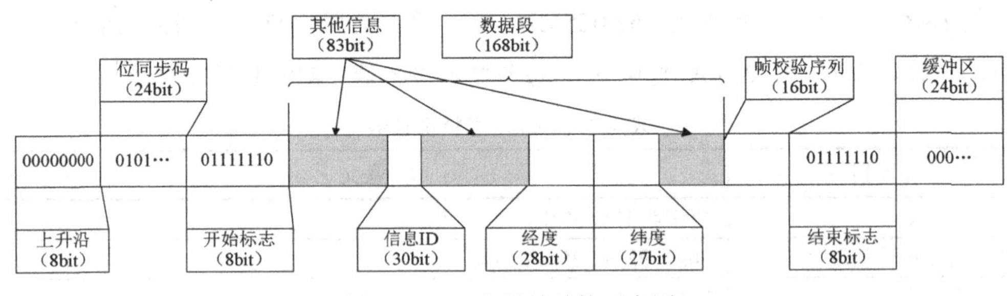

图 2.2 AIS 信号帧结构示意图

从图 2.2 可以看出，256 位码元信息中，只有在开始标志和结束标志之间的 168 位码元才是信息核心内容，包括船舶身份识别码、经度纬度、世界协调时间等信息。该部分内容因发射信息内容的不同而不同，而 24 位位同步码、8 位开始标志、8 位结束标志及 24 位缓冲区内的码元均固定且相同。

2.2.2 信号数学模型

AIS 信号的调制方式是 GMSK。GMSK 信号是一种特殊的 MSK 信号[64]，实现方式是在 MSK 调制基础上，码元输入前端增加一级高斯预调制滤波器。码元经该滤波器调制后，不仅具有信号相位波形平滑、包络恒定、相位连续以及功率谱在主瓣外衰减较快的特征，而且具有功率谱密度紧凑、频谱利用率高、抗干扰

能力强等优点。GMSK 信号的脉冲函数定义为

$$
\begin{aligned}
g(x) &= \frac{1}{2T}\left[Q\left(2\pi BT\frac{x-\frac{\tau}{2}}{\sqrt{\ln(2)}}\right)-Q\left(2\pi BT\frac{x+\frac{\tau}{2}}{\sqrt{\ln(2)}}\right)\right] \\
&= \operatorname{rect}(t/T)\cdot\frac{1}{\sqrt{2\pi\sigma^2T^2}}\exp\left(\frac{-t^2}{2\sigma^2T^2}\right)
\end{aligned}
\tag{2.1}
$$

式中，B 是高斯滤波器 3dB 带宽；T 是码元周期；rect()表示矩形脉冲函数。

$$
\operatorname{rect}(t/T)=\begin{cases}1/T & |t|<T/2 \\ 0 & |t|>T/2\end{cases}
\tag{2.2}
$$

Q 函数定义为

$$
Q(x)=\int_x^{\infty}\frac{1}{\sqrt{2\pi}}\exp\left(-\frac{y^2}{2}\right)\mathrm{d}y
\tag{2.3}
$$

由式（2.1）可知，$g(x)$ 是矩形脉冲函数 rect()和参数为 $N(0,\sigma^2)$ 的高斯函数的卷积，其中，$\sigma=\sqrt{\ln(2)}/(2\pi B)$，$g(x)$ 是非负偶函数且积分值为 1，B 变大则 $g(x)$ 变窄。实际应用中，$g(x)$ 在 $|x|=LT/2$ 外区间取 0，L 是码元约束长度，通常取整数 1、2、3。B 的选择要足够大以确保被截断部分可以被忽略。在 AIS 中，$L=3$，$BT=0.4$，不同 BT 值的 $g(x)$ 波形如图 2.3 所示，横轴表示样点序号，纵轴表示归一化幅度。

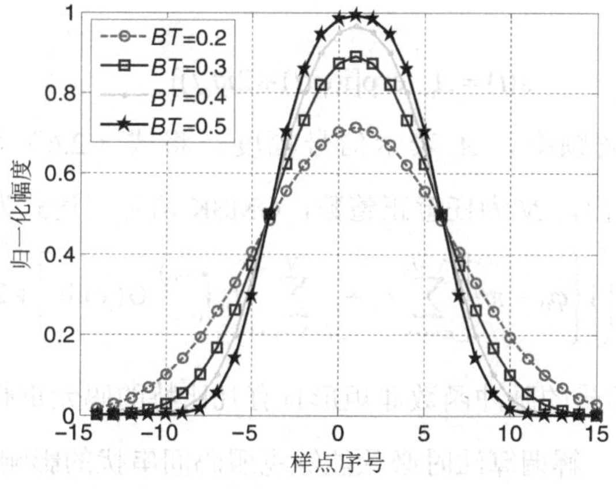

图 2.3　不同 BT 值的高斯脉冲波形

从图 2.3 可以看出，不同 BT 值的高斯脉冲波形不同，这会影响调制信号相位取值。GMSK 信号的相位转移函数定义为

$$q(x)=\int_{-x}^{x}G(y)\mathrm{d}y \tag{2.4}$$

式中，$G(y)=g(y-\frac{LT}{2})$。由于 $G(y)$ 是无限可微的，$q(x)$ 也是无限可微的，且 $G(y)$ 在 $(0,LT)$ 外近似为0。当 $x\leqslant 0$ 时，$q(x)=0$；当 $x\geqslant LT$ 时，$q(x)=1$。那么当 $NT\leqslant t\leqslant (N+1)T$ 时，GMSK 信号的相位函数表示为

$$\varphi(t)=\varphi_0+\pi h\sum_{n=-\infty}^{N}I_n q(t-nT) \tag{2.5}$$

式中，φ_0 表示初始相位；h 表示调制指数。在 AIS 中，h=0.5，$I_n\in\{-1,1\}$。将式（2.4）代入式（2.5）可得

$$\begin{aligned}\varphi(t)&=\varphi_0+\pi h\left[\sum_{n=-\infty}^{N-L}I_n\int_0^{t-nT}G(y)\mathrm{d}y+\sum_{n=N-L+1}^{N}I_n\int_0^{t-nT}G(y)\mathrm{d}y\right]\\&=\varphi_0+\pi h\left[\sum_{n=-\infty}^{N-L}I_n+\sum_{n=N-L+1}^{N}I_n\int_0^{t-nT}G(y)\mathrm{d}y\right]\end{aligned} \tag{2.6}$$

由式（2.6）可以看出，在 $NT\leqslant t\leqslant (N+1)T$ 内的相位变化取决于前面 $(N-L+1)T$ 时间内的相位变化之和与第 L 比特位 I_{N-L+1}、I_{N-L+2}、…、I_N 乘积的叠加值。因此，GMSK 信号相位比 MSK 信号平滑，频谱更加紧凑。GMSK 信号有如下形式：

$$s(t)=A_\mathrm{c}\cdot\exp[\mathrm{i}(\varphi(t)+2\pi f_\mathrm{c}t)] \tag{2.7}$$

式中，f_c 表示载波频率，A_c 表示信号幅度。将式（2.6）代入式（2.7），在 $NT\leqslant t\leqslant (N+1)T$ 内，N 为任意正整数，GMSK 信号表达式为

$$s(t)=A_\mathrm{c}\cdot\exp\left(\mathrm{i}\left\{\varphi_0+\pi h\left[\sum_{n=-\infty}^{N-L}I_n+\sum_{n=N-L+1}^{N}I_n\int_0^{t-nT}G(y)\mathrm{d}y\right]+2\pi f_\mathrm{c}t\right\}\right) \tag{2.8}$$

由于 GMSK 信号的脉冲函数非矩形且有几比特的码元重叠，存在码间串扰，致使调制更加复杂，解调算法时必须能够克服码间串扰的影响。

2.2.3 信号产生流程

图 2.4 为工程应用中 AIS 信号（实部）产生流程图。

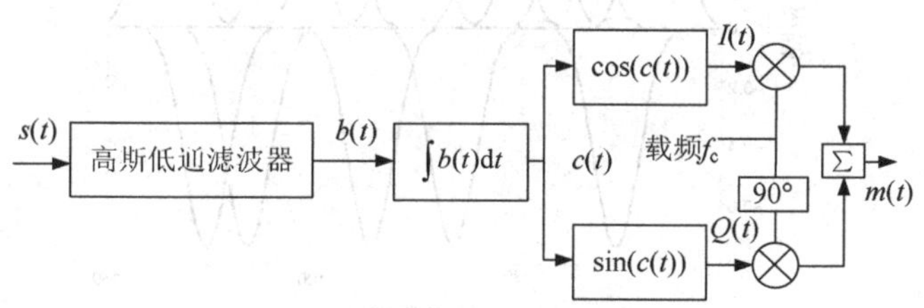

图 2.4 AIS 信号产生流程图

在图 2.4 中，$s(t)$ 为经过 NRZI 变换后的 256bit 完整的数据包（在 2.2.4 节中有详细说明），其中的高斯低通滤波器的表达式为式（2.3）。AIS 信号的产生流程为标准 GMSK 调制过程。例如，当 $s(t)$ 为“1 −1 1 1 1 −1 1 −1 1 1 −1 −1 1”时，$s(t)$ 波形如图 2.5 所示。当 $s(t)$ 经过高斯低通滤波器时，其本质是 $s(t)$ 信息序列与高斯滤波器的高斯脉冲进行卷积的结果，如图 2.6 所示。因此，可将原方波信号整形成较圆滑的波形 $b(t)$，如图 2.7 所示。对 $b(t)$ 积分，可得 $c(t)$ 波形，如图 2.8 所示。将 $c(t)$ 进行中频调制，图 2.4 中的信号生成原理为

$$m(t)=\cos[c(t)]\cos(f_c t)-\sin[c(t)]\sin(f_c t)=\cos[c(t)+f_c t] \tag{2.9}$$

因此，可获得 $m(t)$ 为中频调制信号的实部，如图 2.9 所示。经过希尔伯特变换可得到 AIS 复信号，如图 2.10 所示。

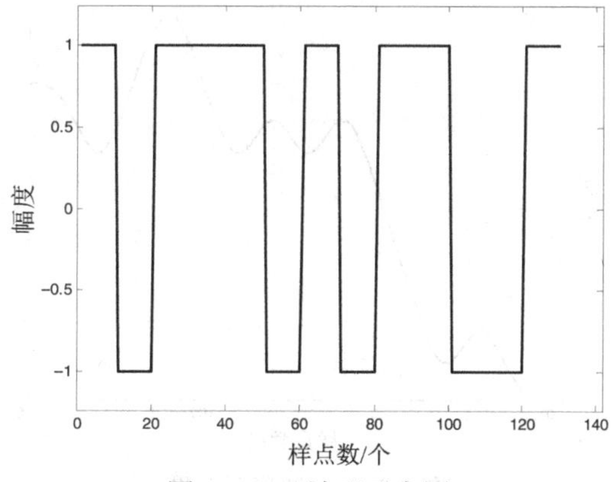

图 2.5 $s(t)$波形示意图

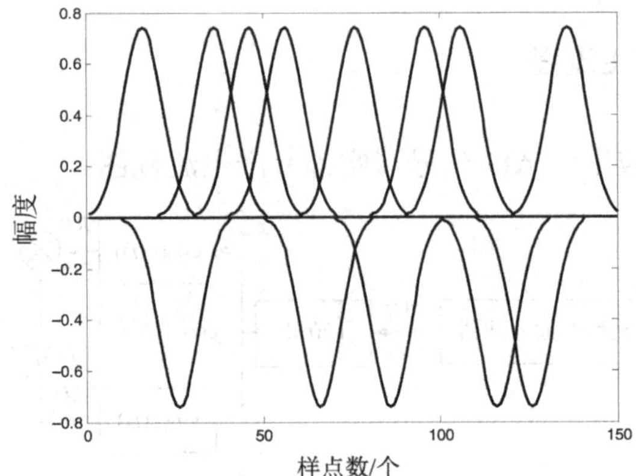

图 2.6 单个码元经高斯滤波后示意图

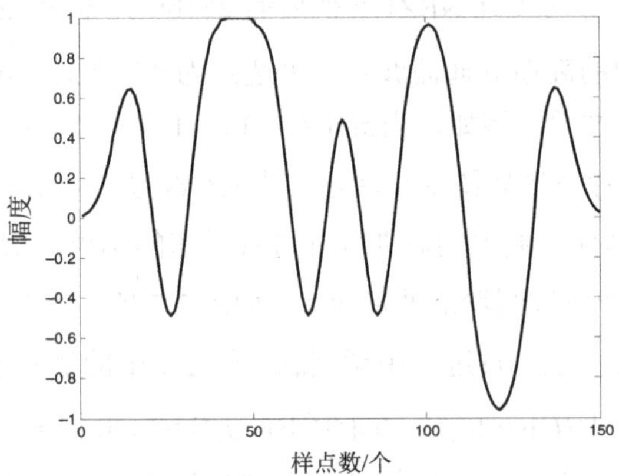

图 2.7 $b(t)$波形示意图

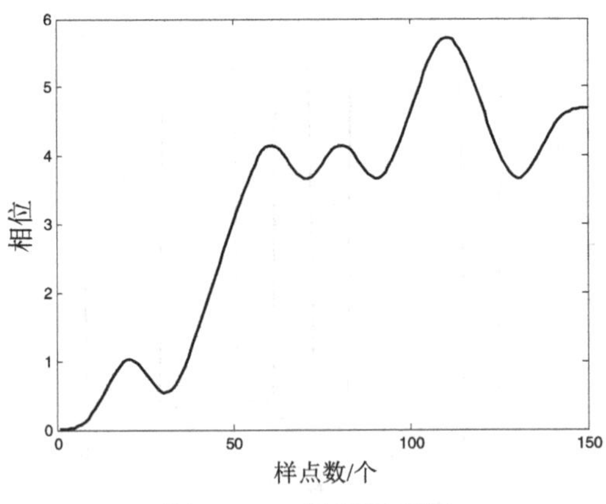

图 2.8 $c(t)$波形示意图

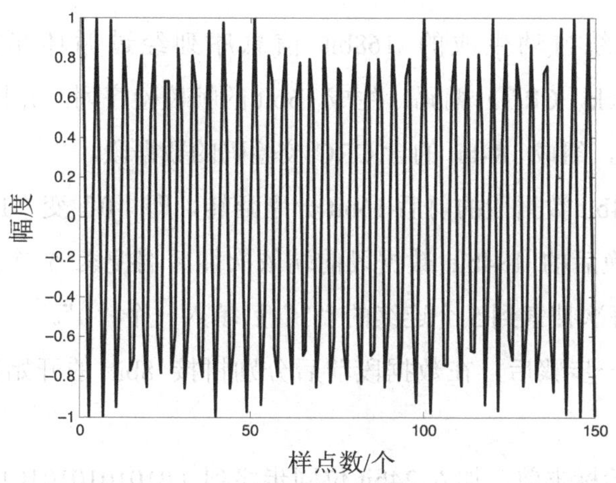

图 2.9　AIS 信号实部 $m(t)$示意图

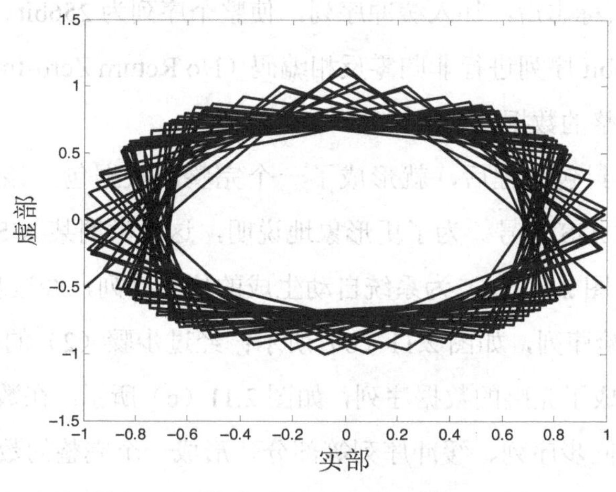

图 2.10　AIS 复信号示意图

2.2.4　数据封包与解包流程

在图 2.1 所示的 AIS 超帧结构中，168bit 的数据段中包含了所有需要传输的 AIS 信息，如信息 ID、经纬度等。但是为了便于信号的传输与解调，需要将数据封包成完整的数据帧，这里我们来研究 AIS 数据封包的具体流程。封包流程如下所述。

（1）将系统自动生成的 168bit 信息序列经过循环冗余校验（Cyclic Redundancy Check，CRC）编码，生成 16bit 的帧校验序列，并将该 16bit 序列附加在信息序列后，组成 184bit 的含 CRC 校验码的数据段。

（2）将 184bit 数据段的前后 16bit 分别翻转，即“0”变“1”、“1”变“0”。

（3）从变换后的 184bit 数据段前端依次往后端搜索 5 个连续的“1”（即“11111”），在每次搜索到 5 个连续的“1”后填入一个“0”。

（4）在上一步骤后，在数据段前后分别拼接 8bit 的开始标志和结束标志（01111110）。

（5）在开始标志前，加入 24bit 位同步序列（010101010101010101010101）。

（6）在位同步序列前，预留 8bit 发射前稳定时间的上升沿。

（7）在结束标志后，加入缓冲序列，使整个序列为 256bit。

（8）将 256bit 序列进行非归零反相编码（No Return Zero-Inverse，NRZI）变换，形成一个完整的数据包。

经过上述的封包流程后，就形成了一个完整的数据包，该数据包即可经过 GMSK 调制形成 AIS 信号。为了更形象地说明，这里举例某 AIS 数据封包过程，如图 2.11 所示。图 2.11（a）为系统自动生成的信息序列，经过步骤（1）添加了 16bit 的 CRC 校验序列，如图 2.11（b）所示；经过步骤（2）的翻转与步骤（3）的位元填塞，形成了完整的数据序列，如图 2.11（c）所示；在数据序列前后分别拼接起止标志、同步序列、缓冲序列等部分，形成一个完整的数据包，如图 2.11（d）所示；将数据包进行 NRZI 变换，即获得了待调制的数据包，如图 2.11（e）所示。

在该流程中，（1）步骤中生成 16bit 的 CRC 校验码，可以在接收端对解调后的码序列进行错误校验，来确定解调出来的信息是否正确，还可以在一定的范围内对错误码进行纠错，该部分将在第 5 章详细介绍。在步骤（3）中将 5 个连续的“1”后面插入一个“0”，称位元填塞，该步骤的主要目的是避免在数据段中发生连续 6 个“1”（与起止标志“01111110”重复）的情况，这样则无法辨认数据的开始和结束。

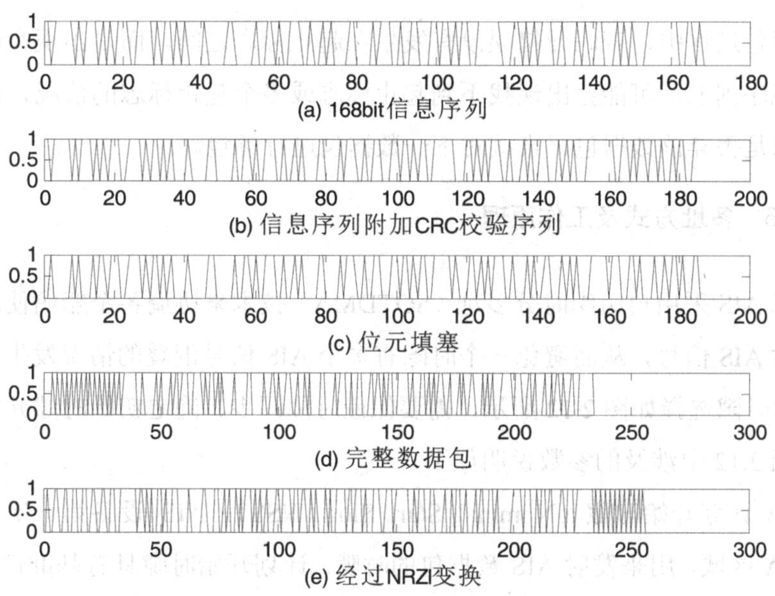

图 2.11　AIS 数据封包流程

在 AIS 信号接收端，对包含 AIS 数据的 GMSK 信号解调后，需要对码序列进行相应的数据包解码，才能获得 168bit 的 AIS 数据，得到我们需要的 AIS 信息。这也是与数据封包过程相对应的逆过程。这里我们来研究一下 AIS 数据解包具体流程。

解包流程如下所述。

（1）将 GMSK 信号解调后的数据包进行 NRZI 反变换。

（2）查找数据端前后的起止标志（01111110），取出起止标志之间的数据序列。

（3）将取出的数据段前端依次往后端搜索 5 个连续的“1”（即“11111”），将每次搜索到 5 个连续的“1”后的“0”去掉，得到一个 184bit 的数据序列。

（4）将该 184bit 的数据序列前后 16bit 分别翻转，即“0”变“1”、“1”变“0”。

（5）对变换后的 184bit 数据序列进行 CRC 错误校验及纠错。若校验正确，则取出前 168bit 的数据段，进行后续的数据解译；若校验错误，则丢弃该数据包。

在解包过程中，若码元错误没有发生在起止标志之间，而是出现在起止标志或者其他序列上，可能会出现找不到起止标志或多个起止标志的情况，此时的处理办法也是丢弃该数据包，直接对下一数据包进行解包。

2.2.5 多址方式及工作原理

船载 AIS 采用自组织时分多址（SOTDMA）技术来协调各个船舶使用不同的时隙发射 AIS 信号，从而避免一个时隙有多个 AIS 信号混叠的情况发生。发射信号时，对时隙选择如图 2.12 所示，需要保证时隙同步、确定初始时隙并分配预约时隙。图 2.12 中涉及的参数说明如下。

（1）计划开始时隙（Nominal Start Slot，NSS）：AIS 设备第一次进入某个 SOTDMA 区域，用来发射 AIS 数据包的时隙。计划开始时隙具有基准性，后面发射时隙的选择都以该时隙为基准。

（2）计划时隙（Nominal Slot，NS）：候选发射时隙区域的中心点，在一超帧的起始发射时隙上，NSS 和 NS 相等，NS 的计算公式为

$$NS = NSS + n \cdot NI \qquad 0 < n < R \tag{2.10}$$

式中，NI 是计划时隙增量，R 是设备在每一帧中的位置报告率；n 是一个整数。R 与 ΔT（1min 内报告两次信息之间的时间间隔）的关系为

$$R = \frac{60}{\Delta T} \tag{2.11}$$

NI 的计算方法为

$$NI = \frac{2250}{R} = 37.5\Delta T \tag{2.12}$$

式中，2250 为一个超帧中所含有的时隙数（帧数）。

（3）选择范围（Selection Interval，SI）：候选发射时隙的选择范围。若中心为 NS，选择范围为

$$SI = \{NS - 0.1NI, NS + 0.1NI\} \tag{2.13}$$

（4）计划发射时隙（Nominal Transmission Slot，NTS）：最终确定的发射时隙。

上述参数的取值范围见表 2.2。

表 2.2 SOTDMA 参数表

参数名称	表示符号	最小值	最大值
计划开始时隙	*NSS*	0	2249
计划时隙	*NS*	0	2249
位置报告率	*R*	1/3	30
计划时隙增量	*NI*	75	6750
选择范围	*SI*	0.2*NI*	0.2*NI*
计划发射时隙	*NTS*	0	2249

基于 SOTDMA 的时隙接入如图 2.12 所示。SOTDMA 算法可简单概括为如下步骤。

（1）首先通过位置报告率 *R* 确定计划时隙增量 *NI*;

（2）根据已确定的计划时隙增量 *NI* 确定选择范围 *SI*;

（3）根据本船此时的航运状态，确定在未来几个超帧的同一时隙需要发射信息的次数；

（4）选择下一个 *NS* 和 *NTS*;

（5）等待 *NTS*;

（6）在 *NTS* 内发射信息；

（7）当位置报告率未改变时，返回步骤（5）；当位置报告率改变时，返回步骤（1）进行新一轮的自主时隙选择。

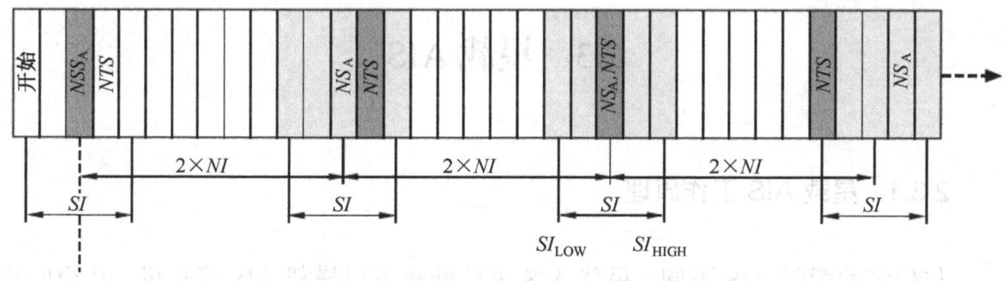

图 2.12 基于 SOTDMA 的时隙接入

AIS 天线覆盖范围约为 20 n mile，即 AIS 信号的小区半径。小区内的多用户采用自组织时分多址（SOTDMA）方式发送和接收 AIS 信号。AIS 以 GPS 时间为时间同步基准，以 1min 为一超帧，将一超帧等分为 2250 个固定等长度的时间间隔，每个间隔为 26.67ms，称为一个时隙，作为一个用户一次 AIS 数据传输的信道。所有用户以自组织的方式在这些时隙上接收和传送信息，通过预约时隙的方式，自行协调自身与周边船只 AIS 信号的发射时机，保证任意一个小区内某一时隙内仅存一艘船只的 AIS 信号，如图 2.13 所示。

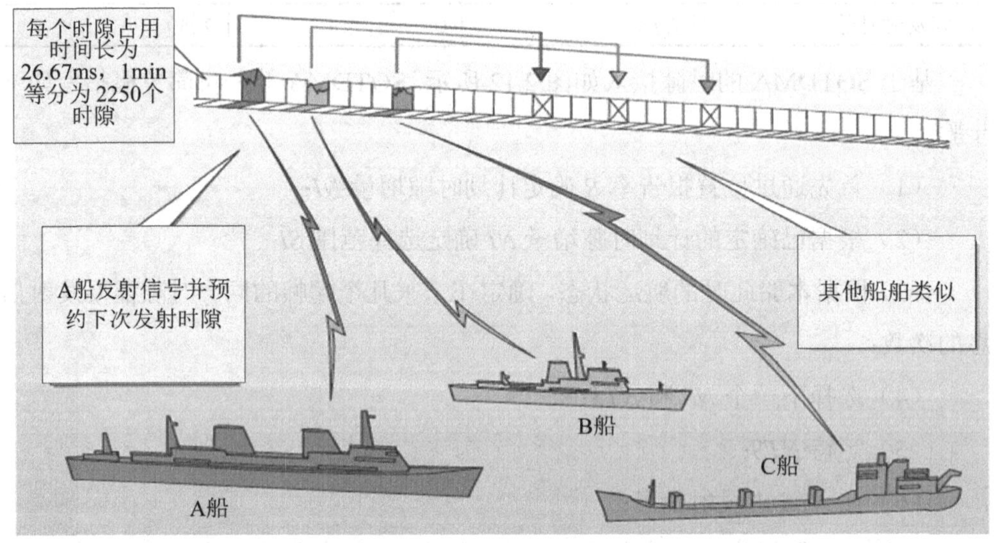

图 2.13　AIS 信息传输示意图

2.3　星载 AIS

2.3.1　星载 AIS 工作原理

与传统的船载 AIS 不同，星载 AIS 采用低轨卫星搭载 AIS 接收机，从空间接收海面船舶发出的 AIS 信号，并对信号进行解调，获取船舶的航行信息。由于卫星观测范围大，如高度 600km 的低轨卫星的观测半径约为 1500 n mile，而船载

AIS 的自组织区域半径仅仅为 20 n mile，因此，在卫星视场内通常包含了若干个自组织区域，如图 2.14 所示。当卫星划过某个海域上空时，就可以接收该海域内船舶的 AIS 信号，通过对接收信号的解调，获取海面船舶信息。

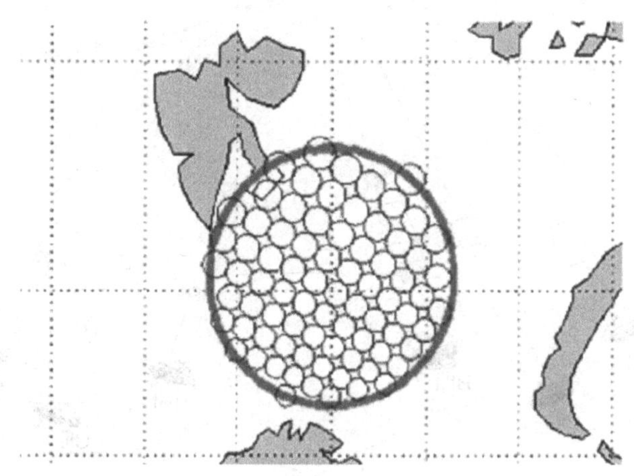

图 2.14　卫星观测区域示意图

2.3.2　星载 AIS 技术难点

星载 AIS 有重要的使用价值和意义，但是在设计与规划星载 AIS 时，存在许多重要的技术难点需要克服。下面将研究星载 AIS 会面临的几个主要问题。

（1）接收到的信号功率小。由于星载 AIS 载荷一般搭载在运行轨道高度为 600～1100km 的小型低轨卫星上，信号传播路径长，当卫星接收到海面船舶的 AIS 信号时，信号能量已经大幅衰减，且在信号传播路径上还会发生信号的 Faraday 偏转，影响单通道天线对信号能量的捕捉。因此，信号功率小是星载 AIS 信号解调需要克服的难题之一。

（2）发生两个或多个信号混叠现象。在船载 AIS 中，由于各个船之间采用 SOTDMA 多址方式发送和接收信号，可以有效地协调各个船发射信号的时隙，不会发生一个时隙有多个 AIS 信号的情况。在星载 AIS 中，卫星覆盖面积大，往往可覆盖几百个 SOTDMA 区域，如图 2.15 所示，因此会造成不同小区内的船舶在同一时隙发射信号，造成信号混叠，这给信号解调带来了极大的困难。

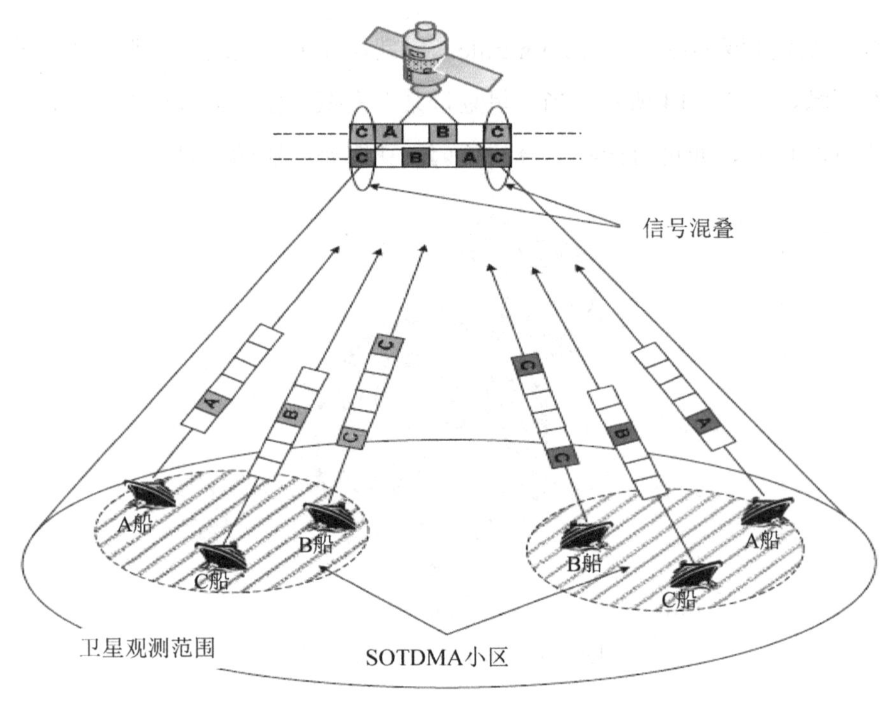

图 2.15 信号混叠示意图

（3）信号载频的多普勒频移。由于卫星在高空高速飞行，因此在卫星与船舶之间存在极大的速度差。该速度差使卫星在接收信号时的信号载频产生明显的多普勒频移，频移范围在–3.87～3.87kHz 之间，详细分析见本书 2.4.2 节。该多普勒频移使信号的中心频率造成偏差，给信号解调前的参数估计带来了困难。

2.4 重叠信号接收特征

2.4.1 星载 AIS 重叠信号

与船载 AIS 标准接收机相比，星载 AIS 接收设备在接收船载 AIS 信号时的环境有很大不同。船载 AIS 采用 SOTDMA 方式解决小区内时隙冲突问题，而在星载环境下，由于卫星视场内有成千上百个小区，各小区之间并没有协调机制，导致在同一时隙出现两个或两个以上信号同时发射的情况，因此就导致在卫星接收端发生信号重叠的现象。为便于分析，首先给出星载 AIS 信号接收模型，如图 2.16 所示。

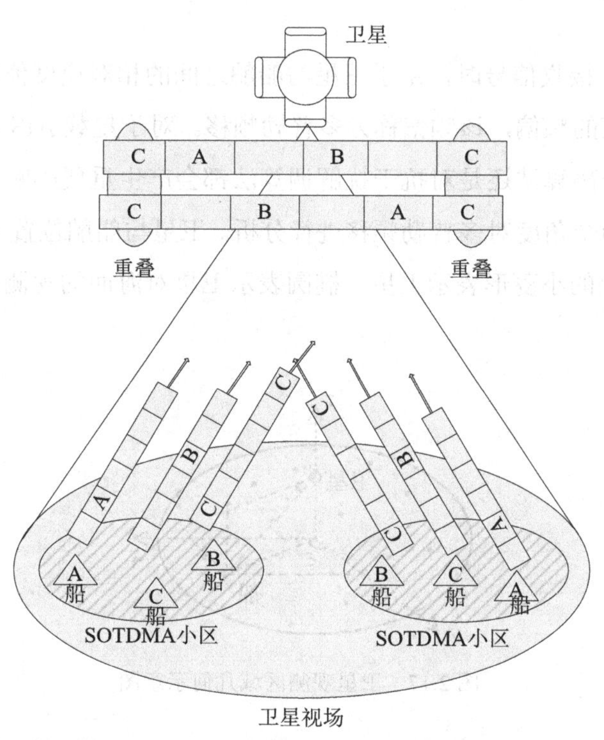

图 2.16 星载 AIS 信号接收模型

图 2.16 简要给出了星载 AIS 信号发生重叠的原因。从图 2.16 可以看出，在卫星视场内同一小区，由于 SOTDMA 协议的存在，信号不会发生重叠。而不同小区之间的船 B 和船 A，由于没有协调机制，都在 C 时隙发射信号，那么在卫星接收端就会出现信号重叠现象。除此之外，星载 AIS 环境与船载 AIS 环境还有以下几点不同：一是由于卫星与船舶相对高速运动导致重叠信号源之间存在多普勒频移[91]；二是由于不同距离的功率衰减导致接收到的重叠信号源之间存在功率差；三是由于船舶与接收天线位置不同导致接收到的重叠信号源之间存在时延。这些因素对单通道信号盲分离及抗干扰解调算法都会产生重大影响。因此有效分

析星载 AIS 信号接收环境的特征，全面掌握星载 AIS 信号传输环境特点，可为星载 AIS 重叠信号分离及解调算法的研究提供理论依据。

2.4.2 多普勒频移

在星载 AIS 接收信号时，由于卫星与船舶之间的相对速度值较大，接收信号会产生不同程度的频偏，该频偏称为多普勒频移。对于星载 AIS 而言，多普勒频移无论对信号分离算法还是对抗干扰解调算法都会产生重要影响。下面从卫星轨道及观测区域两个角度对多普勒频移进行分析。卫星与船舶位置关系如图 2.17 所示，图中 z 轴上的小菱形表示卫星，椭圆表示卫星对海面的观测区域，黑点表示船舶。

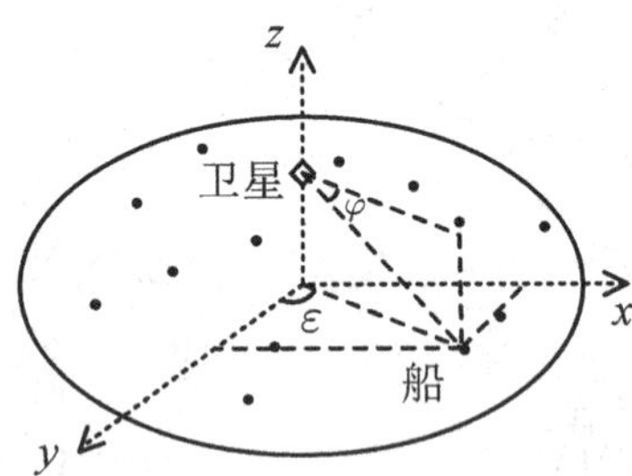

图 2.17 卫星观测区域几何示意图

设卫星轨道高度为 h，以速度 v_s 向 y 轴方向运行，观测区域内 (x,y) 点的船与卫星之间相对速度为 $v_r = v_s \cdot \cos\varepsilon \cdot \cos\varphi$，$\varepsilon$ 为船舶方向偏离 y 轴的角度，φ 为卫星观测船时的俯视角。其中，$\cos\varepsilon = y\big/\sqrt{x^2+y^2}$，$\cos\varphi = \sqrt{x^2+y^2}\big/\sqrt{x^2+y^2+h^2}$，则有

$$\begin{cases} v_r = v_s \cdot \dfrac{y}{\sqrt{x^2+y^2}} \cdot \dfrac{\sqrt{x^2+y^2}}{\sqrt{x^2+y^2+h^2}} = v_s \cdot \dfrac{y}{\sqrt{x^2+y^2+h^2}} \\ \Delta f = \dfrac{2v_r}{c} \cdot f_c = \dfrac{2v_r}{\lambda} \end{cases} \tag{2.14}$$

设置如下条件，卫星运动速度 $v_s = 7.56\text{km/s}$，h=800km，地球半径取 R_e=6378km，则观测区域半径为 1438 n mile。若卫星速度分量与船舶的速度同向，

则船舶发出的信号会产生不同程度正值的频移，使得载频频率提高；若卫星速度分量与船舶的速度反向，则产生负的频移，使载频频率降低。最大频移来自在卫星运行正方向或负方向顶端的船舶，产生的最大频移为$\left|\Delta f\right|_{\max} \approx 4.0\text{kHz}$。仿真结果如图 2.18 所示。

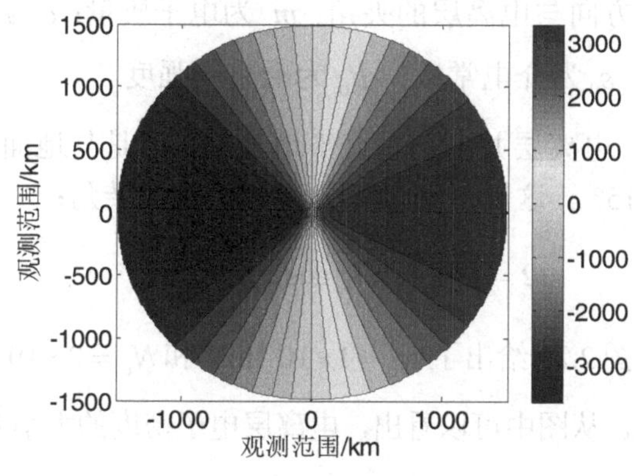

图 2.18 多普勒频移

在图 2.18 中，颜色的深浅表示多普勒频移大小，多普勒频移大小与卫星视场范围有关，接收到的重叠信号频率差范围为 0～8000Hz。该频率差为后续单通道盲分离算法的研究提供了依据，如时频分析算法就是在两个重叠信号之间频率差大于 2kHz 时实现强信号分离的。文献[81]提到两个重叠信号之间的频率差由两部分构成，一是由多普勒频移产生；二是由 AIS 发射机的载波抖动引起[89]。由于载波抖动量与多普勒频移相比可以忽略不计，因此分离算法仅考虑多普勒频移。

2.4.3 Faraday 偏转

电离层位于地表上空 40～600km 的范围内，其内部含有大量的电子和离子。当线性极化波穿过电离层时，会产生不同程度的极化角，被称为 Faraday（法拉第）偏转。VHF 信号的偏转角计算公式[12]为

$$\mathrm{d}\Omega = \frac{1}{2} \cdot \frac{\omega}{c} X Y_{\mathrm{L}} \mathrm{d}s \tag{2.15}$$

式中，c 为光速；ds 为信号在电离层中传播的距离；ω 为信号的角频率。X 和 Y_{L}

被定义为

$$\begin{cases} X = \dfrac{1}{\omega^2} \cdot \dfrac{N_e e^2}{\varepsilon_0 m_e} \\ Y_L = \dfrac{1}{\omega} \cdot \dfrac{eB_0}{m_e} \cdot \cos\theta \end{cases} \tag{2.16}$$

式中，θ 为信号传播方向与电离层的夹角；m_e 为电子质量；e 为电子的电荷量；N_e 为电离层电子密度；ε_0 为介电常数；B_0 为磁感应强度。

如图 2.19 所示，电离层并不是垂直于地表的，而是与地面垂线成一定的角度 α_{dip}，一般取 $\alpha_{dip}=15°$。这里可通过积分得到极化偏转角：

$$\Omega = \int \frac{1}{2} \cdot \frac{\omega}{c} XY_L \cos\alpha_{dip} ds \tag{2.17}$$

当 $B_0 = 50000nT$ 时，图 2.20 给出了 $N_e = 1\times10^{11} m^{-3}$ 和 $N_e = 2\times10^{12} m^{-3}$ 的 Faraday（法拉第）偏转角度曲线。从图中可以看出，电离层电子密度的大小对 Faraday 偏转角度有重要影响。

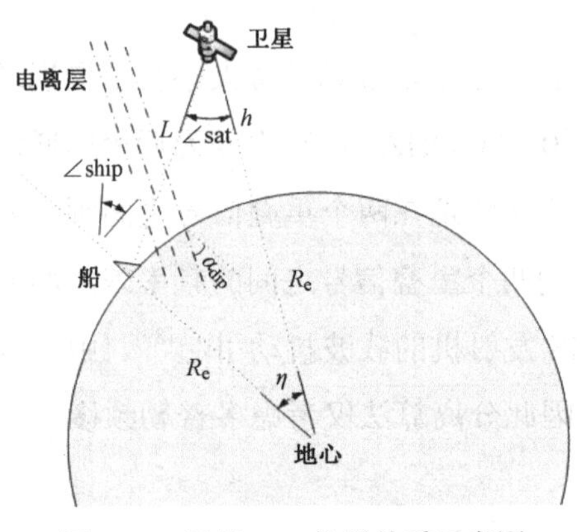

图 2.19 星载 AIS 位置关系示意图

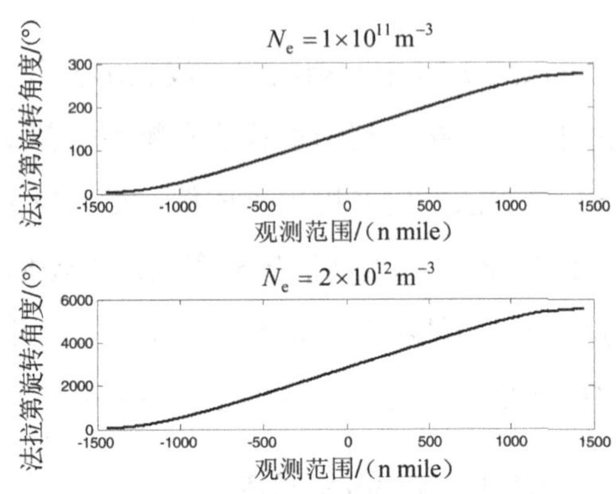

图 2.20 Faraday 偏转角度示意图

2.4.4 链路增益

在船载 AIS 信号的发射系统中，主要使用半波长偶极子天线和 5/8 波长偶极子天线。在单通道星载 AIS 信号的接收系统中，则主要使用半波长偶极子天线。这里研究应用最为广泛的半波长偶极子天线。

在文献[53]中，给出了半波偶极子天线的辐射模型：

$$f_{0.5\lambda}(\theta,\phi)=\frac{\cos\left[(\pi/2)\cos\theta\right]}{\sin^2\theta} \tag{2.18}$$

式中，θ 为辐射方向与天线方向的夹角；ϕ 为辐射方位角。该类天线的辐射增益与方位角无关，因此后文 ϕ 省略不写。

星载 AIS 接收天线的放置方向是将天线垂直地面向下悬挂于卫星底端。由于地球的轨道为圆弧，所以发射天线与接收天线之间存在一定的夹角，又因为发射的信号为垂直极化波，所以该夹角的大小会对接收的信号功率造成影响。如图 2.19 所示，卫星接收天线与船载发射天线均垂直地面指向地心，形成一定的角度 η，因此，可得到船与卫星之间的直线距离为

$$L=\sqrt{{R_\mathrm{e}}^2+(R_\mathrm{e}+h)^2-2R_\mathrm{e}(R_\mathrm{e}+h)\cos\eta} \tag{2.19}$$

式中，R_e 为地球半径；h 为卫星轨道的高度。进而可得到卫星接收信号时，信号传播方向与天线的夹角为

$$\angle\mathrm{sat}=\arccos\frac{L^2+(h+R_\mathrm{e})^2-{R_\mathrm{e}}^2}{2(h+R_\mathrm{e})L} \tag{2.20}$$

同时，也可计算出信号传播方向与船的发射天线之间的角 $\angle\mathrm{ship}=\angle\mathrm{sat}+\eta$。当 $\angle\mathrm{ship}=\pi/2$ 时，可得卫星最大观测区半径 $r_\mathrm{view}=R_\mathrm{e}\cdot\eta'$，其中 $\eta'=\arccos[R_\mathrm{e}/(R_\mathrm{e}+h)]$。这里代入 $R_\mathrm{e}=6371\mathrm{km}$，$h=600\mathrm{km}$，可得最大观测半径 $r_\mathrm{view}\approx 2662.7\mathrm{km}$，这里取 $1852\mathrm{m}\approx 1\ \mathrm{n\ mile}$，则 $r_\mathrm{view}\approx 1438\ \mathrm{n\ mile}$。

信号在接收端的功率密度为

$$W=\frac{P_\mathrm{t}}{4\pi L^2}\cdot f_{0.5\lambda}(\angle\mathrm{ship}) \tag{2.21}$$

式中，P_t 为发射功率。再考虑接收端的接收角度，根据费里斯（Friis）传输公式可得到实际接收功率为

$$P_\mathrm{r}=W\cdot\frac{\lambda^2}{4\pi}\cdot f_{0.5\lambda}(\angle\mathrm{sat}) \tag{2.22}$$

将式（2.21）代入式（2.22），可得

$$P_\mathrm{r}=P_\mathrm{t}\cdot\left(\frac{\lambda}{4\pi L}\right)^2\cdot f_{0.5\lambda}(\angle\mathrm{ship})\cdot f_{0.5\lambda}(\angle\mathrm{sat}) \tag{2.23}$$

星载 AIS 接收机天线的灵敏度为–112dBm[54]。如图 2.21（a）所示，在仅考虑天线和链路增益情况下，基本可以接收到整个观测区域船舶发射的信号，仅在特别靠近卫星的小区域内，接收功率小于 0dB，这是由于天线自身辐射特点产生的小范围的盲区。在距观测区域中心 300 n mile 左右海域内船舶发出的信号，在接收时功率达到峰值，随着卫星与船距离的拉大，接收功率也随之降低。

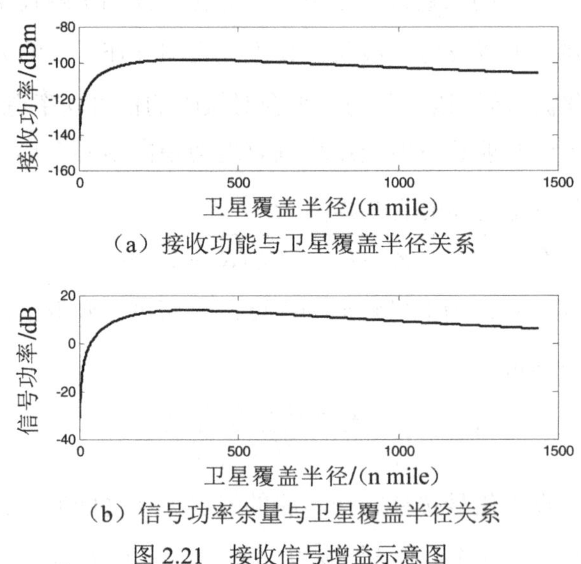

（a）接收功能与卫星覆盖半径关系

（b）信号功率余量与卫星覆盖半径关系

图 2.21　接收信号增益示意图

由图 2.21 可得到船与卫星之间的直线距离为

$$L = \sqrt{R_e^2 + (R_e + h)^2 - 2R_e(R_e + h)\cos\eta} \tag{2.24}$$

从图 2.21（b）可知，在卫星天线覆盖半径范围内几乎可以收到整个观测区域发射的信号，仅在靠近星下点（卫星正下方的地面点）的小区域内，信号功率余量小于 0dB，这是由于接收天线方向特性产生的小范围盲区[104-105]。而在距观测区域中心 200 n mile 左右海域内船舶发出的信号，在接收时功率达到峰值，随着卫星与船距离的增大，接收功率也随之降低。由图 2.21（b）可看出，接收到 AIS 信号功率余量范围为 0～9.5dB。即两重叠信号功率差范围为 0～9.5dB。根据 AIS 协议[106]，要求在发射前 1ms 内，发射功率稳定在额定功率的±10% 内，综合两方面因素，AIS 重叠信号源之间功率差范围为 0～10dB。

2.4.5 时延与重叠方式

船舶在卫星接收天线覆盖范围内的位置是不同的，小区 1 内的船舶在时隙 2 发射，小区 3 内的船舶在也在时隙 2 发射，小区 2 内的船舶在时隙 1 发射，如图 2.22 所示。由于发射信号到达接收机传输路径存在差别，在接收机终端表现出来的现象是两小区内同一时隙发射的信号不会同时到达接收机[90,91]，而是有先有后。设先被接收的信号为时隙 1 发射的 AIS 信号，后被接收的信号为时隙 2 发射的 AIS 信号，定义相对时延为时隙 1 相对于时隙 2 的延迟时间。

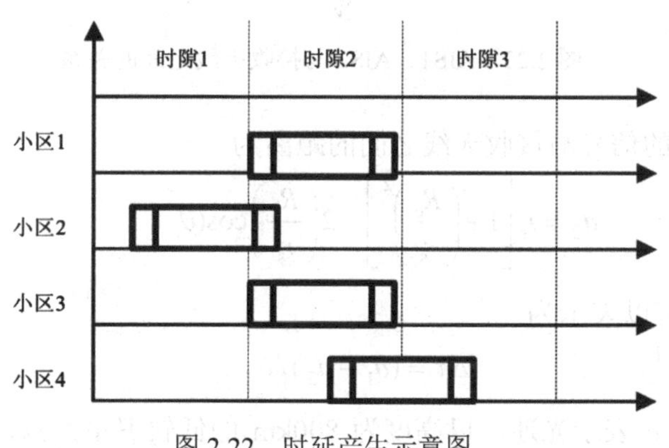

图 2.22 时延产生示意图

为便于理解，给出同时隙重叠和邻时隙重叠的概念，同时给出定量分析过程。

（1）同时隙重叠：不同小区内船舶在同一时隙发射信号，到达卫星接收天线时会在同一时隙产生重叠，如时隙 2。

（2）邻时隙重叠：相邻时隙发射的信号由于传输时延的影响，在接收时相邻两个时隙可能发生重叠的现象，如时隙 2 和时隙 3 之间。

假设卫星轨道高度为h，R_e表示地球半径，$r_s = R_e + h$，AIS1 信号到达接收天线的距离为d_1，AIS2 信号到达接收天线的距离为d_2，AIS1 与接收天线之间的夹角为θ_1，AIS2 与接收天线之间的夹角为θ_2。AIS1、AIS2 与接收天线之间的关系如图 2.23 所示。AIS1 发射的信号到达卫星接收天线的直线距离可以表示为

$$d_1 = r_s \left[1 + \left(\frac{R_e}{r_s} \right)^2 \right] - 2\left(\frac{R_e}{r_s} \right) \cos(\theta_1)^{1/2} \tag{2.25}$$

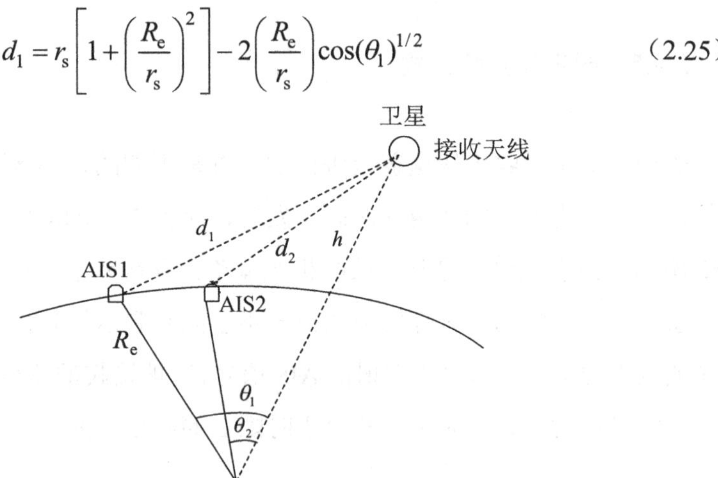

图 2.23　AIS1、AIS2 与接收天线之间的关系

AIS2 发射的信号与接收天线之间的距离为

$$d_2 = r_s \left[1 + \left(\frac{R_e}{r_s} \right)^2 \right] - 2\left(\frac{R_e}{r_s} \right) \cos(\theta_2)^{1/2} \tag{2.26}$$

那么时延可以表示为

$$\Delta\tau = (d_1 - d_2)/c \tag{2.27}$$

式（2.27）中，c 表示光速。以高度为 800km 的低轨卫星为例，算出船舶在不同位置发射信号时到达接收天线的时延，该时延是船舶距离星下点水平距离的函数，在只考虑相同时隙发生重叠的条件下，仿真效果如图 2.24 所示。

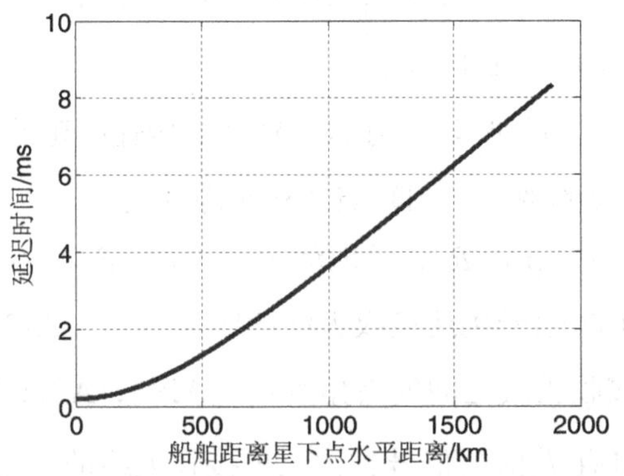

图 2.24　船舶在不同位置时信号到达天线的传输延迟时间

从图 2.24 可以看出，时延与船舶距星下点水平距离有关，两信号时延范围为 0～8.3ms。由于单个时隙长为 26.67ms，含 256 位码元，时延转化为码元个数为 256×8.3/26.67=80，码元位数延迟范围是 0～80。

2.4.6 信噪比

为正确解调接收到的 AIS 信号，必须根据实际场景分析信噪比大小。文献[81]中提到若接收信号带内信噪比低于 10dB，即使是单信号，也无法正确解调，那么重叠信号的分离也就失去了价值。

星载 AIS 信号接收功率的计算需要考虑以下因素的影响：AIS 发射机发射功率 P_t，AIS 发射天线功率增益 G_t，传输损耗 L_s，大气损耗 L_a，接收天线极化损耗 L_p 以及接收天线增益 G_r 等。由于 AIS 发射机发射频率是 VHF（161.975MHz），属于超短波范围，文献[20]提到，超短波频段的大气损耗 L_a 近似为 0，接收功率（单位为 dB）为

$$P_r = 10\lg[P_t] + 10\lg[G_t] + 10\lg[P_r] - 10\lg[L_s] - 10\lg[L_p] \tag{2.28}$$

AIS 发射机常用天线为垂直极化的半波长偶极子天线[107-108,110]，AIS 发射机功率为 12.5W，假设发射天线的效率为 1，接收天线为圆极化全向天线，接收天线极化损耗为 3dB，接收天线增益 $G_r = 1$，噪声功率谱密度 $N_0 = kT$，其中 T 为噪声温度，取值为 291.00k，k 为玻尔兹曼常数，取值为 $1.38\times10^{-23}\mathrm{J}\cdot\mathrm{K}^{-1}$，AIS 信号带宽 B 取 25kHz，则噪声功率为 $N = N_0B = kTB \approx -160\mathrm{dB}$，接收 AIS 信号的信噪比为

$$SNR = \frac{P_r}{BkT} \tag{2.29}$$

由于传输损耗 L_s、大气损耗 L_a、接收天线极化损耗 L_p 均与船舶距星下点距离有关，因此，接收功率是距离的函数。所以，*SNR* 也是船舶距星下点距离的函数，船舶距星下点水平距离与 *SNR* 的关系如图 2.25 所示。

从图 2.25 可以看出，船舶距星下点的水平距离在 200 n mile 范围内时，接收信号信噪比低于 10dB，无法满足解调条件，而大于 200 n mile 时，绝大部分信号的接收信噪比均超过 10dB，为重叠信号盲分离或抗干扰解调提供了有利条件。

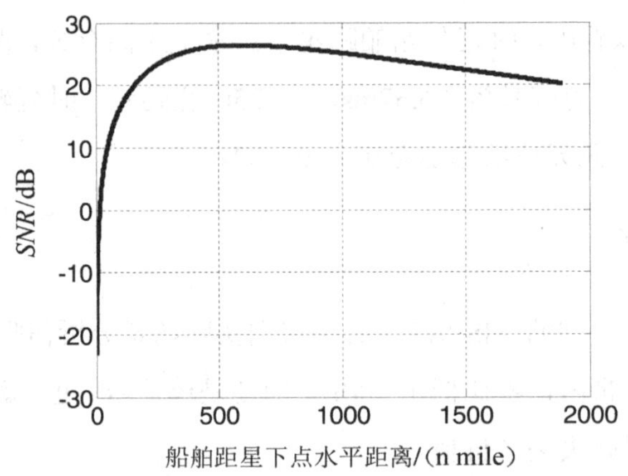

图 2.25　船舶距星下点水平距离与 *SNR* 的关系

2.5　信号重叠概率与重叠特征

信号重叠概率是指在同一时隙内两个或两个以上信号同时出现或部分同时出现在接收通道内的概率。若两个信号功率差大于 10dB，由于可直接按单信号特征分析，则近似认为该时隙内没有发生重叠。重叠信号特征是指在信号发生重叠的条件下，重叠信号源之间频率差、功率差、时延的大小与规律，对信号重叠特征的分析是实现信号分离的前提和基础。后续的研究证明任意一种分离算法都是在充分挖掘信号重叠特征的基础上实现的。比如时频分析算法就是主要利用重叠信号之间的频率差实现分离，稀疏重构算法主要利用重叠信号的时延与码元结构实现分离。

2.5.1　信号重叠概率

此处给出信号重叠概率的估算方法。设 AIS 时隙长度为τ，船舶发送 AIS 信号周期为Δt，在卫星视场内的船舶瞬时数量为 N，n_{ch} 为独立信道个数，覆盖范围内 SOTDMA 数目为 M，设卫星一次过顶时间即卫星观测时间为T_v。为便于分析，假设卫星天线覆盖范围内船舶服从均匀分布[99]，并假设船舶每Δt 时间内发送一条时长为τ的信息，即船舶 AIS 信号发射周期为Δt。针对船舶发送信息的某一时隙，其余 SOTDMA 内某条船在同一时隙发送信号的概率为$\tau/\Delta t$，设每个 SOTDMA 小区内有 N/M 条船，在同一时隙同一信道发送信号的概率为

$$p_{\mathrm{r}}=\frac{N}{M\cdot n_{\mathrm{ch}}}\cdot\frac{\tau}{\Delta t} \tag{2.30}$$

目标船舶信号与该小区内信号不发生重叠的概率为

$$P_{\mathrm{f}}=1-\frac{N}{M\cdot n_{\mathrm{ch}}}\cdot\frac{\tau}{\Delta t} \tag{2.31}$$

由于 M–1 个 SOTDMA 小区独立[100]，所以与 M–1 个 SOTDMA 小区内信号均不发生重叠的概率为

$$P_1=P_{\mathrm{f}}^{M-1} \tag{2.32}$$

在卫星一次过顶时间T_{v}内，目标船舶共发射$T_{\mathrm{v}}/\Delta t$条信号，发生重叠的概率为

$$P_{\mathrm{p}}=\left[1-\left(1-\frac{\tau}{\Delta t}\cdot\frac{N}{M\cdot n_{\mathrm{ch}}}\right)^{M-1}\right]^{\frac{T_{\mathrm{v}}}{\Delta t}} \tag{2.33}$$

从上式可以看出，重叠概率是与视场内船舶数量、卫星一次过顶时间、船舶发射信号周期有关的量。

而未发生重叠的概率即可认为是检测概率，即

$$P_{\mathrm{d}}=1-P_{\mathrm{p}} \tag{2.34}$$

实际上检测概率应小于未发生重叠的概率，原因是当信号功率小于接收电平时，即使未发生重叠也无法检测信号。由式（2.33）可以看出，信号重叠概率与卫星观测时间和卫星视场内船舶数量等有关。下面给出卫星视场内船舶数量与检测概率的关系，仿真效果如图 2.26 所示。

图 2.26 是卫星观测时间相同而发射周期不同时的检测概率，其中观测时间为 300s，发射周期分别为 3s、6s、10s，最高重叠个数为 2，且能从重叠信号中分离出一个信号，即针对重叠信号的检测概率为 0.5。从图中可以看出，在观测时间T_{v}确定时，发射周期Δt对检测概率有明显影响，且检测概率随着视场内船只数目增大到一定数量后迅速下降。因此，在船舶密度较大区域分离算法对提高检测概率

具有重要意义。

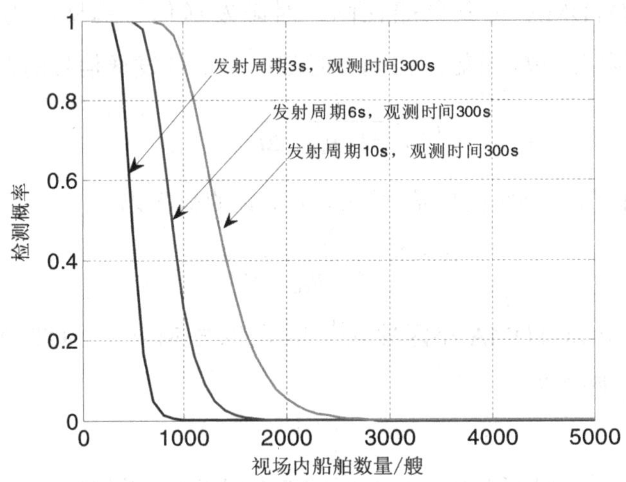

图 2.26 发射周期不同时的检测概率与视场内船舶数量的关系

2.5.2 信号重叠特征

针对两信号发生重叠的情况，可视两信号的位置在卫星覆盖区域内均随机分布，重叠信号的信号特征满足独立同分布要求。为表述信号的重叠特征，以重叠信号源之间的功率差和频率差两参数进行分析。

由 2.4.2 节和 2.4.4 节分析可知，多普勒频移改变了信号载波频率，而链路损耗和传输距离则对信号接收功率产生影响，将三种因素融合到一起，可归纳出接收功率差和频率差的联合表达式，天线接收信号的总功率计算公式[108]如下：

$$P_{\text{antenna}} = \eta \cdot P_{\text{r}} \cdot \cos^2 \Omega \tag{2.35}$$

式中，η 为天线效率，为便于计算令其值为 1；P_{r} 为发射功率；Ω 为 Faraday 极化偏转角[20]。在统计信号特点时，只统计在可接收区域内的信号。

接收到信号功率差为 0～10dB，频率差为－4～4kHz，因此，为了便于统计，将接收功率差分为 10 个区段，即$\{[0,1)\ \ [1,2)\ \ [2,3)\ \ \cdots\ \ [9,10)\}$，每个段内的值近似看作该段中点的值，即$\{0.5\ \ 1.5\ \ 2.5\ \ \cdots\ \ 9.5\}$。同样，将频率差分成 8 段$\{[-4,-3)\ \ [-3,-2)\ \ [-2,-1)\ \ \cdots\ \ [3,4)\}$，取各段中心值作为该段内所有值的近似

值，用 $p(m,n)$ 表示单信号功率差在第 m 区段、频率差在第 n 区段的概率，其中，$m \in \{1\ 2\ 3 \cdots 10\}$，$n \in \{1\ 2\ \cdots\ 8\}$。信号重叠时，功率差为 ΔP，频率差为 ΔF 的概率为

$$P_{\text{overlap}}(\Delta P, \Delta F) = \sum_{n=1}^{8-\Delta F} \sum_{m=1}^{10-\Delta P} p(m,n) p(m+\Delta P, n+\Delta F) \tag{2.36}$$

利用 2.4.1 节的结论，并根据文献[20]，统计出重叠信号源之间的功率差和频率差的概率分布，其中卫星轨道高度为 800km，船舶发射信号周期为 6s。图 2.27（a）给出了在卫星视场内重叠信号在接收时的特征，纵轴表示接收信号的增益即重叠信号功率差，色彩深浅表示重叠信号之间的频率差。图 2.27（b）采用二维直方图的形式表示了卫星轨道高度固定情况下信号特征的分布情况，横轴表示各个功率差区段，纵轴表示在各功率差区段的信号概率，对各功率差区段内的不同频率差用颜色的深浅区分。

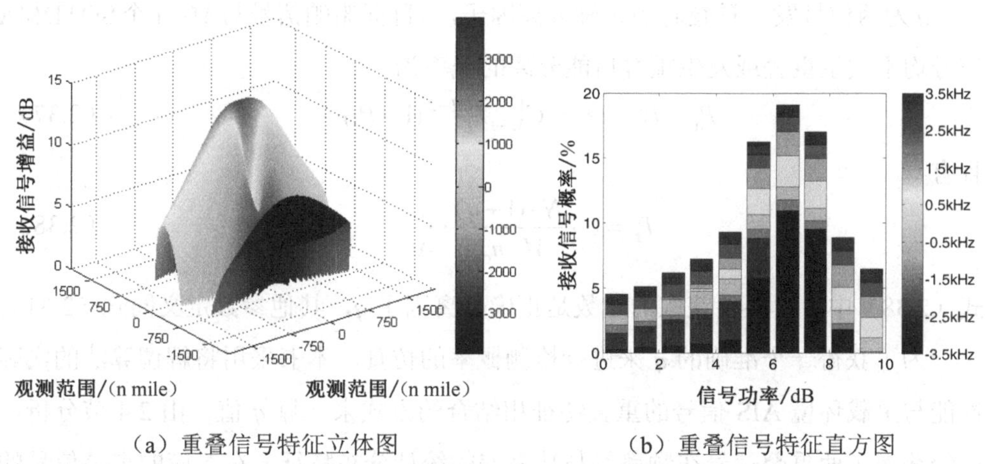

（a）重叠信号特征立体图　　（b）重叠信号特征直方图

图 2.27　重叠信号特征

从图 2.27（b）可以看出，在卫星轨道高度确定的条件下，约有 60%的重叠信号的频率差集中在–3～–2.5kHz 和 2.5～3kHz；约有 70%的重叠信号功率差集中在 4～9dB，约有 20%的重叠信号功率差小于 4dB。重叠信号功率差和频率差是影响分离算法性能的主要因素，了解重叠信号功率差、频率差特征有利于有针对性

地开展算法研究。

2.6 重叠信号盲分离对检测性能的影响

当两信号发生重叠时，采用信号分离算法可以提高船舶检测概率。由于重叠信号之间存在频率差和功率差，特别是当频率差较小、功率差较大时，强信号很容易正确分离和解调，但弱信号往往无法正确分离和解调。任何算法实现两信号分离并不是指将两信号都正确分离和解调，而是指从重叠信号中能够正确分离两信号或正确分离强信号。正确分离因子的定义是，从重叠信号中能够正确分离两信号或正确分离强信号的概率，记为 q。

2.6.1 正确分离因子的计算

q 为两信号发生重叠时的正确分离因子，则目标船舶信号与 $M-1$ 个 SOTDMA 信号均不发生重叠或发生重叠后能分离的概率为

$$P_{\mathrm{d}}=P_{\mathrm{f}}^{M-1}+q\cdot C_{M-1}^{1}P_{\mathrm{f}}^{M-2}(1-P_{\mathrm{f}}) \tag{2.37}$$

且有

$$P_{\mathrm{f}}=1-\frac{N\cdot(1+q)}{M\cdot n_{\mathrm{ch}}}\cdot\frac{\tau}{\Delta t} \tag{2.38}$$

式（2.38）中，主要要获取的参数是正确分离因子 q，其他参数定义同式（2.31）。

为了获得一个准确的 q 来进行检测概率的仿真，本书采用将解调算法的实际性能与星载环境 AIS 信号的重叠特征相结合的方式来计算 q 值。由 2.4 节分析，已经获得了两重叠信号在频率差与功率差的统计分布特征，在对应的重叠信号的统计区段，构造不同功率差 ΔP 和频率差 ΔF 的重叠 AIS 信号，并得到在各种重叠信号下的解包概率 $P_{\mathrm{demo}}(\Delta P,\Delta F)$ 算法。重叠信号的正确分离因子 q 可表示为

$$q=\sum_{y=0}^{7}\sum_{x=0}^{9}P_{\mathrm{demo}}(\Delta P,\Delta F)P_{\mathrm{overlap}}(\Delta P,\Delta F) \tag{2.39}$$

式中，x 表示功率差序号；y 表示频率差序号。通过式（2.39）可获取正确分离因

子q，其取值范围为0～1，“0”表示两信号均无法正确解调，“1”表示两信号均能正确解调。

2.6.2 正确分离因子对检测概率的影响

由于信号发射时隙是随机选择的，在一个时隙中接收的信号个数近似服从泊松分布[55]，即在一个时隙内接收到n个信号的概率为

$$P_n = \mathrm{e}^{-p_\mathrm{r}} \frac{(p_\mathrm{r})^n}{n!} \tag{2.40}$$

假设单个AIS信号均能正确解调，如果同时又接收到一个或多个AIS信号并产生信号重叠，此时P_n可表示存在n个同频干扰信号的概率，发生重叠的概率为

$$\sum_{n=1}^{\infty} P_n = 1 - P_0 = 1 - \mathrm{e}^{-p_\mathrm{r}} \tag{2.41}$$

由于不同算法对重叠信号有不同的解调能力，同时也与信号重叠个数有关。假设单通道盲分离算法对重叠信号个数为1～n个的解调概率分别为$q_1, q_2, \cdots, q_n$，可得在一个时隙的解调概率为

$$p = P_0 + \sum_{n=1}^{\infty} q_n P_n \tag{2.42}$$

简化式（2.42），即当有 n 个额外干扰信号时，可以看作由$n-1$个干扰信号组合成的整体与另一个干扰信号的叠加，即

$$q = q_1 + \sum_{1}^{n-1} q_i \tag{2.43}$$

将式（2.43）代入式（2.42）可得

$$p = P_0 + \sum_{n=1}^{\infty} q^n P_n = \sum_{n=0}^{\infty} q^n P_n = \mathrm{e}^{-p_\mathrm{r}} \sum_{n=0}^{\infty} \frac{(qp_\mathrm{r})^n}{n!} = \mathrm{e}^{-p_\mathrm{r}(1-q)} \tag{2.44}$$

将式（2.44）代入式（2.42），在观测时间T_v内，引入正确分离因子q后的星载AIS信号检测概率为

$$P_\mathrm{d} = 1 - \{1 - \exp[-\frac{\tau N}{n_\mathrm{c} \Delta T}(1-q)]\}^{T_\mathrm{obs}/\Delta T} \tag{2.45}$$

通过式（2.45）可以看出，检测概率除了与卫星观测时间T_v、卫星视场内船

舶数量 N、AIS 信息发射周期 Δt 有关之外，q 也是该模型的重要参数。

2.6.3 检测概率仿真

本仿真实验主要验证正确分离因子 q 对检测概率的影响。设置如下仿真条件：卫星轨道高度为 800km，AIS 信号发射间隔为 6s，小区半径为 20 n mile，船舶停留在卫星覆盖范围内的时间为 600s，卫星一次过顶船舶发射数据包为 100。星载 AIS 正确检测概率定义为：对观测范围内的任意一条船舶，星载 AIS 能够在每次发射 AIS 信号间隔内对该船舶 AIS 信息进行截获并识别的概率，简称检测概率。一般当检测概率大于 0.99 时，可认为实现有效监控。作如下假设：

（1）在卫星可视时间范围内，船舶服从均匀分配；

（2）卫星天线覆盖范围内所有船舶以相同时间间隔发射信息；

（3）所有接收到的单信号都能正确解调解码。

仿真效果如图 2.28 所示。

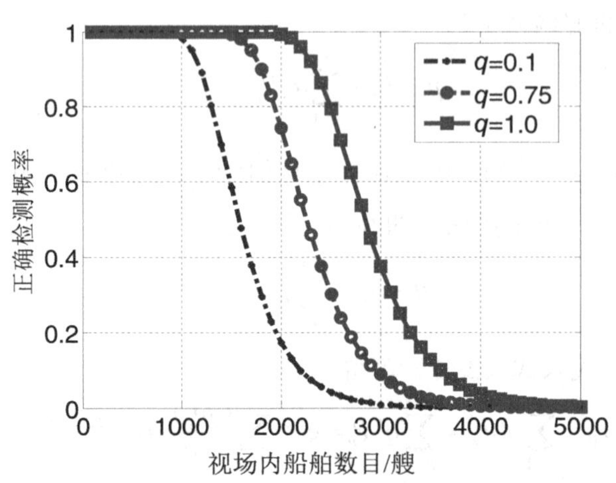

图 2.28 正确检测概率与视场内船舶数目关系

图 2.28 为不同正确分离因子与检测概率关系图。从图 2.28 可以看出，当两重叠信号的正确分离因子分别取 0.1、0.75、1.0 时，检测概率大于 0.99，正确检测船舶数量从 0.1 时的 1000 艘分别增大到 0.75 时的 1500 艘和 1.0 时的 2000 艘，再

次说明了分离算法对提高船舶检测概率意义重大。

2.7 本章小结

本章主要是对星载 AIS 相关问题的分析，包括 AIS 信号模型，星载 AIS 信号接收特征、多普勒频移、功率差、时延与重叠方式、信噪比、重叠概率、重叠特征，并详细分析了单通道盲分离对星载 AIS 中船舶检测概率的影响，为后续章节的深入研究奠定理论基础。

本章主要创新点有以下两点。

（1）分析了星载 AIS 环境特点和 GMSK 信号模型，对低轨卫星视场内重叠信号的重叠概率和重叠特征进行了分析，给出了重叠信号的特征图，并分析了重叠信号之间的功率差、频率差、时延等参数对分离性能的影响。

（2）提出了一种新的船舶检测概率计算方法，由于接收到的重叠信号之间存在频率差和功率差，特别是功率差较大时，强信号很容易正确解调出来，但弱信号却无法正确解调。因此，任何算法实现两信号分离并不能将两信号都正确分离和解调，而是存在正确分离因子。本书推导了正确分离因子的计算方法，分析了正确分离因子对检测概率的影响，并进行了仿真验证。

第 3 章　基于联合差分反馈的 AIS 重叠信号抗干扰解调

3.1　引言

从上一章分析可知，星载 AIS 重叠信号的有效分离可以极大提高船舶检测概率。基于这一应用背景，在采用单通道处理时只需要一根接收天线，而源信号又有多个，这本身就是一个病态问题。特别是在非合作通信条件下的时频域重叠信号，时域或频域滤波处理均是不可行的，且时频域重叠信号又不能利用信号分量的空间分离特性进行空域滤波，因此星载 AIS 重叠信号单通道盲分离问题研究非常具有挑战性。虽说该问题是一病态问题，但在充分利用 AIS 信号或接收系统等先验信息的条件下，问题并非是不可解的。况且在工程应用中只需一套接收设备，成本低廉，仍有大批科研人员投入大量精力去研究。本书就是以实际工程应用需求为牵引展开的研究。

针对星载 AIS 重叠信号的单通道分离问题，要充分挖掘 AIS 信号特征和接收先验信息，再进行分离算法设计或抗干扰解调算法的研究。AIS 信号特征主要有：调制方式 GMSK，每时隙码元 256 位，码速率是 9.6kbps，且任何 AIS 信号的前 32bit 是相同的，编码方式为 NRZI 等。通过对接收到的 AIS 重叠信号进行参数分析，可以获得重叠信号中的时延估计值、强信号中心频率估计值等信息。上述信息都可为后续实现重叠信号分离奠定基础。因此，星载 AIS 重叠信号的单通道盲分离问题可以转化为时频域重叠的 GMSK 信号的单通道盲分离问题。如无特殊说明，后续研究的重叠信号的个数限于 2，信号接收环境如第 2 章所表述。

由分离算法及绪论中的分析可知，单通道盲分离通常有两种常规思路：一是通过分离算法恢复源信号时域或频域波形，然后再对分离后的单个 AIS 信号进行解调解码，该算法的处理效果取决于分离算法的性能，一般运算复杂且计算量较大；二是直接对重叠信号进行解调解码，以恢复源信号码元信息，从而也达到分离的目的。该类型算法称为抗干扰解调算法，是目前研究较深入且取得成果较多的途径。无论何种分离处理思路，其处理目的都由需求决定，而对于通信信号，尤其是非合作通信等侦察领域，恢复码元则是常见的。

本章提出的基于联合差分反馈的分离算法就是基于思路二，其本质上是一种抗干扰解调算法。差分解调是研究较早的一种常规算法，很多种调制类型的通信信号都可以采用，在AIS信号处理中，也可采用该思路。文献[111]中提到该算法对信干比有较高要求，标准AIS接收机的抗干扰指标为10dB[67]，即只有在此条件下，单信号正确解包率[67]才能达到80%以上。显然，在星载AIS信号处理环境下，该条件远远无法满足，如图2.27所分析，在低轨卫星天线覆盖范围内，两重叠信号之间的最大功率差为10dB，且出现这种情况的概率非常小，因此，绝大多数情况下，重叠信号之间的功率差均小于10dB，差分解调算法无法适应星载AIS信号处理系统的需求。

从第2章分析中可知，GMSK信号是典型的连续调相信号，特别是当码元约束长度大于3时，码间串扰严重，为解调判决带来不便。因此，如何克服或减少码间串扰对解调解码带来的不利影响成为本章研究的重点。本章在一比特差分解调和二比特差分解调的基础上，提出了基于联合差分反馈的星载AIS重叠信号抗干扰解调算法，并通过引入动态反馈因子，达到降低误码率、提高解包正确率的目的。

本章主要内容安排如下：3.2节在一比特差分反馈解调和二比特差分反馈解调的基础上，提出联合差分反馈抗干扰解调算法，并对性能进行了理论分析；3.3节进行了实验验证与分析；3.4节为本章小结。

3.2 联合差分反馈抗干扰解调算法

影响分离算法的因素除了信噪比之外，另一个重要因素是两重叠信号之间的频率差和功率差，这是由满足分离算法的假设条件决定的。针对重叠信号之间只存在功率差的情况，尤其是在功率差较大的情况下，强信号可以很容易地被正确解调出来，但弱信号却被湮没在干扰中。鉴于此，本章提出了基于联合差分反馈的抗干扰解调算法，用于分离重叠信号功率差大于 4dB 的重叠信号中的强信号，并将在第 4 章研究基于波形重构的弱信号分离算法。

3.2.1 算法的基本思想

联合差分反馈抗干扰解调算法是以一比特差分反馈解调算法和二比特差分反馈解调算法为基础提出的。而一比特差分反馈解调算法和二比特差分反馈解调算法又分别是一比特差分解调算法和二比特差分解调算法的改进。为清晰描述联合差分反馈抗干扰解调算法，首先讲解一比特差分反馈解调算法和二比特差分反馈解调算法。

1. 一比特差分反馈解调算法

一比特差分反馈解调算法原理简单，容易工程实现，文献[68,69,70]给出了详细的算法过程。本节给出一比特差分反馈解调算法原理，并对反馈量及解调性能进行理论分析。一比特差分反馈解调原理如图 3.1 所示。

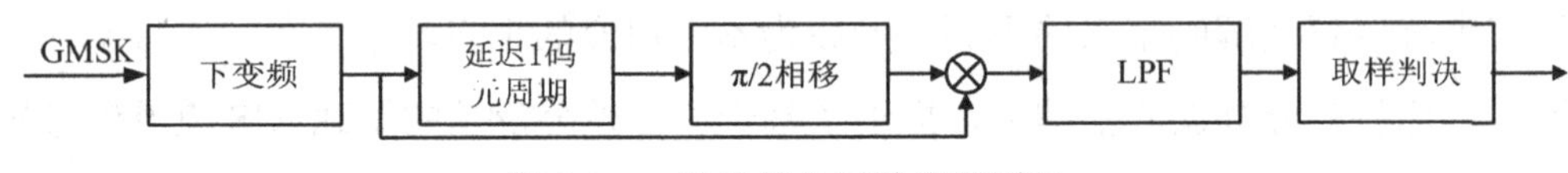

图 3.1 一比特差分反馈解调原理

图 3.1 中 LPF 表示低通滤波，首先将式（2.7）下变频至零中频：

$$\begin{aligned} s(t) &= A_c \exp[\mathrm{i}\varphi(t) + 2\pi f_c t] \cdot \exp[\mathrm{i}(-2\pi f_c t)] \\ &= A_c \exp[\mathrm{i}\varphi(t)] \end{aligned} \tag{3.1}$$

然后将信号延迟一个码元长度，并移相 90°，与原信号相乘，即

$$\begin{aligned} s(t)s^*(t-T) &= A_c^2 \exp[\mathrm{i}\varphi(t)] \exp\{-\mathrm{i}[\varphi(t-T)]\} \\ &= A_c^2 \exp\{\mathrm{i}[\varphi(t) - \varphi(t-T)]\} \end{aligned} \tag{3.2}$$

取相位得到

$$\Delta\varphi = \varphi(t) - \varphi(t-T) \tag{3.3}$$

$\Delta\varphi$ 即为信号相位增量，对其进行同步与抽取，即可恢复码元信息。

式（3.3）的离散形式为

$$\Delta\varPhi(kT)=\varphi(kT)-\varphi(kT-T)=\varphi(k)-\varphi(k-1) \tag{3.4}$$

式（3.4）中：

$$\begin{aligned}\Delta\varphi&=\pi h\left[\sum_{n=-\infty}^{N-L}I_n+\sum_{n=N-L+1}^{N}I_n\int_0^{t-nT}g(x)\mathrm{d}x\right]-\pi h\left[\sum_{n=-\infty}^{N-L-1}I_n+\sum_{n=N-L}^{N-1}I_n\int_0^{t-nT}g(x)\mathrm{d}x\right]\\&=\pi h\left[\sum_{n=N-L}^{N}I_n\int_{t-nT-T}^{t-nT}g(x)\mathrm{d}x\right]\end{aligned} \tag{3.5}$$

在取样判决时，抽取各个 $t=nT$ 的时刻，$g(x)$ 表达式同式（2.1），在信号模型定义中，$NT\leqslant t\leqslant(N+1)T$，因此取 $t=(N+1)T$。在 AIS 信号中，$L=3$ 为约束长度，则

$$\Delta\varPhi[(N+1)T]=\pi h\left[I_{N-2}\int_{2T}^{3T}g(x)\mathrm{d}x+I_{N-1}\int_{T}^{2T}g(x)\mathrm{d}x+I_N\int_0^{T}g(x)\mathrm{d}x\right] \tag{3.6}$$

在式（3.6）中，由于 $\int_0^{3T}g(x)\mathrm{d}x=1/2$，且高斯波形 $g(x)$ 绝大部分积分值集中在 $(T,2T)$ 中，码间串扰主要由 $(0,T)$ 和 $(2T,3T)$ 之间积分值产生。码间串扰示意图如图 3.2 所示。下面定量分析码间串扰。

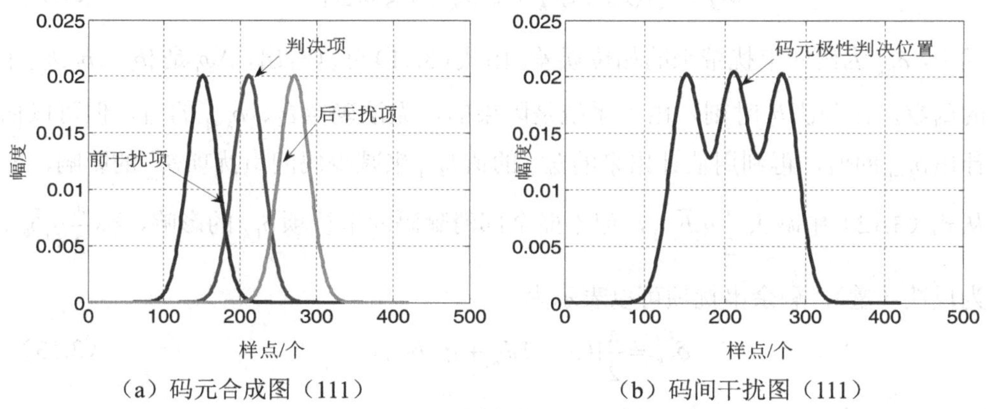

（a）码元合成图（111）　（b）码间干扰图（111）

图 3.2　码间串扰示意图

在一个码元 $[nT,(n+1)T]$ 内，n 是整数，GMSK 信号相位增量可以表示为

$$\varphi[(n+1)T,a]-\varphi[nT,a]=2\pi h\int_{nT}^{(n+1)T}\sum_{l=-\infty}^{+\infty}a_k g(\tau-nT)\mathrm{d}\tau=\Delta\phi+I \tag{3.7}$$

$$\Delta\phi = 2\pi h\int_{nT}^{(n+1)T}\{a_k g(\tau - nT) + a_{k+1}g[\tau-(n+1)T]\}\mathrm{d}\tau$$
$$= \begin{cases} -\pi\rho h & a_k = 0,\ a_{k+1}=0 \\ 0 & a_k = 0、a_{k+1}=1 \text{ 或 } a_k=1、a_{k+1}=0 \\ \pi\rho h & a_k = 1,\ a_{k+1}=1 \end{cases} \tag{3.8}$$

式（3.8）中：

$$\rho = \frac{\int_{-T}^{T} g(\tau)\mathrm{d}\tau}{\int_{-\infty}^{+\infty} g(\tau)\mathrm{d}\tau} \tag{3.9}$$

设 P 是 $g(t)$ 造成的码间干扰，如图 3.2（a）所示，则 P 的上限为

$$|P| \leqslant 2\pi h\left[\int_{-\infty}^{-T} g(\tau)\mathrm{d}\tau + \int_{T}^{+\infty} g(\tau)\mathrm{d}\tau\right] = \pi h(1-\rho) \tag{3.10}$$

连续相邻的三个码元分别记为 $\{b_{k-1},b_k,b_{k+1}\}$，相位增量 $\Delta\varphi_1 = \varphi(t) - \varphi(t-T)$ 可以用相邻码元的累加结果表示为

$$\Delta\varphi_1 = \varphi(t) - \varphi(t-T) = \frac{\pi}{2}(g_0 b_k + g_{-1}b_{k+1} + g_1 b_{k-1}) = \frac{\pi}{2}b_k + \delta_{1,k} \tag{3.11}$$

式（3.11）中：

$$\delta_{1,k} = \frac{\pi}{2}[(g_0 - 1)b_k + g_{-1}b_{k+1} + g_1 b_{k-1}] \tag{3.12}$$

式中，$\delta_{1,k}$ 为码间串扰带来的相位误差。由式（3.11）可以看出，$\Delta\varphi_1$ 是 $\{b_{k-1},b_k,b_{k+1}\}$ 的函数，在判决 b_k 时刻，由于系统是因果的，无法确定 b_k、b_{k+1} 的值，但可以估计出 b_{k-1} 的值，再利用估计出来的 b_{k-1} 的值 $\bar{b}_{k-1}$ 来减少码间串扰项 $\delta_{1,k}$ 的影响，即从式（3.12）中减去 $\frac{\pi}{2}g_1\bar{b}_{k-1}$，但不能全部消除码间串扰项 $\delta_{1,k}$ 的影响，称 $\frac{\pi}{2}g_1\bar{b}_{k-1}$ 为反馈（量），剩余串扰项可以表示为

$$\delta_{1,k}' = \frac{\pi}{2}[(g_0 - 1)b_k + g_{-1}b_{k+1}] \tag{3.13}$$

存在反馈条件下，抽样判决条件修正为

$$\begin{cases} \text{当 } \mathrm{ARG}[s(t)s^*(t-T)\mathrm{e}^{-\mathrm{i}g_1\bar{b}_{k-1}}] \geqslant 0 \text{时} & I_{N-1}\text{判决为 } 1 \\ \text{当 } \mathrm{ARG}[s(t)s^*(t-T)\mathrm{e}^{-\mathrm{i}g_1\bar{b}_{k-1}}] < 0 \text{时} & I_{N-1}\text{判决为} -1 \end{cases} \tag{3.14}$$

式中，ARG 表示取辐角主值；$g_i = \frac{\pi}{2}\int_{-T/2-iT}^{T/2-iT} g(\tau)d\tau$，其中 $i = -L/2, -L/2+1, \cdots,$

$L/2-1, L/2$。在一比特差分解调算法中，认为$\int_0^T g(x)\mathrm{d}x \approx 0$，$\int_T^{2T} g(x)\mathrm{d}x \approx 1/2$，$\int_{2T}^{3T} g(x)\mathrm{d}x \approx 0$。因此，式（3.14）中，$\mathrm{ARG}[s(t)s^*(t-T)]\mathrm{e}^{-\mathrm{i}g_1\bar{b}_{k-1}} \approx A_\mathrm{c}^2 \sin\left[\pi h I_{N-1}\int_T^{2T} g(x)\mathrm{d}x\right]\mathrm{e}^{-\mathrm{i}g_1\bar{b}_{k-1}}$，那么有

$$\begin{cases} \text{当} A_\mathrm{c}^2 \sin[\pi h I_{N-1}\int_T^{2T} g(x)\mathrm{d}x]\mathrm{e}^{-\mathrm{i}g_1\bar{b}_{k-1}} \geqslant 0 \text{时} & I_{N-1}\text{判决为 } 1 \\ \text{当} A_\mathrm{c}^2 \sin[\pi h I_{N-1}\int_T^{2T} g(x)\mathrm{d}x]\mathrm{e}^{-\mathrm{i}g_1\bar{b}_{k-1}} < 0 \text{时} & I_{N-1}\text{判决为} -1 \end{cases} \tag{3.15}$$

式（3.15）即为一比特差分反馈解调判决式，从式（3.15）中可以看出，反馈值$\mathrm{e}^{-\mathrm{i}g_1\bar{b}_{k-1}}$的大小取决于高斯函数值与前一时刻码元预测值的乘积。

2. 二比特差分反馈解调算法

二比特差分反馈解调原理与一比特差分反馈解调相似[72]，区别是相乘时对信号延迟两个码元周期，致使后端判决项不同，即

$$\begin{aligned} s(t)s(t-2T) &= A_\mathrm{c}^2 \exp[\mathrm{i}\varphi(t)]\exp[\mathrm{i}\varphi(t-2T)] \\ &= A_\mathrm{c}^2 \exp\{\mathrm{i}[\varphi(t)-\varphi(t-2T)]\} \end{aligned} \tag{3.16}$$

取式（3.16）实部，简化得

$$\mathrm{Re}[s(t)s(t-2T)] = A_\mathrm{c}^2 \cos[\varphi(t)\varphi(t-2T)] \tag{3.17}$$

对抽取的$t=nT$时刻值进行判决，且定义$\Delta\varphi_2 = \varphi(t)-\varphi(t-2T) = \varphi_k - \varphi_{k-2}$，则

$$\begin{aligned} \Delta\varphi_2 &= \frac{\pi}{2}\sum_{i=L/2-1}^{L/2+1} b_{k-i}\int_{-T/2-T}^{T/2} g(\tau-iT)\mathrm{d}\tau \\ &= \frac{\pi}{2}(q_0 b_k + q_{-1}b_{k+1} + q_1 b_{k-1} + q_{-2}b_{k+2} + q_2 b_{k-2}) \end{aligned} \tag{3.18}$$

式（3.18）中：

$$q_i = \frac{\pi}{2}\int_{-T/2-iT-T}^{T/2-iT} g(\tau)\mathrm{d}\tau \qquad i = -\frac{L}{2}-1, -\frac{L}{2}+1, \cdots, \frac{L}{2}-1, \frac{L}{2}+1 \tag{3.19}$$

令$\delta_{2,k}$为二比特差分解调中的干扰项，$\delta_{2,k}$的定义同$\delta_{1,k}$，不同的是二比特差分反馈干扰项是$\{b_{k-2}, b_{k-1}, b_k, b_{k+1}, b_{k+1}\}$的函数，判决项为

$$\mathrm{Re}[s(t)s(t-2T)] \approx A_\mathrm{c}^2 \cos\left[\pi h I_{N-2}\int_T^{3T} g(x)\mathrm{d}x + \pi h I_{N-1}\int_0^{2T} g(x)\mathrm{d}x\right] \tag{3.20}$$

其中Re表示取实部，判决条件为

$$\begin{cases} 当\ \mathrm{Re}[s(t)s(t-2T)]<0\ 时 & 判决为\ a_k=-1 \\ 当\ \mathrm{Re}[s(t)s(t-2T)]\geqslant 0\ 时 & 判决为\ a_k=1 \end{cases} \tag{3.21}$$

在判决时考虑反馈的条件下，利用$\{b_{k-1},b_{k-2}\}$的预测值$\{\overline{b}_{k-1},\overline{b}_{k-2}\}$得到的二比特差分反馈解调的判决式为

$$\begin{cases} 当\ \mathrm{Re}[s(t)s^*(t-2T)]\mathrm{e}^{-\mathrm{i}[q_1\overline{b}_{k-1}+q_2(\overline{b}_{k-2})]}<0\ 时 & 判决\ a_k=-1 \\ 当\ \mathrm{Re}[s(t)s^*(t-2T)]\mathrm{e}^{-\mathrm{i}[q_1\overline{b}_{k-1}+q_2(\overline{b}_{k-2})]}\geqslant 0\ 时 & 判决\ a_k=1 \end{cases} \tag{3.22}$$

式（3.22）即为二比特差分反馈解调判决式，由式（3.22）中可以看出，反馈值$\mathrm{e}^{-\mathrm{i}(q_1\overline{b}_{k-1}+q_2(\overline{b}_{k-2}))}$的大小取决于高斯波形与预测值$\{\overline{b}_{k-1},\overline{b}_{k-2}\}$乘积的和。

式（3.20）可以等价为式（3.23）的形式：

$$\mathrm{Re}[s(t)s(t-2T)]=\sin[\theta(t)-\theta(t-T)]\sin[\theta(t-T)-\theta(t-2T)] \tag{3.23}$$

同时令式（3.23）中的$\sin[\theta(t)-\theta(t-T)]$对应原始数据$a_k$经差分编码后的$b_k$，而$\sin[\theta(t-T)-\theta(t-2T)]$则对应于$b_{k-1}$，两者相乘等效于两者模二相加$b_k\oplus b_{k-1}$。若发端进行差分编码，根据差分编码的规则$a_k=b_k\oplus b_{k-1}$，可得：$\hat{a}_k=b_k\oplus b_{k-1}$，即为解调输出。若$b_k$或$b_{k-1}$的值有一位预测错误，则判决出错；若两位都预测错误，则判决仍然正确。因此二比特差分码元判决具有连带性。

3. 联合差分反馈抗干扰解调算法

文献[36]提到一比特差分反馈解调和二比特差分反馈解调各有优点和不足，对一比特差分反馈解调和二比特差分反馈解调性能分析之后，考虑将两种算法的优点互补，对两种算法联合并行处理，用一比特差分反馈解调修正二比特差分反馈解调的连带错误部分，从而获得更好的判决解码结果，并将此算法称为联合差分反馈抗干扰解调算法。

由式（3.11）和式（3.12）可令一比特差分反馈解调算法的判决项为

$$\begin{aligned} D_1(k)&=\mathrm{e}^{\mathrm{i}(\varphi(k)-\varphi(k-1))}=\mathrm{e}^{\mathrm{i}\frac{\pi}{2}b_k}\mathrm{e}^{\mathrm{i}\delta_{1,k}} \\ &=\mathrm{i}\sin\left(\frac{\pi}{2}b_k\right)[\cos(\delta_{1,k})+\mathrm{i}\sin(\delta_{1,k})] \\ &=\mathrm{i}b_k\cos(\delta_{1,k})-b_k\sin(\delta_{1,k}) \end{aligned} \tag{3.24}$$

那么

$$\mathrm{Im}[D_1(k)]b_{k-1} \approx \alpha_{1,k}b_k b_{k-1} = \alpha_{1,k}a_k \tag{3.25}$$

其中，$\alpha_{1,k}=\cos(\delta_{1,k})$，令$\overline{b}_k=\mathrm{sign}[\mathrm{Im}(D_1(k)]$，$\overline{a}_k=\overline{b}_k\overline{b}_{k-1}=\mathrm{sign}\{\mathrm{Im}[D_1(k)]\}\overline{b}_{k-1}$。同理，由式（3.22）可令二比特差分反馈解调算法的判决项为

$$D_2(k) = -b_k b_{k-1}\cos(\delta_{2,k}) - \mathrm{i}b_k b_{k-1}\sin(\delta_{2,k}) \tag{3.26}$$

那么

$$\mathrm{Re}[D_2(k)] \approx -\alpha_{2,k}b_k b_{k-1} = -\alpha_{2,k}a_k \tag{3.27}$$

其中$\alpha_{2,k}=\cos(\delta_{2,k})$，$\delta_{2,k}$表达式与$\delta_{1,k}$相似，那么

$$\overline{a}_k = \mathrm{sign}\{-\mathrm{Re}[D_2(k)]\} \tag{3.28}$$

从一比特差分反馈解调判决项$D_1(k)$和二比特差分反馈解调判决项$D_2(k)$可以看出，其判决门限都是0。文献[38]提到判决项离判决门限越远则判决效果越好，即判决误码率越低。在一比特差分反馈解调算法和二比特差分反馈解调算法中，码元极性判决门限由式（3.15）和式（3.22）决定，用星座表示如图3.3所示。在图3.3（a）中，横轴为过零判决基准，根据式（3.15）可知，点1～3判决为1，点4～6判决为–1。在图3.3（b）中，纵轴为过零判决基准，根据式（3.22）可知，点1～5判决为$I_n=I_{n-1}$，点6～8判决为$I_n=-I_{n-1}$。

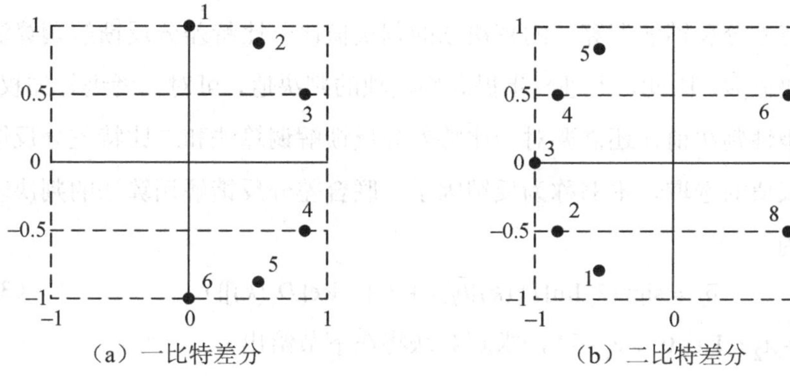

（a）一比特差分　　（b）二比特差分

图3.3　判决星座图

从图3.3（a）与图3.3（b）的比较中可以看出，二比特差分反馈解调算法的判决门限总体上要比一比特差分反馈解调算法更远离0轴线，所以判决准确率更高。但从两种算法的判决效果看，一比特差分反馈解调算法是仅对某一比特位判

决，而二比特差分反馈解调算法的判决结果为某一比特位与前一比特位的码元关系，二比特差分反馈解调算法有更高的判决精度，但具有错判极性连带性特点。一比特差分反馈解调算法虽然在判决准确率上不如二比特差分反馈解调算法，但不会出现错判极性连带性。这里给出联合差分反馈解调算法的极性判决表达式：

$$\Delta \wp = \mathrm{ARG}[s(t)s^*(t-T)\mathrm{e}^{-\mathrm{i}g_1\bar{b}_{k-1}}] + \lambda \mathrm{Re}[s(t)s^*(t-2T)\mathrm{e}^{-\mathrm{i}\frac{\pi}{2}q_2(2\bar{b}_{k-2})}] \tag{3.29}$$

式（3.29）简化为

$$\begin{aligned}\Delta \wp &= \Delta\varphi_1 \cdot (-\mathrm{i}g_1\bar{b}_{k-1}) + \Delta\varphi_2 \cdot \left[-\mathrm{i}\frac{\pi}{2}q_2(2\bar{b}_{k-2})\right] = \Delta\varphi_1 \cdot \lambda_1 + \Delta\varphi_2\lambda_2 \\ &= D_1(k)\cdot\lambda_1 + D_2(k)\lambda_2\end{aligned} \tag{3.30}$$

其中，$D_1(k)$ 表示一比特差分反馈解调算法的码元极性判决项；$D_2(k)$ 表示二比特差分反馈解调算法的码元极性判决项。那么在理想条件下的联合差分反馈解调算法的码元极性判决项可以表示如下：

$$\mathrm{sign}(d_k) = \mathrm{sign}(\mathrm{Im}[D_1(k)]\bar{b}_{k-1} + \{-\mathrm{Re}[D_2(k)]\}) \tag{3.31}$$

而 $(\mathrm{Im}[D_1(k)]\bar{b}_{k-1} + \{-\mathrm{Re}[D_2(k)]\}) \approx (\alpha_{1,k} + \alpha_{2,k})a_k$，即可以认为，联合差分反馈解调算法的判决项距判决门限的距离是一比特差分反馈解调算法或二比特差分反馈解调算法的 $\alpha_{1,k} + \alpha_{2,k}$ 倍。而在联合差分反馈抗干扰解调算法的设计过程中，由于二比特差分反馈解调算法的判决项的判决值比一比特差分反馈解调算法的判决项的判决值大，因此，为进一步提高判决项的判决值，可对二者进行加权处理。即在进行极性判决前，还需要对一比特差分反馈解调算法和二比特差分反馈解调算法进行权值的选取，本书称为反馈因子。联合差分反馈解调算法的判决表达式可以表示为

$$\bar{a}_k = \mathrm{sign}(\lambda_1 \mathrm{Im}[D_1(k)]\bar{b}_{k-1} + \lambda_2\{-\mathrm{Re}[D_2(k)]\}) \tag{3.32}$$

其中，$\lambda_1 + \lambda_2 = 1$ 且 $0 \leqslant \lambda_1 \leqslant 1$，求解算法将在下节给出。

这里设定 I_n^1 表示一比特差分反馈解调算法的解码，设定 I_n^2 表示二比特差分反馈解调算法的解码。由于二比特差分反馈解调算法的判决正确率较高，这里采用二比特差分反馈解调算法的判决输出结果，再通过一比特差分反馈解调算法对判决结果进行修正。联合差分反馈解调算法判决流程如图 3.4 所示。

图 3.4 中比较器 1 的作用为：将一比特差分反馈解调算法与二比特差分反馈解调算法对同一位比特的判决结果进行比较，并根据式（3.33）修正二比特差分反馈解调算法输出结果。虚线框内的码元修正关系如下：

$$\begin{cases} \text{if} \quad I_{n-1}^2 = -I_{n-1}^1, I_{n-2}^2 = -I_{n-2}^1, I_{n-3}^2 = -I_{n-3}^1 \\ I_{n-1}^{2'} = -I_{n-1}^2, I_{n-2}^{2'} = -I_{n-2}^2, I_{n-3}^{2'} = -I_{n-3}^2 \\ \text{if} \quad I_{n-1}^2 = I_{n-1}^1, I_{n-2}^2 = I_{n-2}^1, I_{n-3}^2 = I_{n-3}^1 \\ I_{n-1}^{2'} = I_{n-1}^2, I_{n-2}^{2'} = I_{n-2}^2, I_{n-3}^{2'} = I_{n-3}^2 \end{cases} \tag{3.33}$$

式（3.33）中，$I_n^{'}$ 为修正后的输出比特。比较器 2 的作用是将虚线框内的码元输出结果与联合差分反馈解调算法的输出结果进行比较，结果相同时作为算法输出，结果不相同时按照 3.2.2 节求解步骤调整反馈值 λ_1、λ_2，直到输出结果相同为止。

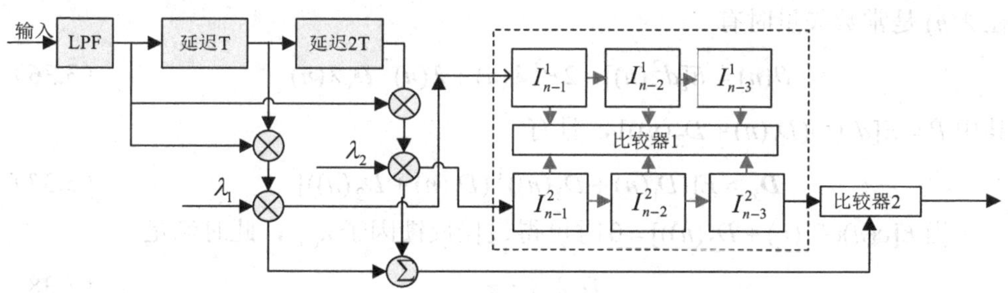

图 3.4　联合差分反馈解调算法判决流程

3.2.2　算法性能分析

从算法的基本流程可以看出，在信噪比一定的条件下影响算法性能的主要因素有三点：一是反馈因子的选取；二是两重叠信号之间的频率差；三是两重叠信号之间的功率差。

1. 反馈因子的影响

在 3.2.1 节分析了码间串扰的定量计算方法。在重叠信号解调中，码间串扰将更加严重，且由于在某一时刻信噪比值是随机的，即相位受噪声影响是随机的，虽然反馈因子理论上是确定的，但实际反馈因子的取值是随机的。这里针对重叠信号的解调分为两种情况：一是反馈因子相同时的情况；二是反馈因子不同时的情况。

（1）反馈因子相同时。当一比特差分反馈因子和二比特差分反馈因子相同时，即 $\lambda_1=\lambda_2$ 时，记为 $\lambda(kT)=\lambda(n)$，设第一组通过校验时的输出判决信号为 $d_{\mathrm{r}}(n)$，那么构造如下等式：

$$e(n)=d_{\mathrm{r}}(n)-\lambda(n)^{\mathrm{T}}[D_1(n)+D_2(n)] \tag{3.34}$$

式中，$D_1(n)=\mathrm{Im}[D_1(k)]\overline{b}_{k-1}$；$D_2(n)=-\mathrm{Re}[D_2(k)]$。令 $\Im(\lambda)=\vartheta(n)=E[e^2(n)]$，为估计误差性能函数。由于星载 AIS 信号满足联合平稳过程[26]，那么在时刻 n 的均方误差是加权矢量的二次函数，其表达式为

$$\begin{aligned}\vartheta(n)&=E[e^2(n)]=E[(d_{\mathrm{r}}(n)-\lambda(n)^{\mathrm{T}}(D_1(n)+D_2(n))^2]\\&=E[d_{\mathrm{r}}{}^2(n)-\lambda(n)^{\mathrm{T}}d_{\mathrm{r}}(n)(D_1(n)+D_2(n))-d_{\mathrm{r}}(n)(D_1(n)+D_2(n))^{\mathrm{T}}\lambda(n)\\&\quad+\lambda(n)^{\mathrm{T}}(D_1(n)+D_2(n))(D_1(n)+D_2(n))^{\mathrm{T}}\lambda(n)]\end{aligned} \tag{3.35}$$

在 $\lambda(n)$ 是常数矢量时有

$$\vartheta(n)=E[d^2(n)]-2P^{\mathrm{T}}\lambda(n)+\lambda(n)^{\mathrm{T}}\boldsymbol{D}_x\lambda(n) \tag{3.36}$$

其中 $P=E[d_{\mathrm{r}}(n)(D_1(n)+D_2(n))]$，且有

$$\boldsymbol{D}_x=E[(D_1(n)+D_2(n))^{\mathrm{T}}(D_1(n)+D_2(n))] \tag{3.37}$$

当 $E[e(n)(D_1(n)+D_2(n))]=0$ 时可得最佳反馈因子 λ_{opt}，此时满足

$$\boldsymbol{D}_x\lambda_{\mathrm{opt}}=P \tag{3.38}$$

下面采用递推方法求反馈因子的最佳值。计算反馈因子的迭代公式为

$$\lambda(n+1)=\lambda(n)+\hat{\lambda}[-\nabla(n)] \tag{3.39}$$

其中，$\hat{\lambda}$ 为反馈因子在取值范围内的步长，$-\nabla(n)$ 是均方误差相对于反馈因子 $\lambda(n)$ 的一阶偏导数，定义为

$$\nabla=\frac{\partial\vartheta}{\partial\lambda}=\left[\frac{\partial\vartheta}{\partial\lambda_1}\ \frac{\partial\vartheta}{\partial\lambda_2}\ \frac{\partial\vartheta}{\partial\lambda_3}\cdots\frac{\partial\vartheta}{\partial\lambda_M}\right]=2\boldsymbol{D}_x\lambda-2P \tag{3.40}$$

迭代公式可以表示为

$$\lambda(n+1)=\lambda(n)+2\hat{\lambda}[P-\boldsymbol{D}_x\lambda(n)] \tag{3.41}$$

下面分析迭代收敛性的条件。

利用最佳反馈因子 $\lambda_{\mathrm{opt}}=\boldsymbol{D}_x^{-1}P$ 和 n 时刻的加权误差矢量 $\Delta\ell=\lambda(n)-\lambda_{\mathrm{opt}}$ 可将式（3.41）写成

$$\lambda(n+1)-\lambda_{\mathrm{opt}}=(I-2\hat{\lambda}\boldsymbol{D}_x)[\lambda(n)-\lambda_{\mathrm{opt}}] \tag{3.42}$$

$$\Delta\ell(n+1)=(I-2\hat{\lambda}\boldsymbol{D}_x)\Delta\ell(n) \tag{3.43}$$

设 $\lambda(n)$ 的初值为 $\lambda(0)$，则

$$\Delta\ell(0)=\Delta\ell(0)-\lambda_{\mathrm{opt}} \tag{3.44}$$

$$\Delta\ell(n)=(I-2\hat{\lambda}\boldsymbol{D}_x)^n\Delta\ell(0) \tag{3.45}$$

对 $\boldsymbol{D}_x$ 进行分解得到

$$\begin{aligned}\Delta\ell(n)&=(I-2\hat{\lambda}Q\Lambda Q^{-1})^n\Delta\ell(0)=(Q(I-2\hat{\lambda}\Lambda)Q^{-1})^n\Delta\ell(0)\\&=Q(I-2\hat{\lambda}\Lambda)Q^{-1}\cdots Q(I-2\hat{\lambda}\Lambda)Q^{-1}\Delta\ell(0)\\&=Q(I-2\hat{\lambda}\Lambda)^nQ^{-1}\Delta\ell(0)\end{aligned} \tag{3.46}$$

令 $\Delta\ell'(n)=Q^{-1}\Delta\ell(n)=Q^T\Delta\ell(n)$，则有

$$\Delta\ell'(n)=(I-2\hat{\lambda}\Lambda)^n\Delta\ell'(0) \tag{3.47}$$

$$\Delta\ell'(0)=Q^T[\lambda(0)-\lambda_{\mathrm{opt}}] \tag{3.48}$$

$$(I-2\hat{\lambda}\Lambda)^n=\mathrm{diag}\{(1-2\hat{\lambda}\lambda_1)^n,\cdots,(1-2\hat{\lambda}\lambda_M)^n\} \tag{3.49}$$

因此，只要满足

$$|1-2\hat{\lambda}\lambda_k|<1\quad k=1,2,\cdots,M \tag{3.50}$$

$$0<\hat{\lambda}<\frac{1}{\lambda_{\max}} \tag{3.51}$$

这里 $\lambda_{\max}$ 是 $\boldsymbol{D}_x$ 的最大特征值，式（3.51）称为式（3.50）的收敛条件。

$$\begin{cases}\lim\limits_{n\to\infty}(I-2\hat{\lambda}\Lambda)^n=0\\\lim\limits_{n\to\infty}\lambda(n)=\lambda_{\mathrm{opt}}\\\lim\limits_{n\to\infty}V(n)=0\end{cases} \tag{3.52}$$

由于自相关矩阵 $\boldsymbol{D}_x$ 的本征值通常未知，而矩阵 $\boldsymbol{D}_x$ 的迹 $tr[\boldsymbol{D}_x]$ 已知，其等于 $\boldsymbol{D}_x$ 对角线元素之和，即

$$tr[\boldsymbol{D}_x]=\sum_{i=1}^{M}\lambda_i=\sum_{i=1}^{M}E[D^2(n+1-i)] \tag{3.53}$$

由于 $\lambda_{\max}<tr[\boldsymbol{D}_x]$，所以其收敛条件也可表示为

$$0<\hat{\lambda}<\frac{1}{tr[\boldsymbol{D}_x]} \tag{3.54}$$

显然，λ 越小，反馈因子修正的步幅越小，处理过程也越平稳，但收敛过程越慢，导致 AIS 信号处理速度也较缓慢。因此，为取得较快处理速度，在满足式（3.54）的条件下，λ 值尽量大一点。

（2）反馈因子不相同时。上述分析了联合差分反馈解调过程中一比特差分反馈因子和二比特差分反馈因子相同的情况，下面分析联合差分反馈解调中一比特差分反馈因子和二比特差分反馈因子不同的情况，此时的本质是二维反馈因子加权，令

$$\lambda_{\mathrm{opt}} = \begin{bmatrix} \varsigma_{\mathrm{opt1}} \\ \varsigma_{\mathrm{opt2}} \end{bmatrix} \tag{3.55}$$

式（3.55）为最佳反馈因子，那么下面给出求解过程：

$$\Delta\ell = \lambda - \lambda_{\mathrm{opt}} = \begin{bmatrix} \upsilon_1 \\ \upsilon_2 \end{bmatrix} \tag{3.56}$$

$$\boldsymbol{D}_x = \begin{bmatrix} r_x(0) & r_x(1) \\ r_x(1) & r_x(0) \end{bmatrix} \tag{3.57}$$

则均方误差性能函数为

$$\vartheta(n) = \vartheta_{\min} + \Delta\ell^T \boldsymbol{D}_x \Delta\ell = \vartheta_{\min} + r_x(0)\upsilon_1^2 + 2r_x(1)\upsilon_1\upsilon_2 + r_x(0)\upsilon_2^2 \tag{3.58}$$

式（3.58）对应的性能曲面是三维空间 $(\Delta\ell, \lambda_1, \lambda_2)$ 中一个开口向上的抛物面，底部具有唯一的均方误差最小值 $\vartheta_{\min}$，如图 3.5 所示，它所对应的反馈因子即为最佳反馈因子，求解算法请参考文献[55]。

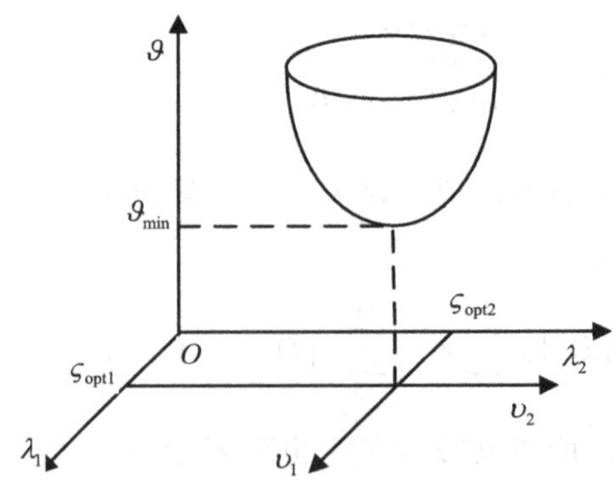

图 3.5 反馈因子性能曲线

总之，反馈因子相同是反馈因子选取的一种特例，其解调性能虽低于不相同时，但由于反馈因子不相同时运算复杂且运算量大，在实际应用中，一般采用相同的反馈因子。

2. 误码率性能

文献[26]提到，对于 AIS 等通信信号解调性能，主要以误码率为衡量标准进行分析。下面分别从一比特差分反馈解调算法误码率、二比特差分反馈解调算法误码率、联合差分反馈解调算法误码率、差分反馈解调算法误码率四种情况进行理论分析。由于一比特差分反馈解调算法和二比特差分反馈解调算法原理相似，为引出联合差分反馈抗干扰解调算法误码率表达式，此处先分析一比特差分反馈解调算法的误码率。

（1）一/二比特差分反馈解调的误码率。根据文献[76]及概率论相关知识，一比特差分反馈解调算法的误码率表达式可以写为

$$p_{\mathrm{e1}}=\frac{1}{2}\{\overline{P}\left[\mathrm{Im}(D_1(k))<v\middle|d_0=1\right]+\overline{P}\left[\mathrm{Im}(D_1(k))>v\middle|d_0=-1\right]\} \tag{3.59}$$

式（3.59）中，$d_0\in\{-1,1\}$，v 表示判决门限，且有

$$P\left[\mathrm{Im}(D_1(k))<v\middle|d_0=1\right]=-\frac{1}{2\pi\mathrm{i}}\int_{\varepsilon-\mathrm{i}\infty}^{\varepsilon+\mathrm{i}\infty}\frac{\psi(s)}{s}\mathrm{e}^{-2vs}\mathrm{d}s \tag{3.60}$$

式（3.60）中，ε 为$\psi(s)$在收敛区间内的一实数。考虑到存在均值为 0、方差为$2\sigma_n^2$的噪声条件，令$\sigma_n^2=N_0\int_{-\infty}^{+\infty}\left|H_r(f)\right|^2\mathrm{d}f=N_0B_{\mathrm{rn}}$，$B_{\mathrm{rn}}$为信号有效带宽，$N_0$为噪声功率谱密度，同时利用文献[26]的结果，可以得到：

$$\psi(s)=\frac{\exp\left\{s\left[\dfrac{U_i^2}{1-2\sigma_n^2s}-\dfrac{V_i^2}{1+2\sigma_n^2s}\right]\right\}}{(1-2\sigma_n^2s)(1+2\sigma_n^2s)} \tag{3.61}$$

式（3.61）中，一比特差分时 i=1，则

$$\begin{cases}U_1^2=\dfrac{1}{2}\left|E[-\mathrm{i}x(t_0)]+E[x(t_0-T)]\right|^2=\dfrac{1}{2}\left|-\mathrm{i}u(t_0)+u(t_0-T)\right|^2\\ V_1^2=\dfrac{1}{2}\left|E[-\mathrm{i}x(t_0)]-E[x(t_0-T)]\right|^2=\dfrac{1}{2}\left|-\mathrm{i}u(t_0)-u(t_0-T)\right|^2\end{cases} \tag{3.62}$$

二比特差分时 i=2，则

$$\begin{cases} U_2{}^2 = \dfrac{1}{2}\left|E[x(t_0)] + E[x(t_0 - 2T)]\right|^2 = \dfrac{1}{2}\left|u(t_0) + u(t_0 - 2T)\right|^2 \\ V_2{}^2 = \dfrac{1}{2}\left|E[x(t_0)] - E[x(t_0 - 2T)]\right|^2 = \dfrac{1}{2}\left|u(t_0) - u(t_0 - 2T)\right|^2 \end{cases} \tag{3.63}$$

式中，$x(t) = u(t) + n(t)$；$u(t) = \sqrt{2S}a(t)\exp\{\mathrm{i}\phi(t)\}$；$\mathrm{i} = \sqrt{-1}$；$S$ 表示信号能量，且单个码元能量 $E_b = ST$，T 表示码元周期。式（3.59）作为一种有效的求解方法是文献[57]提出的鞍点近似法（Saddle Point Approximation，SAP）。式（3.60）为一比特差分反馈解调算法的误码率理论表达式。下面分析带反馈的条件下解调算法的误码率。

这里以二比特差分反馈解调算法为例进行分析，同时利用 $\{b_{k-1}, b_{k-2}\}$ 的估计值 $\{\bar{b}_{k-1}, \bar{b}_{k-2}\}$ 可以得到码元极性判决项如下：

$$\begin{cases} \text{当 } \mathrm{Re}(s(t)s^*(t-2T))\mathrm{e}^{-\mathrm{i}(q_1\bar{b}_{k-1} + q_2(\bar{b}_{k-2}))} < 0 \text{ 时} \quad a_k = -1 \\ \text{当 } \mathrm{Re}(s(t)s^*(t-2T))\mathrm{e}^{-\mathrm{i}(q_1\bar{b}_{k-1} + q_2(\bar{b}_{k-2}))} \geqslant 0 \text{ 时} \quad a_k = 1 \end{cases} \tag{3.64}$$

根据文献[77]，误码率表达式可以写成

$$\begin{aligned} P_{\mathrm{b}} = & \frac{1}{2}\overline{\left\{\left[F\left(\frac{\pi}{2} - \mu\right)\right] - \left[F\left(\frac{3\pi}{2} + \mu\right)\right] \middle| d_0 = 0\right\}} \\ & + \frac{1}{2}\overline{\left\{\left[F\left(\frac{3\pi}{2} + \mu\right)\right] - \left[F\left(\frac{\pi}{2} - \mu\right)\right] \middle| d_0 = 1\right\}} \end{aligned} \tag{3.65}$$

式（3.65）中，上端横线表示统计平均，其中

$$\begin{cases} F\left(\dfrac{3\pi}{2} + \mu\right) = \dfrac{W\cos(\mu - \Delta\phi)}{2\sqrt{1 - r_2^2\sin^2\mu}} \cdot \left[\dfrac{1}{2\pi}\displaystyle\int_{-\gamma-\lambda}^{\gamma-\lambda} \dfrac{\exp[-(\alpha_2 - \beta_2\cos\theta)]}{\alpha_2 - \beta_2\cos\theta}\mathrm{d}\theta\right] \\ \qquad - \dfrac{(r_2\cos\mu)\mathrm{e}^{-\alpha_2}}{2\sqrt{1 - r_2^2\sin^2\mu}} \cdot \left[\dfrac{1}{2\pi}\displaystyle\int_{-\gamma-\lambda}^{\gamma-\lambda} \exp[\beta_2\cos\theta]\mathrm{d}\theta\right] \\ F\left(\dfrac{\pi}{2} - \mu\right) = -\dfrac{W\cos(\mu + \Delta\phi)}{2\sqrt{1 - r_2^2\sin^2\mu}} \cdot \left[\dfrac{1}{2\pi}\displaystyle\int_{-\gamma'-\lambda'}^{\gamma'-\lambda'} \dfrac{\exp[-(\alpha_2' + \beta_2'\cos\theta)]}{\alpha_2' - \beta_2'\cos\theta}\mathrm{d}\theta\right]^{\frac{n!}{r!(n-r)!}} \\ \qquad + \dfrac{(r_2\cos\mu)\mathrm{e}^{-\alpha_2'}}{2\sqrt{1 - r_2^2\sin^2\mu}} * \left[\dfrac{1}{2\pi}\displaystyle\int_{-\gamma'-\lambda'}^{\gamma'-\lambda'} \exp[\beta_2'\cos\theta]\mathrm{d}\theta\right] \end{cases} \tag{3.66}$$

在 $F\left(\dfrac{3\pi}{2} + \mu\right)$ 中：

$$\alpha_2 = \frac{U - Wr_2 \sin(\mu - \Delta\phi)\sin\mu}{1 - r_2^2 \sin^2 \mu} \tag{3.67}$$

$$\beta_2 = \mathrm{sgn}[W\sin(\mu - \Delta\phi) - Ur_2 \sin\mu] \cdot \sqrt{\alpha_2^2 - \frac{W^2\cos^2(\mu - \Delta\phi)}{1 - r_2^2 \sin^2 \mu}} \tag{3.68}$$

$$\gamma = \arccos(-r_2 \sin\mu) \tag{3.69}$$

$$\lambda = \arcsin\left(\frac{V}{\beta_2\sqrt{1 - r_2^2 \sin^2 \mu}}\right) \tag{3.70}$$

$$W = \sqrt{U^2 - V^2} \tag{3.71}$$

在 $F\left(\frac{\pi}{2} - \mu\right)$ 中：

$$\alpha_2' = \frac{U - Wr_2 \sin(\mu + \Delta\phi)\sin\mu}{1 - r_2^2 \sin^2 \mu} \tag{3.72}$$

$$\beta_2' = \mathrm{sgn}[W\sin(\mu + \Delta\phi) - Ur_2 \sin\mu] \cdot \sqrt{\alpha_2'^2 - \frac{W^2\cos^2(\mu + \Delta\phi)}{1 - r_2^2 \sin^2 \mu}} \tag{3.73}$$

$$\gamma' = \arccos(-r_2 \sin\mu) = \gamma \tag{3.74}$$

$$\lambda' = \arcsin\left(\frac{V}{\beta_2'\sqrt{1 - r_2^2 \sin^2 \mu}}\right) \tag{3.75}$$

在式（3.67）至式（3.75）中，参数 r_2 表示在 $2T$ 范围内噪声归一化相关值，$r_2 = \exp[-\pi(B_{\mathrm{rn}} 2T)^2]$，$U = \frac{1}{2}[\rho(t) + \rho(t-T)]$，$V = \frac{1}{2}[\rho(t) - \rho(t-T)]$，$\rho(t) \triangleq \frac{E_b}{N_0}\frac{a^2(t)}{kB_{\mathrm{rn}}T}$，$\mu = \sin^{-1} 2v$。式（3.65）给出了带噪声反馈条件下的误码率理论表达式，为后续章节对联合差分反馈解调算法进行性能分析提供了理论依据。

（2）联合差分反馈抗干扰解调算法性能。与分析一比特差分反馈解调算法性能和二比特差分反馈解调算法性能类似，这里以误码率来衡量联合差分反馈解调算法抗干扰的解调性能。

由式（3.32）可知，联合差分的判决量为

$$D(kT) = D_1(kT) + \rho D_2(kT) \tag{3.76}$$

由于二比特差分具有连带性，如果判决错误一位码元，将导致后续码元全部翻转，可使用一比特差分来解决这一问题，这样判决量变为

$$D(kT)=D_1(kT)-\rho\hat{\xi}_{k-1}D_2(kT) \tag{3.77}$$

式（3.77）中，$\xi_{k-1}\in\{-1,1\}$。根据文献[77]，联合差分反馈抗干扰解调算法的误码率表达式可以表示为

$$p_{\mathrm{e}}=\frac{1}{2}\{\bar{P}[D(kT)<0|\gamma,\hat{\xi}(k)=-1]\}+\{\bar{P}[D(kT)>0|\gamma,\hat{\xi}(k)=1]\} \tag{3.78}$$

式中，$\gamma=\alpha\varepsilon/N_0$ 表示随机变量幅度，$\alpha\varepsilon$ 表示传输路径衰减参数，其概率密度函数为 $P(\gamma)=\frac{1}{\Gamma(m)}\left(\frac{m}{\bar{\gamma}}\right)^m\gamma^{m-1}\exp\left(-\frac{m}{\bar{\gamma}}\gamma\right)$（其中 $\gamma\geqslant 0$），$\bar{\gamma}=E|\alpha^2|\varepsilon/N_0$ 为平均信噪比。

又有

$$\begin{aligned}p_{\mathrm{e}}&=\{\bar{P}[D(kT)<0|\gamma,\xi=-1]\}\\&=Q_1(a,b)-\frac{1}{2}\exp\left(-\frac{a^2+b^2}{2}\right)\sum_{n=1}^{L}S_nI_n(ab)\end{aligned} \tag{3.79}$$

式（3.78）与式（3.79）等价，在式（3.79）中，有

$$S_n=\frac{1}{2^{2L-1}}\sum_{k=0}^{L-1-n}\begin{pmatrix}2L-1\\k\end{pmatrix}\left[\left(\frac{b}{a}\right)^n-\left(\frac{a}{b}\right)^n\right] \tag{3.80}$$

$$\begin{cases}a=[\gamma\{1-F(\Delta\phi_n(\xi(k)))\}]^{1/2}\\b=[\gamma\{1+F(\Delta\phi_n(\xi(k)))\}]^{1/2}\end{cases} \tag{3.81}$$

$$\begin{cases}Q_1(a,b)=\int_b^{+\infty}x\exp\left(-\frac{a^2+x^2}{2}\right)I_0(ax)\mathrm{d}x\\I_k(x)=\frac{1}{\pi}\int_0^{\pi}\exp(x\cos\theta\cos(k\theta)\mathrm{d}x\end{cases} \tag{3.82}$$

$$F(x)=\begin{cases}\sin(x)\ \mathrm{i}=1\\\cos(x)\ \mathrm{i}=-1\end{cases} \tag{3.83}$$

根据文献[69]，有

$$\begin{aligned}&Q_1(\sqrt{U-W},\sqrt{U+W})\\&=\begin{cases}\frac{1}{2}\int_0^{\pi}(\exp(-(U-V\cos\phi))+\exp(-\frac{W^2}{(U-V\cos\phi)}))\mathrm{d}\phi & W>0\\1+\frac{1}{2\pi}\int_0^{\pi}(-(U-V\cos\phi)-\exp(-\frac{W^2}{(U-V\cos\phi)}))\mathrm{d}\phi & W\leqslant 0\end{cases}\end{aligned} \tag{3.84}$$

式（3.84）中，$g(t)=1,\forall t$；$a=\sqrt{U-W}$；$b=\sqrt{U+W}$；$U=\gamma$；$V=\gamma\sigma$；

$W=\gamma F(\Delta\phi_n(\xi(k)))$，$\sigma=\sqrt{1-F^2(\Delta\phi_n(\xi(k)))}$。式（3.84）可以表示为

$$Q_1(a,b)=\begin{cases}\dfrac{1}{2\pi}\displaystyle\int_0^{\pi}(\exp(-\gamma(1-\sigma\cos\phi))+\exp(-\gamma\dfrac{F^2(\Delta\phi_n(\xi(k)))}{1-\sigma\cos\phi}))\mathrm{d}\phi & F(\Delta\phi_n(\xi(k)))>0\\ 1+\dfrac{1}{2\pi}\displaystyle\int_0^{\pi}(\exp(-\gamma(1-\sigma\cos\phi))-\exp(-\gamma\dfrac{F^2(\Delta\phi_n(\xi(k)))}{1-\sigma\cos\phi}))\mathrm{d}\phi & F(\Delta\phi_n(\xi(k)))\leqslant 0\end{cases}\tag{3.85}$$

利用符号函数：

$$\operatorname{sgn}(x)=\begin{cases}+1 & x\geqslant 0\\ -1 & x<0\end{cases}\tag{3.86}$$

式（3.85）可以简化为

$$Q_1(a,b)=\frac{1-\operatorname{sgn}[F(\Delta\phi_n(\xi(k)))]}{2}+\frac{1}{2\pi}\int_0^{\pi}(\exp(-\gamma(1-\sigma\cos\phi))+\operatorname{sgn}[F(\Delta\phi_n(\xi(k)))]-\gamma\frac{F^2(\Delta\phi_n(\xi(k)))}{1-\sigma\cos\phi})\mathrm{d}\phi\tag{3.87}$$

所以有

$$p_{\mathrm{e}}=\{\bar{P}[D(kT)<0|\gamma,\xi=-1]\}=\frac{1-\operatorname{sgn}[F(\Delta\phi_n(\xi(k)))]}{2}+\frac{\operatorname{sgn}[F(\Delta\phi_n(\xi(k)))]}{2\pi}\int_0^{\pi}\exp(-\gamma\frac{F^2(\Delta\phi_n(\xi(k)))}{1-\sigma\cos\phi})\mathrm{d}\phi+\frac{1}{\pi}\sum_{n=1}^{L-1}S_n\int_0^{\pi}\exp(-\gamma(1-\sigma\cos\phi))\cos(\eta\phi)\mathrm{d}\phi\cdot\frac{1-\operatorname{sgn}[F(\Delta\phi_n(\xi(k)))]}{2}\tag{3.88}$$

式（3.88）即为联合差分反馈解调算法的误码率表达式。在相同信噪比条件下，将一比特差分反馈解调算法、二比特差分反馈解调算法、联合差分反馈抗干扰解调算法的误码率进行比较，可以得出

$$P_{\mathrm{e}}<P_{\mathrm{b}}<P_{\mathrm{e1}}\tag{3.89}$$

从式（3.89）可以看出，联合差分反馈抗干扰解调算法误码率性能在相同信噪比条件下优于一比特差分反馈解调算法和二比特差分反馈解调算法。再根据文

献[77]的结论，带反馈的解调算法性能在相同信噪比下优于不带反馈的解调算法。下节将对算法性能进行实验验证与分析。

3.3 实验与分析

衡量解调算法的解调性能或抗干扰性能，通常指标为误码率、解包正确率（Packet Right Rate，PRR）、运算效率，本节将通过实验对一比特差分解调、一比特差分反馈解调、二比特差分解调、二比特差分反馈解调、联合差分解调、联合差分反馈抗干扰解调算法进行误码率和误包率分析和比较。为了对盲分离的效果进行评估，以解包正确率作为解调效果的评价标准。

根据 ITU-1371 协议[25]，解包正确率定义为：正确解调解码的 AIS 数据包与接收到的总的 AIS 数据包的比值，即

$$PRR = \frac{P_{\mathrm{r}}}{P_{\mathrm{all}}} \tag{3.90}$$

式中，P_{r} 表示正确解包个数；P_{all} 表示接收到的总数据包数。误包率定义为

$$PER = 1 - PRR \tag{3.91}$$

此条件下的误码率（Bit Error Rate，BER）定义为

$$BER = \frac{N_{\mathrm{e}}}{P_{\mathrm{all}} \times 256} \tag{3.92}$$

式中 N_{e} 表示错误码元总数。

3.3.1 数据采集

实测数据实验在四川某外场进行，为期 3 天，其目的是采集模拟星载环境特点的信号数据，首先给出实验系统组成及实验条件。

在星载 AIS 接收环境下，重叠信号之间的功率差、时延、频率差是在一定范围内随机分布。为更准确地模拟实际星载场景，实验系统精心搭建，文献[26]就典型的 AIS 重叠信号产生方式提出了许多有益的指导原则。根据这些原则，并结合 AIS 重叠信号功率差、时延、频率差等参数，对标准 AIS 发射机进行了改装，使标准 AIS 发

射机发射功率可调、频率可调、发射时隙可控，设计如图 3.6 所示的实验系统。

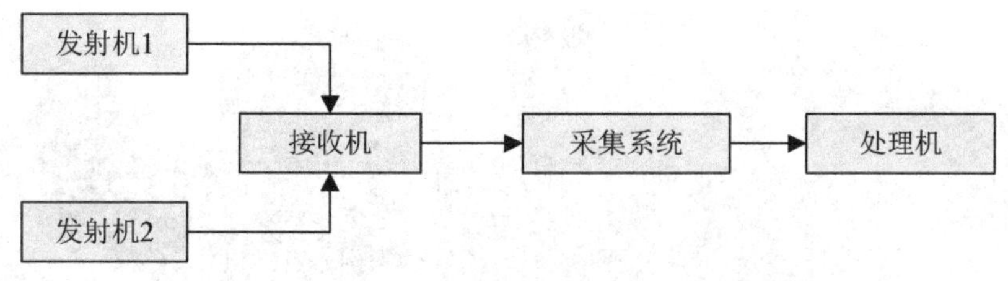

图 3.6　实验系统

实验设备参数与功能见表 3.1。

表 3.1　实验设备参数与功能

设备名称	参数	功能	备注
AIS 发射机 1	同标准 AIS 发射机	信号源	频率、功率、时隙可控
AIS 发射机 2	同标准 AIS 发射机	信号源	频率、功率、时隙可控
接收机	类型：AIS 接收机 带宽：25kHz 灵敏度：–112dBm 射频输入：161.975MHz	接收重叠信号	
采集系统	采样方式：数字 I/Q 采样率：96kHz/576kHz 采样位数：8 位	对接收机输出中频信号进行数字 I/Q 采样	
处理机	计算机	数据存储与分析	
其他器件	衰减器	功率控制	

实验场地与实验系统配置如下。

实验场地设置如图 3.7 所示，其中，接收机天线置于空旷地高处，通过电缆与接收机相连，AIS 发射机置于房内，信号采集与处理都在此进行。

实验信号环境如下所述。

- 重叠信号源个数：2。
- 重叠信号源功率差范围为 0～10dB，设置采集步长为 1dB。
- 重叠信号源频率差范围为 0～8kHz，设置采集步长为 1kHz。
- 采集的重叠信号包数大于 200。
- 信号 *SNR*>10dB。

为验证算法的解调性能，设置采集的单信号 *SNR* 范围为 0～15dB。

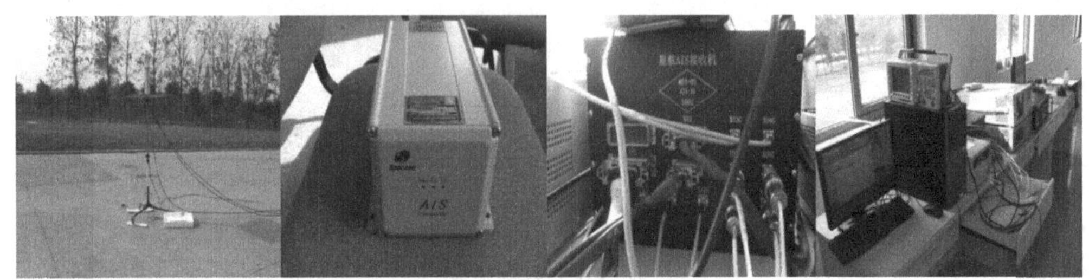

图 3.7 实验场景图

以上采集的数据表明，此次数据采集到的重叠信号之间的功率差、频率差及重叠信号包数符合星载 AIS 信号环境特点，满足数据处理要求。其中包括 3.3.2 节的误码率和 3.3.3 节的单信号误包率验证理论分析。3.3.4 节重叠信号误包率的验证、3.3.5 节的运算时间则是处理 3.3.1 节采集的实测数据结果。

3.3.2 误码率

本小节实验验证一比特差分解调（简写为一比特差分或 1bit 差分）、一比特差分反馈解调（简写为一比特反馈或 1bit 反馈）、二比特差分解调（简写为二比特差分或 2bit 差分）、二比特差分反馈解调（简写为二比特反馈或 2bit 反馈）、联合差分解调（简写为联合差分）、联合差分反馈抗干扰解调（简写为联合反馈）的误码率性能，共三类六种算法。根据误码率计算公式，设置如下条件：

- E_b/N_0 范围为 0～15dB，步长为 1dB。
- 码元个数 n=256，仿真次数取 10^5。
- *BER* 取统计平均值。

图 3.8 给出了六种算法解调性能效果图。

从图 3.8 可以看出，二比特差分解调效果优于一比特差分解调效果，联合差分反馈效果优于一比特差分解调及二比特差分解调效果。在误码率为 10^{-3} 时，联合差分反馈性能比二比特差分解调降低近 3dB。因此，联合差分反馈解调算法具有较强的适应信噪比的能力，解调效果优于一比特差分解调和二比特差分解调，且带反馈情况优于不带反馈的情况。实验结果与理论分析保持一致，验证了理论分析的正确性。

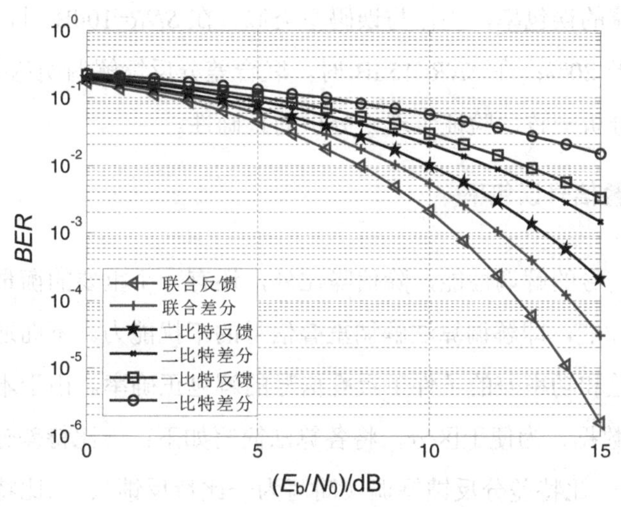

图 3.8 六种算法解调性能比较结果

3.3.3 单信号误包率

本小节验证算法的误包率性能，实验效果如图 3.9 所示。

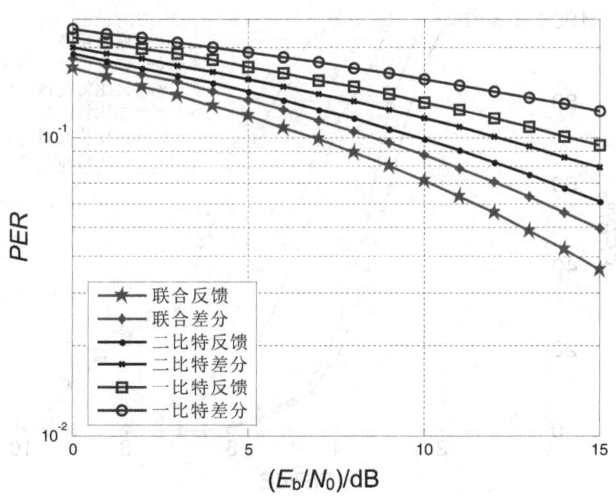

图 3.9 六种算法解调误包率比较结果

图 3.9 给出了一、二比特差分解调及其差分反馈解调，联合差分与联合差分反馈的解调性能比较图。从图 3.9 可以看出联合差分反馈解调的误包率优于一、二比特差分解调的误包率，规律与误码率类似。在 *SNR*=10dB 时，联合差分反馈解调误包率低于 20%；在 *SNR*=15dB 时，联合差分反馈解调误包率低于 5%。实验结论与理论分析一致，验证了理论分析的正确性。

3.3.4 重叠信号误包率

衡量解调信号的解调性能，除信噪比外，还有一个重要的衡量标准就是适应信干比 *SIR* 的性能，即解调算法解调重叠信号的干扰能力。下面通过实验分别分析在不同频率差和功率差的条件下重叠信号的解包正确率。由于本小节处理的是 3.3.1 节的实测数据，为便于区分，将各算法简写如下：一比特差分解调（简写为一比特差分）、一比特差分反馈解调（简写为一比特反馈）、二比特差分解调（简写为二比特差分）、二比特差分反馈解调（简写为二比特反馈）。本节主要分析两重叠信号之间频差为 0～2kHz 的情况。根据第 2 章分析的低轨卫星运行环境，两重叠信号之间功率差范围为 0～10dB，信噪比取 *SNR*=15dB，*SIR* 表示信干比，且两信号时域完全重叠，解出强信号效果如图 3.10 所示。

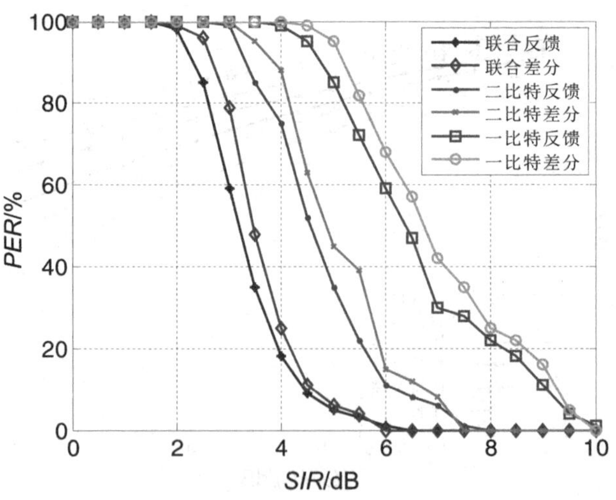

图 3.10 重叠信号频率差为 0kHz 时六种算法的误包率

图 3.10 是两重叠信号频率差为 0kHz 时六种算法的误包率。从图 3.10 可以看出，联合差分反馈解调算法性能优于一、二比特差分解调及其反馈解调算法，在强信号解调误包率低于 20%时，比二比特解调性能提高 1dB，比一比特解调性能提高 3.5dB，由于 AIS 标准接收机采用一比特差分解调方式，因此可以认为本算法比标准接收机性能提高 3.5dB，但随着信干比的增大，反馈解调算法与不带反馈解调算法性能趋于一致。

图 3.11 是重叠信号频率差为 1kHz 时六种算法的误包率。联合差分反馈解调算法性能除了在相同误包率条件下所需信干比较低之外，另一个重要指标是在相同信干比条件下的误包率。从图 3.11 可以看出，在信干比为 6dB 时，联合差分反馈的误包率为 8%，而二比特差分为 30%，一比特差分为 80%；在信干比为 10dB 时，三种算法误包率趋于一致。因此联合差分反馈抗干扰解调算法具有较强的低信干比适应能力，即抗同类信号干扰能力优于一比特、二比特解调算法。

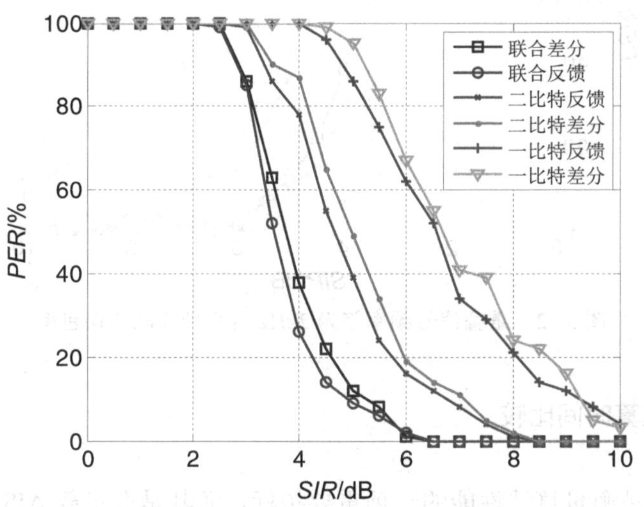

图 3.11　重叠信号频率差为 1kHz 时六种算法的误包率

图 3.12 为是重叠信号频率差为 2kHz 时六种算法的误包率，从图 3.12 可以看出在两重叠信号之间频率差固定的条件下，强信号解调误包率随信干比的增大而趋于 0，随着重叠信号之间频率差的逐渐增大，强信号解调误包率性能逐渐下降。

其中，当频率差Δf =0kHz 时，联合差分反馈算法的强信号误包率低于 20%，所需最小信干比为 4dB，Δf =1kHz 时为 5dB，Δf =2kHz 时为 6dB。这是因为该类型解调算法抗干扰能力受强信号支配，当频率差Δf =0kHz 时，重叠信号之间时域频域完全重合，解调时的判决量主要由强信号能量决定，当频率差逐渐增大时，由于重叠信号频谱拉开，解调强信号时的判决量则由两部分决定：一部分是强信号；另一部分是弱信号中与强信号频谱重叠部分。即强信号在部分频率信干比下降，而解调效果是由强信号整体频谱决定，在频率差增大到一定程度时，可以采用频域滤波的方法来提高算法性能。

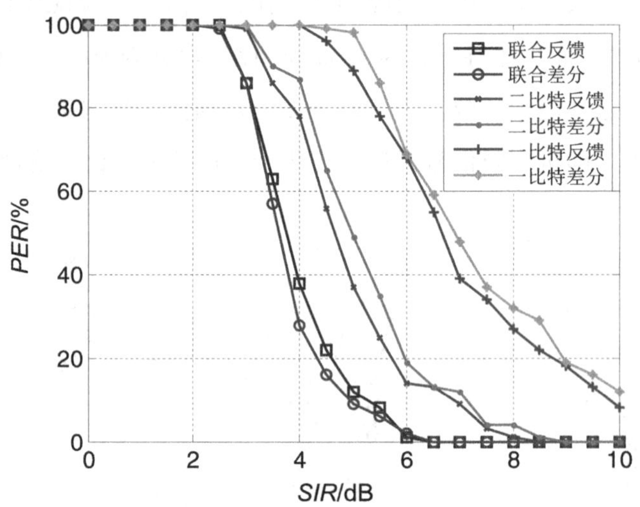

图 3.12 重叠信号频率差为 2kHz 时六种算法的误包率

3.3.5 运算时间比较

运算时间是衡量算法性能的一项重要指标，尤其是在星载 AIS 中，直接决定能否在星上做到实时处理。本小节对上述三种算法及其带反馈形式进行运算时间比较。

实验 1 随采样率变化曲线

本次实验比较了不同处理算法在不同采样率时的运算时间，含校验和解译时间。计算机处理器硬件参数为：CPU 主频 2.33GHz，内存 4G。采样率取码速率的整数倍，范围为 48～576kHz。不同采样率时运算时间比较图如图 3.13 所示。

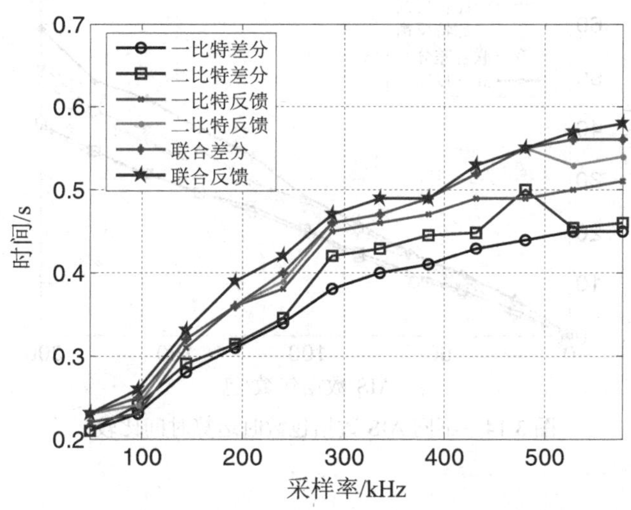

图 3.13 不同采样率时运算时间比较图

从图 3.13 可以看出，联合差分反馈算法运算费时最长，处理一包数据约需要 0.55s，一比特差分解调算法用时最少。但三种算法运算时间在一个数量级，因此联合差分解调算法满足实时处理需求，即可以作为星上处理的备选方案之一。

实验 2 随 AIS 数据包数变化曲线

本次实验仿真比较了不同处理算法在相同采样率时处理不同 AIS 数据包时的运算时间，采样率取 576kHz，*SNR*=15dB，每包样点数为 15360，处理数据包数为 1～200，分别采用一比特差分解调及反馈、二比特差分解调及反馈、联合差分解调及反馈算法，实验结果如图 3.14 所示。

图 3.14 为不同 AIS 数据包时运算时间比较。从图 3.14 可以看出，本书算法在处理的 AIS 数据包越来越多时，三种算法随数据包的增加几乎是线性的。联合差分反馈所需时间最长，二比特差分反馈和一比特差分反馈所需时间几乎一样，但三者用时均高于不带反馈时，时间差主要用于反馈因子的选取，但均在一个量

级。该方法可以作为星上处理方案，同时也是一种优良的地面处理备选方案。

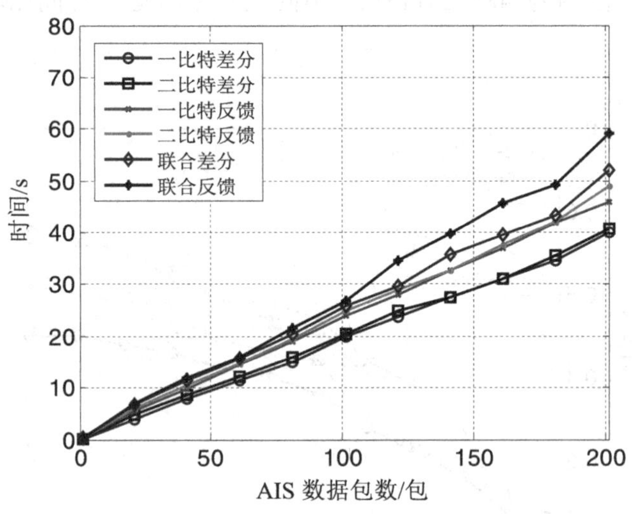

图 3.14 不同 AIS 数据包数时运算时间比较

3.4 本章小结

针对星载 AIS 重叠信号单通道盲分离问题，结合 AIS 信号特点，本章提出了基于联合差分反馈的 AIS 重叠信号抗干扰解调算法。算法针对重叠信号频率差小于等于 2kHz 的情况进行了理论分析和实验验证。通过仿真实验和对实测数据的处理分析，证明了该算法的有效性。在联合差分反馈抗干扰解调算法中，反馈因子的选择是本算法的核心，本章详细分析了反馈因子、频率差、功率差对解调性能的影响；并详细分析了算法在反馈条件下的误码率性能，误包率性能；最后分析了分离性能受频率差和功率差影响的误码率曲线、误包率曲线，并与一比特差分和二比特差分算法进行了性能对比。

本章的主要成果和创新性工作如下。

（1）针对两重叠的 AIS 信号，提出了联合差分反馈抗干扰解调算法，该算法以差分解调为基础，引入反馈因子，使算法可以在低信干比条件下实现重叠信号中强信号解调解码，比标准 AIS 接收机性能提高 3.5dB。

（2）对影响算法性能的功率差、频率差等因素进行了理论分析，得出该算法在两重叠信号之间的频率差小于 2kHz、功率差大于 4dB 的条件下能正确解调强信号，且误包率低于 20%的结论。

（3）设计实验环境及条件，采集了模拟实际星载环境的数据，推导出算法的理论性能并对性能进行了实验验证。

第 4 章　基于波形重构的 AIS 重叠信号单通道盲分离

4.1　引言

本书第 3 章提出的联合差分反馈抗干扰解调算法虽然能很好地解决频率差小于 2kHz 的情况，但该算法对重叠信号之间的功率差 ΔP 要求为 4dB 以上，且只能解调强信号。例如联合差分反馈解调算法并没有从根本上解决星载 AIS 面临的困境，只能适应于部分 AIS 信号场景。而当两重叠信号之间的功率差较大时，如何正确解调弱信号进而进一步提高船舶检测概率是一个值得深入研究的问题。国内外对重叠信号中弱信号的分离鲜有研究，在第 3 章的基础上，本章提出了基于波形重构的 AIS 重叠信号单通道盲分离算法。该算法先对功率较大信号进行解调解码，然后根据解调得到的码元序列以及信号幅度、相位、时延、中心频率等估计的参数重构功率较大信号波形，并将其从重叠信号中抵消后分离出功率较小信号，再对小功率信号解调解码进而达到分离目的。

针对这一问题，本章充分利用星载 AIS 信号先验信息，结合波形重构原理，提出了基于波形重构的 AIS 重叠信号单通道盲分离算法。算法整体思路是：根据已经解调出来的强信号码元信息及估计出的强信号参数，利用 GMSK 信号及 AIS 数据特征，并结合 AIS 已知的前 32 比特码元信息，同时根据码元组合的有限性特点，遍历剩余码元组合以生成短信号，将短信号拼接最终实现强信号波形整体重构，最后从重叠信号中抵消掉重构的强信号以达到分离弱信号的目的。

在遍历码元组合进行短信号重构循环抵消的研究上，充分利用重叠信号组合的稀疏性特点[117-120]，提出了基于稀疏重构的 AIS 重叠信号单通道盲分离算法，该算法具有重构信号需要测量值少、计算精度高且计算量较小的优点。同时它具

有分离 Δf 小于 2kHz、ΔP 小于 4dB 时重叠信号的能力。由于算法以波形重构抵消为基础，因此抵消标准的选择无法回避，其性能将直接决定分离算法的性能，本章也对抵消标准进行了研究。

本章内容安排如下：4.2 节提出了基于波形重构的 AIS 重叠信号单通道盲分离算法；4.3 节提出了基于稀疏重构的 AIS 重叠信号盲分离算法；4.4 节为本章小结。

4.2 基于波形重构的 AIS 重叠信号单通道盲分离

基于波形重构的 AIS 重叠信号单通道盲分离算法首先对重叠信号中的强信号进行解调解码，然后根据解调得到的并通过循环冗余校验的码元序列及信号幅度、相位、时延、中心频率等参数重构强信号，并将其从重叠信号中抵消掉以达到分离弱信号的目的，再对弱信号解调进而实现重叠信号分离。对强信号的解调解码可以采用第 3 章提出的联合差分反馈抗干扰解调算法。基于信号波形重构的分离算法为从根本上解决上述问题提供了可能，特别是对弱信号的分离能力，在相同条件下能极大提高船舶检测概率。

4.2.1 波形重构原理分析

在星载 AIS 环境下，卫星信道一般可以假设为理想信道[20,159]。针对重叠 AIS 信号的分离，首先利用联合差分反馈抗干扰解调算法对强信号解调，然后估计参数以重构强信号，再从重叠信号中将强信号抵消实现弱信号分离。在星载环境下，已知码元条件下的信号重构，由于受到多普勒频移、衰减等因素影响，需要对待抵消的强信号 s_1 的幅度 A 、频率 ω 、时延 τ 等参数进行估计。信号波形重构的原理如图 4.1 所示。

图 4.1 中设 s_1 为待抵消的强信号， s_2 为弱信号，通过对 s_1 进行码元恢复和参数估计重构信号 s_1，再从重叠信号中抵消掉 s_1 进而恢复 s_2 。s_2 的解调性能除与解调算法相关外与参数估计也密切相关。该算法前提是能够将强信号正确解调出来，

正确解调强信号需要对重叠信号中强信号参数进行估计。本节首先对中心频率估计并对估计精度进行分析。

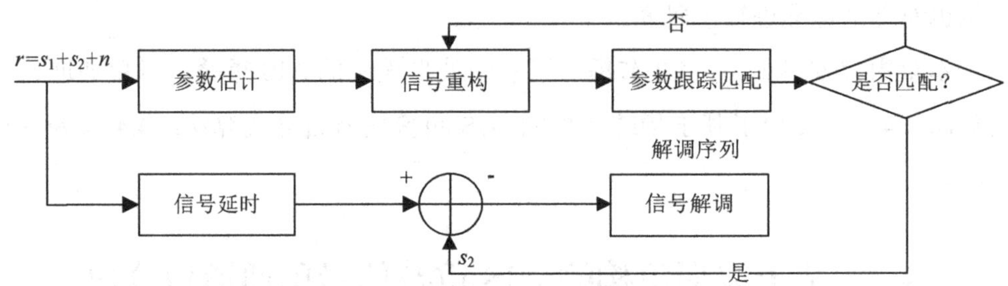

图 4.1 信号波形重构的原理

1. 中心频率估计

为便于分析，重写 GMSK 复信号形式：

$$s(t;I_k)=A\mathrm{e}^{\mathrm{i}[2\pi f_c t+\phi(t;I_k)]} \tag{4.1}$$

式中，相位$\phi(t;I_k)=2\pi h\sum\limits_{k=-\infty}^{\infty}I_k q(t-kT)$，$f_c$表示信号载波，序列$I_k\in\{-1,1\}$且满足独立同分布条件，并具有先验概率$P_n=P(I_k=n)\ \ (n=\pm1)$，$q(t)=\int_0^{LT}g(t)\mathrm{d}t$在$[0,LT]$区间外为零，$L$为约束长度。当$t<0$时$q(t)=0$；$t>LT$时$q(t)=0.5$。设 GMSK 信号等效低通信号$s(t)=\mathrm{e}^{\mathrm{i}\phi(t;I_k)}$的功率谱为$\Phi_{yy}(f)$，则中频复信号$s_c(t)=A\mathrm{e}^{\mathrm{i}[2\pi f_c t+\phi(t;I)]}$的功率谱为$\Phi_{ss}(f)=A\Phi_{yy}(f-f_c)$。下面对$s(t)=\mathrm{e}^{\mathrm{i}\phi(t;I_k)}$的功率谱进行推导，$s(t)=\mathrm{e}^{\mathrm{i}\phi(t;I_k)}$的自相关函数表达式为

$$\phi_{yy}(t+\tau;t)=\frac{1}{2}E\left(\exp\left\{\mathrm{i}2\pi h\sum_{k=-\infty}^{+\infty}I_k[q(t+\tau-kT)-q(t-kT)]\right\}\right) \tag{4.2}$$

将式（4.2）写为乘积形式：

$$\phi_{vv}(t,\tau)=\frac{1}{2}E\left(\prod_{k=-\infty}^{+\infty}\exp\{\mathrm{i}2\pi I_k[q(t+\tau-kT)-q(t-kT)]\}\right) \tag{4.3}$$

对码元$\{I_n\}$求期望可得

$$\phi_{vv}(t,\tau)=\frac{1}{2}\prod_{k=-\infty}^{+\infty}\left(\sum_{\substack{n=-(M-1)\\ n\ \text{odd}}}^{M-1}P_n\exp\{\mathrm{i}2\pi I_k[q(t+\tau-kT)-q(t-kT)]\}\right) \tag{4.4}$$

平均自相关函数为

$$\overline{\phi}_{\mathrm{vv}}(\tau)=\frac{1}{T}\int_{o}^{T}\phi_{\mathrm{vv}}(t+\tau,t)\mathrm{d}t \tag{4.5}$$

令$\tau=\varepsilon+mT$，其中$0\leqslant\varepsilon<T$且m=0,1,…。式（4.5）可简化为

$$\overline{\phi}_{\mathrm{vv}}(\varepsilon+mT)=\frac{1}{2T}\int_{0}^{T}\prod_{k=1-L}^{m+1}\sum_{\substack{n=-(M-1)\\ n\ \mathrm{odd}}}^{n=M-1}P_{n}\mathrm{e}^{\mathrm{i}2\pi I_{k}[q(t+\tau-kT)-q(t-kT)]} \tag{4.6}$$

式（4.6）中，$\overline{\phi}_{\mathrm{vv}}(\varepsilon+mT)=\left[\psi(\mathrm{i}h)\right]^{m-L}\lambda(\varepsilon)\ (m\geqslant L,0\leqslant\varepsilon<T)$，$\psi(\mathrm{i}h)$是随机码元$\{I_n\}$的特征函数，其定义为

$$\psi(\mathrm{i}h)=E(\mathrm{e}^{\mathrm{i}\pi hI_{n}})=\sum_{\substack{n=-(M-1)\\ n\ \mathrm{odd}}}^{M-1}P_{n}\mathrm{e}^{\mathrm{i}\pi hn} \tag{4.7}$$

而$\lambda(\varepsilon)$是平均自相关函数的剩余部分，表示为

$$\lambda(\varepsilon)=\frac{1}{2T}\int_{0}^{T}\prod_{k=1-L}^{0}\Big(\prod_{\substack{n=-(M-1)\\ n\ \mathrm{odd}}}^{M-1}P_{n}\mathrm{e}^{\mathrm{i}2\pi hn[\frac{1}{2}-q(t-kT)]}\Big)\times \\ \prod_{k=1-L}^{1}\Big(\prod_{\substack{n=-(M-1)\\ n\ \mathrm{odd}}}^{M-1}P_{n}\mathrm{e}^{\mathrm{i}2\pi hnq(t+\varepsilon+kT)}\Big)\mathrm{d}t\qquad(m\geqslant L) \tag{4.8}$$

$\overline{\phi}_{\mathrm{vv}}(\tau)$可以分解成$\lambda(\varepsilon)$与$\psi(\mathrm{i}h)$的乘积。$\overline{\phi}_{\mathrm{vv}}(\tau)$进行傅立叶变换导出平均功率谱密度为

$$\begin{aligned}\varPhi_{\mathrm{vv}}(f)&=\int_{-\infty}^{+\infty}\overline{\phi}_{\mathrm{vv}}(\tau)\mathrm{e}^{-\mathrm{i}2\pi f\tau}\mathrm{d}\tau\\&=2\,\mathrm{Re}[\int_{0}^{+\infty}\overline{\phi}_{\mathrm{vv}}(\tau)\mathrm{e}^{-\mathrm{i}2\pi f\tau}\mathrm{d}\tau]\end{aligned} \tag{4.9}$$

$$\begin{aligned}\int_{0}^{+\infty}\overline{\phi}_{\mathrm{vv}}(\tau)\mathrm{e}^{-\mathrm{i}2\pi f\tau}\mathrm{d}\tau&=\int_{0}^{LT}\overline{\phi}_{\mathrm{vv}}(\tau)\mathrm{e}^{-\mathrm{i}2\pi f\tau}\mathrm{d}\tau\\&\quad+\int_{LT}^{\infty}\overline{\phi}_{\mathrm{vv}}(\tau)\mathrm{e}^{-\mathrm{i}2\pi f\tau}\mathrm{d}\tau\end{aligned} \tag{4.10}$$

在$LT\leqslant\tau<+\infty$范围内的积分可以表示为

$$\int_{LT}^{+\infty}\overline{\phi}_{\mathrm{vv}}(\tau)\mathrm{e}^{-\mathrm{i}2\pi f\tau}\mathrm{d}\tau=\sum_{m=L}^{+\infty}\int_{mT}^{(m+1)T}\overline{\phi}_{\mathrm{vv}}(\tau)\mathrm{e}^{-\mathrm{i}2\pi f\tau}\mathrm{d}\tau \tag{4.11}$$

令$\tau=\varepsilon+mT$，则上式变为

$$\int_{LT}^{+\infty}\overline{\phi}_{\mathrm{vv}}(\tau)\mathrm{e}^{-\mathrm{i}2\pi f\tau}\mathrm{d}\tau=\sum_{m=L}^{+\infty}\int_{0}^{T}\overline{\phi}_{\mathrm{vv}}(\xi+mT)\mathrm{e}^{-\mathrm{i}2\pi f(\xi+mT)}\mathrm{d}\xi$$
$$=\sum_{m=L}^{+\infty}\psi^{n}(\mathrm{i}h)\mathrm{e}^{-\mathrm{i}2\pi fnT}\int_{0}^{T}\lambda(\xi)\mathrm{e}^{-\mathrm{i}2\pi f(\xi+LT)}\mathrm{d}\xi \tag{4.12}$$

当$|\psi(\mathrm{i}h)|<1$时，简化为

$$\int_{LT}^{+\infty}\overline{\phi}_{\mathrm{vv}}(\tau)\mathrm{e}^{-\mathrm{i}2\pi f\tau}\mathrm{d}\tau=\frac{1}{1-\psi(\mathrm{i}h)\mathrm{e}^{-\mathrm{i}2\pi fT}}\int_{0}^{T}\overline{\phi}_{\mathrm{vv}}(\xi+LT)\mathrm{e}^{-\mathrm{i}2\pi f(\xi+LT)}\mathrm{d}\xi \tag{4.13}$$

通过合并式（4.11）、式（4.12）和式（4.13），可得信号的功率谱密度为

$$\Phi_{\mathrm{vv}}(f)=2\,\mathrm{Re}\Big[\int_{0}^{LT}\overline{\phi}_{\mathrm{vv}}(\tau)\mathrm{e}^{-\mathrm{i}2\pi f\tau}\mathrm{d}\tau$$
$$+\frac{1}{1-\psi(\mathrm{i}h)\mathrm{e}^{-\mathrm{i}2\pi fT}}\int_{LT}^{(L+1)T}\overline{\phi}_{\mathrm{vv}}(\tau)\mathrm{e}^{-\mathrm{i}2\pi f\tau}\mathrm{d}\tau\Big] \tag{4.14}$$

当符号是等概率时，即$P_n=\dfrac{1}{M}$（对于所有 n，M 为二进制数），特征函数简化为

$$\psi(\mathrm{i}h)=\frac{1}{M}\sum_{\substack{n=-(M-1)\\ n\ \text{odd}}}^{M-1}\mathrm{e}^{\mathrm{i}\pi hn}=\frac{1}{M}\frac{\sin(M\pi h)}{\sin\pi h} \tag{4.15}$$

这种情况下，$\psi(\mathrm{i}h)$ 是实数，且平均自相关函数可简化为

$$\overline{\phi}_{\mathrm{vv}}(\tau)=\frac{1}{2T}\int_{0}^{T}\prod_{k=1-L}^{[\tau/T]}\frac{1}{M}\frac{\sin 2\pi hM[q(t-\tau-kT)-q(t-kT)]}{\sin 2\pi h[q(t-\tau-kT)-q(t-kT)]}\mathrm{d}t \tag{4.16}$$

相应的功率谱密度表达式简化为

$$\Phi_{\mathrm{vv}}(f)=2\begin{bmatrix}\displaystyle\int_{0}^{LT}\overline{\phi}_{\mathrm{vv}}(\tau)\cos(2\pi f\tau)\mathrm{d}\tau+\frac{1-\psi(\mathrm{i}h)\cos(2\pi fT)}{1-\psi^{2}(\mathrm{i}h)-2\psi(\mathrm{i}h)\cos(2\pi fT)}\\ \displaystyle\int_{LT}^{(L+1)T}\overline{\phi}_{\mathrm{vv}}(\tau)\cos 2\pi f\tau\,\mathrm{d}\tau\end{bmatrix}$$
$$-\frac{2\psi(\mathrm{i}h)\sin 2\pi fT}{1-\psi^{2}(\mathrm{i}h)-2\psi(\mathrm{i}h)\cos(2\pi fT)}\int_{LT}^{(L+1)T}\overline{\phi}_{\mathrm{vv}}(\tau)\sin 2\pi f\tau\,\mathrm{d}\tau \tag{4.17}$$

当 h=1 时，则$\psi(\mathrm{i}h)=\mathrm{e}^{\mathrm{i}\pi n}$，式（4.17）中的和式变为

$$\sum_{n=0}^{+\infty}\mathrm{e}^{-\mathrm{i}2\pi T(f-1/2T)n}=\frac{1}{2}+\frac{1}{2T}\sum_{n=-\infty}^{+\infty}\delta\left(f-\frac{1}{2T}-\frac{n}{T}\right)-\mathrm{i}\frac{1}{2}\cos\pi T\left(f-\frac{1}{2T}\right) \tag{4.18}$$

由式（4.18）可知，功率谱中包含冲激，其位于频率轴的坐标为

$$f_n=\frac{2n+1}{2T}\qquad(n=0,\pm1,\pm2,\cdots) \tag{4.19}$$

由于$\Phi_{\mathrm{ss}}(f)=A\Phi_{\mathrm{vv}}(f-f_{\mathrm{c}})$，所以中频复信号的功率谱中冲激分量的频率为

$$f_n = f_c + \frac{2n+1}{2T} \quad (n = 0, \pm 1, \pm 2, \cdots) \tag{4.20}$$

式（4.20）即为重叠信号中强信号中心频率值。

2. 幅度时延估计

在对强信号中心频率估计之后，由于待抵消信号的码元序列 $a_{1,i}$ 已知，此处强信号即为待抵消信号，可采用相关峰值最大法估计码元的起始位置和时延参数：

$$R_k = \arg\max_{k} \left| \sum_{i=0}^{I} s_{k+i\cdot N_r} s(a_{1,i}^*) \right| \tag{4.21}$$

式中，s_k 表示混合信号采样序列；N_r 为过采样倍数，其值影响估计精度。设 k_{max} 是式（4.21）取最大值时对应的 k 值，AIS 数据包长度 I 为 256。$a_{1,i}$ 为码元序列。信号起始点设为 $k_0 = k_{max} - 1$，该算法要求 $\Delta\omega_1 T \cdot I \leqslant \frac{\pi}{8}$，否则相关峰值出现偏离，$T$ 表示码元周期，对偏移为 k 的点相关序列 $\{s_{k+i\cdot N_r} a_{1,i}^*\}$ 进行快速傅里叶变换（FFT），则同步后的自干扰项变成频率为 $\Delta\omega$ 的单频[81,122]，而单频能量最大的位置即为码元同步位置，即

$$\mathrm{R}_{k,n} = \arg\max_{k,n} \left| \sum_{i=0}^{I-1} s_{k+i\cdot N_r} s(a_{1,i}^*) \mathrm{e}^{-\mathrm{i}\frac{2\pi n}{I}} \right| \qquad n = 0, 1, \cdots, I-1 \tag{4.22}$$

确定时间延迟之后，式（4.22）采用 M&M 算法[121]对频偏 $\Delta\omega$ 进行精确估计：

$$R(m) = \frac{1}{I-m} \sum_{n=m}^{I-1} \mathbb{Z}_n \mathbb{Z}_{n-m}^* \qquad 1 \leqslant m \leqslant N \tag{4.23}$$

$$\Delta\hat{\omega} = \frac{1}{T} \sum_{m=1}^{N} \mu(m) \times [\arg\{R(m)\} - \arg\{R(m-1)\}]_{2\pi} \tag{4.24}$$

$$\mu(m) = \frac{3[(I-m)(I-m+1) - N(I-N)]}{N(4N^2 - 6NI + 3I^2 - 1} \tag{4.25}$$

$$\mathbb{Z}_n = s_{k_{max}+i\cdot N_r} s(a_{1,i}^*) \qquad N \leqslant I/2 \tag{4.26}$$

式（4.26）为同步后的点相关序列，在对频偏 $\Delta\omega$ 进行精确估计后，将重叠信号进行移频：

$$\hat{s}_k = s_k \exp(-\mathrm{i}\Delta\omega k) \tag{4.27}$$

同理可通过相关峰值算法估计出信号幅度，可参考文献[81]。

3. 估计精度分析

对于无偏估计量克拉美罗（Cramer-Rao Bound，CRB）是参数估计精度的下界，下面给出重叠信号中单信号瞬时幅度估计的 CRB。

假设含噪声的两重叠信号表达式如下：

$$y(t)=r_1(t)+r_2(t)+v(t)=A_1(t)\mathrm{e}^{\mathrm{i}\varphi_1(t)}+A_2(t)\mathrm{e}^{\mathrm{i}\varphi_2(t)}+v(t) \tag{4.28}$$

式中，$v(t)$ 为复零均值高斯白噪声，源信号的瞬时幅度 $A_i(t)$ 和相位 $\varphi_i(t)$ 可表示如下：

$$\begin{cases} A_i(t)=\sum\limits_{l=0}^{pl} c_{i,l}\rho_{i,l}(t) \\ \varphi_i(t)=\sum\limits_{m=0}^{ql} d_{i,m}\eta_{i,m}(t) \end{cases} \tag{4.29}$$

式中，$\{c_{i,l}\}$、$\{d_{i,m}\}$ 是实数，$\{\rho_{i,m}(t)\}$、$\{\eta_{i,m}(t)\}$ 表示任意实值函数系列，因源信号不同而异，定义：

$$\boldsymbol{y}=[y(0),y(1),\cdots,y(N)] \tag{4.30}$$

$$\boldsymbol{c_i}=[c_{i,0},c_{i,1},\cdots,c_{i,p_i}] \tag{4.31}$$

且所有幅度向量定义为

$$\boldsymbol{c}=[c_1^{\mathrm{T}},c_2^{\mathrm{T}},\cdots,c_k^{\mathrm{T}}]^{\mathrm{T}} \tag{4.32}$$

$$\boldsymbol{d_i}=[d_{i,0},d_{i,1},\cdots,d_{i,q_i}] \tag{4.33}$$

$$\boldsymbol{d}=[d_1^{\mathrm{T}},d_2^{\mathrm{T}},\cdots,d_k^{\mathrm{T}}]^{\mathrm{T}} \tag{4.34}$$

第 i 个源信号的相位向量为 $\varphi_i(t)$，$\rho_{i,l}(t)$ 向量表达式为 $\rho_{i,l}(\boldsymbol{t})$，式（4.30）可以表示为

$$\boldsymbol{y}=\boldsymbol{\Phi c}+\boldsymbol{v} \tag{4.35}$$

式中，$\boldsymbol{\Phi}=[\boldsymbol{\Phi}_1,\boldsymbol{\Phi}_2,\cdots,\boldsymbol{\Phi}_k]$，且

$$\boldsymbol{\Phi}_i=[\rho_{i,0}(t)\cdot\mathrm{e}^{\mathrm{i}\varphi_i(t)},\rho_{i,1}(t)\cdot\mathrm{e}^{\mathrm{i}\varphi_i(t)},\rho_{i,2}(t)\cdot\mathrm{e}^{\mathrm{i}\varphi_i(t)},\cdots,\rho_{i,pl}(t)\cdot\mathrm{e}^{\mathrm{i}\varphi_i(t)}]$$

由上文可知，问题转化为给定观测向量 $\boldsymbol{y}$ 估计参数 $\boldsymbol{c}$、$\boldsymbol{d}$。观测噪声为高斯白噪声，则观测向量 $\boldsymbol{y}$ 的概率密度函数为

$$P(\boldsymbol{y};\boldsymbol{\theta})=\frac{1}{(\pi\sigma^2)^{N+1}}\exp\left\{-\frac{1}{\sigma^2}\|\boldsymbol{y}-\boldsymbol{\Phi c}\|^2\right\} \tag{4.36}$$

式（4.36）中，$\boldsymbol{\theta}=[\boldsymbol{d}^{\mathrm{T}}\boldsymbol{c}^{\mathrm{T}}]^{\mathrm{T}}$ 表示未知参数向量，则对数似然函数 Λ 为

$$\Lambda = -(N+1)\text{In}\pi - (N+1)\text{In}\sigma^2 - \frac{1}{\sigma^2}\|\boldsymbol{y} - \boldsymbol{\psi c}\|^2 \tag{4.37}$$

令 $\tilde{\boldsymbol{y}} = [\text{Re}\{y\}^{\text{T}}, \text{Im}\{y\}^{\text{T}}]^{\text{T}}$，$\boldsymbol{\Psi} = [\text{Re}\{\boldsymbol{\Phi}\}^{\text{T}}, \text{Im}\{\boldsymbol{\Phi}\}^{\text{T}}]^{\text{T}}$，式（4.37）写成实向量为

$$\Lambda = -(N+1)\text{In}\pi - (N+1)\text{In}\sigma^2 - \frac{1}{\sigma^2}\|\tilde{\boldsymbol{y}} - \boldsymbol{\psi c}\|^2 \tag{4.38}$$

对式（4.38）用最大似然估计（Maximum Likelihood Estimator，MLE）方法，通过最小化Λ可以得到未知参数的估计。各参数 CRB 由 Fisher 信息矩阵逆矩阵对角元素确定。Fisher 信息矩阵的元素为

$$F_{i,j} = -E\left\{\frac{\partial^2 \Lambda}{\partial\theta_i \partial\theta_j}\right\} \tag{4.39}$$

对Λ求部分偏导：

$$\begin{aligned}
\frac{\partial \Lambda}{\partial d_{i,l}} &= \frac{1}{\sigma^2}\left\{\boldsymbol{c}^{\text{H}} \frac{\partial \boldsymbol{\Phi}^{\text{H}}}{\partial d_{i,l}}(\boldsymbol{y} - \boldsymbol{\Phi c}) + (\boldsymbol{y} - \boldsymbol{\Phi c})^{\text{H}} \frac{\partial \boldsymbol{\Phi}^{\text{H}}}{\partial d_{i,l}} \boldsymbol{c}\right\} \\
&= \frac{2}{\sigma^2}\text{Re}\left\{\boldsymbol{c}^{\text{H}} \frac{\partial \boldsymbol{\Phi}^{\text{H}}}{\partial d_{i,l}}(\boldsymbol{y} - \boldsymbol{\Phi c})\right\} \\
&= \frac{2}{\sigma^2}\text{Re}\left\{\boldsymbol{c}_i^{\text{H}} \frac{\partial \boldsymbol{\Phi}_i^{\text{H}}}{\partial d_{i,l}}(\boldsymbol{y} - \boldsymbol{\Phi c})\right\}
\end{aligned} \tag{4.40}$$

而 $\dfrac{\partial \boldsymbol{\Phi}}{\partial d_{i,l}} = [0,\cdots,0,\dfrac{\partial \boldsymbol{\Phi}_i}{\partial d_{i,l}},0,\cdots,0]$，对于所有的 i、j，有

$$-E\left\{\frac{\partial^2 \Lambda}{\partial d_{i,l} \partial d_{j,n}}\right\} = \frac{2}{\sigma^2}\text{Re}\left\{c_i^{\text{H}} \frac{\partial \boldsymbol{\Phi}_i^{\text{H}}}{\partial d_{i,l}} \frac{\partial \boldsymbol{\Phi}_j}{\partial d_{i,n}} c_j\right\} = \frac{2}{\sigma^2}\text{Re}\{\tilde{c}_{i,l}^{\text{H}} \tilde{c}_{j,n}\} \tag{4.41}$$

式（4.41）中，$\tilde{c}_{j,n} = \dfrac{\partial \boldsymbol{\Phi}_j}{\partial d_{i,n}} c_j$；$n = 0,\cdots,q_j$；$j = 1,\cdots,k$，令 $\boldsymbol{u}_{s(i,n)}$ 为一 $\sum\limits_{m=1}^{k}(p_m+1)$ 维列向量，第 $s(i,n)$ 个元素为 1，$s(i,n) = \sum\limits_{m=1}^{i-1}(p_m+1)(n+1)$，其余元素为 0，则

$$\frac{\partial \Lambda}{\partial c_{i,n}} = \frac{2}{\sigma^2}\text{Re}\{u_{s(i,n)}^{\text{H}} \boldsymbol{\Phi}^{\text{H}}(\boldsymbol{y} - \boldsymbol{\Phi c})\} \tag{4.42}$$

$$-E\left\{\frac{\partial^2 \Lambda}{\partial d_{i,l} \partial c_{j,n}}\right\} = \frac{2}{\sigma^2}\text{Re}\left\{c_i^{\text{H}} \frac{\partial \boldsymbol{\Phi}_i^{\text{H}}}{\partial d_{i,l}} \boldsymbol{\Phi} \boldsymbol{u}_{s(i,n)}\right\} = \frac{2}{\sigma^2}\text{Re}\{\tilde{c}_{i,l}^{\text{H}} \boldsymbol{\Phi}_{i_{n+1}}\} \tag{4.43}$$

式（4.43）中，$\boldsymbol{\Phi}_{i_{n+1}}$ 表示 $\boldsymbol{\Phi}_i$ 的第 $(n+1)$ 列，则

$$-E\left\{\frac{\partial^2 \Lambda}{\partial d_{i,l}\partial c_{j,n}}\right\}=\frac{2}{\sigma^2}\mathrm{Re}\left\{u_{s(i,n)}^{\mathrm{H}}\boldsymbol{\Phi}^{\mathrm{H}}\boldsymbol{\Phi}u_{s(i,n)}\right\}=\frac{2}{\sigma^2}\mathrm{Re}\{\boldsymbol{\Phi}_{i_{(n+1)}}^{\mathrm{H}}\boldsymbol{\Phi}_{j_{n+1}}\} \tag{4.44}$$

令 $C_i=[\tilde{c}_{i,0},\tilde{c}_{i,1},\cdots,\tilde{c}_{i,q_j}]$，$i=1,\cdots,k$，$\boldsymbol{C}=[\boldsymbol{C_1},\boldsymbol{C_2},\cdots,\boldsymbol{C_k}]$，则

$$\begin{aligned}\tilde{c}_{i,n}&=\frac{\partial\boldsymbol{\Phi}_i}{\partial d_{i,n}}c_i=j\eta_{i,n}(t)\boldsymbol{\Phi}_i c_i=j\eta_{i,n}(t)A_i(t)e^{\mathrm{i}\varphi_i(t)}\\&=j\eta_{i,n}(t)\cdot y_i(t)\qquad n=0,\cdots,q_i,\ i=1,\cdots k\end{aligned} \tag{4.45}$$

那么，$C_i=j[\eta_{i,0}(t)\cdot y_i(t),\ \eta_{i,1}(t)\cdot y_i(t),\cdots,\eta_{i,q_i}(t)\cdot y_i(t)]$，$i=1,\cdots,k$，则 FIM 可以表示如下：

$$-E\left\{\frac{\partial^2\Lambda}{\partial^2\theta}\right\}=\frac{2}{\sigma^2}\mathrm{Re}\left\{[C,\boldsymbol{\Phi}]^{\mathrm{H}}[C,\boldsymbol{\Phi}]\right\} \tag{4.46}$$

则 θ 的 CRB 即为该矩阵的逆矩阵。令 β 为参数 θ 的一连续可导函数，即 $\beta=f(\theta)$，则 β 的 CRB 与 θ 的 CRB 关系如下：

$$\mathrm{CRB}(\beta)=(f')^{\mathrm{T}}\mathrm{CRB}(\theta)f' \tag{4.47}$$

式（4.47）中，$f'=\dfrac{\partial f}{\partial\theta}$。

第 i 个源信号的瞬时相位的 CRB 为

$$\mathrm{CRB}(\varphi_i(t))=g_i^{\mathrm{T}}\mathrm{CRB}(d_i)g_i \tag{4.48}$$

式（4.48）中，$g_i^{\mathrm{T}}=\left[\dfrac{\partial\varphi_i}{\partial d_{i,\theta}},\cdots,\dfrac{\partial\varphi_i}{\partial d_{i,q_i}}\right]=[\eta_{i,0}(t),\eta_{i,1}(t),\cdots,\eta_{i,q_i}(t)]$。

第 i 个源信号的瞬时幅度的 CRB 为：

$$\mathrm{CRB}(A_i(t))=f_i^{\mathrm{T}}\mathrm{CRB}(c_i)f_i \tag{4.49}$$

式（4.49）中，$f_i^{\mathrm{T}}=\left[\dfrac{\partial A_i}{\partial c_{i,\theta}},\cdots,\dfrac{\partial A_i}{\partial c_{i,q_i}}\right]=[\rho_{i,0}(t),\rho_{i,1}(t),\cdots,\rho_{i,q_i}(t)]$。

由频率和相位的关系可得

$$\omega_i(t)=\frac{1}{2\pi}\varphi_i'(t)=\frac{1}{2\pi}\sum_{l=0}^{q_l}d_{i,l}\eta_{i,l}'(t) \tag{4.50}$$

则 $\mathrm{CRB}(\omega_i(t))=h_i^{\mathrm{T}}\mathrm{CRB}(c_i)h_i$，且 $h_i^{\mathrm{T}}=\left[\dfrac{\partial\omega_i}{\partial d_{i,\theta}},\cdots,\dfrac{\partial\omega_i}{\partial d_{i,q_i}}\right]=\dfrac{1}{2\pi}[\rho_{i,0}'(t),\rho_{i,1}'(t),\cdots,\rho_{i,q_i}'(t)]$。

由式（4.50）可得源信号瞬时频率和瞬时幅度的 CRB。

假设两重叠 AIS 信号残留频率$\Delta\omega_{i,k}$不随时间变化，记为$\Delta\omega_i$，根据确定参数的 CRB 不等式[41,81]，估计$\Delta\hat{\omega}_i$的方差满足

$$E[(\Delta\hat{\omega}_i-\Delta\omega_i)^2]\geqslant \boldsymbol{F}^{ii} \qquad i=1,2 \tag{4.51}$$

式（4.51）中，$\boldsymbol{F}^{ii}$是矩阵$\boldsymbol{F}^{-1}$的第i行i列元素，而$\boldsymbol{F}$是 Fisher 信息矩阵（Fisher Information matrix，FIM）[122,123]，表达式为

$$\boldsymbol{F}=-E\begin{bmatrix}\dfrac{\partial^2 \mathrm{In}p(y_{0:K}|\phi_{0:K},\Delta\omega_1,\Delta\omega_2)}{\partial\Delta\omega_1^2} & \dfrac{\partial^2 \mathrm{In}p(y_{0:K}|\phi_{0:K},\Delta\omega_1,\Delta\omega_2)}{\partial\Delta\omega_1\partial\Delta\omega_2}\\ \dfrac{\partial^2 \mathrm{In}p(y_{0:K}|\phi_{0:K},\Delta\omega_1,\Delta\omega_2)}{\partial\Delta\omega_2\partial\Delta\omega_1} & \dfrac{\partial^2 \mathrm{In}p(y_{0:K}|\phi_{0:K},\Delta\omega_1,\Delta\omega_2)}{\partial\Delta\omega_2^2}\end{bmatrix} \tag{4.52}$$

式（4.52）中，K是码元个数，根据两重叠信号模型得到

$$p(y_k|\boldsymbol{a}_k,\Delta\omega_1,\Delta\omega_2)=\frac{1}{\sqrt{2\pi}\sigma_v}\exp\left(-\frac{(y_k-x(\Delta\omega_1,\boldsymbol{a}_{1,k})-x(\Delta\omega_2,\boldsymbol{a}_{2,k}))^2}{2\sigma_v^2}\right) \tag{4.53}$$

$$\boldsymbol{F}=-\frac{1}{{\sigma_v}^2}E\begin{bmatrix}\sum\limits_{k=0}^{K}[(f_1'(k))^2-v_k f_1''(k)] & \sum\limits_{k=0}^{K}[(f_1'(k))f_2'(k)]\\ \sum\limits_{k=0}^{K}[(f_2'(k))f_1'(k)] & \sum\limits_{k=0}^{K}[(f_2'(k))^2-v_k f_1''(k)]\end{bmatrix} \tag{4.54}$$

式（4.54）中

$$f_i'(k)=x(\Delta\omega_i,\boldsymbol{a}_{i,k})' \tag{4.55}$$

$$f_i''(k)=x(\Delta\omega_i,\boldsymbol{a}_{i,k})'' \tag{4.56}$$

由于两重叠 AIS 信号码元$\boldsymbol{a}_{1,0:K}$和$\boldsymbol{a}_{2,0:K}$相互独立且与噪声$v_{0:K}$不相关，设各源信号内部码元也相互独立，等概率取值于一个具有M个元素的离散码元表，有

$$E[v_k f_{\mathrm{i}}''(k)]=0 \tag{4.57}$$

$$E[f_1'(k)f_2'(k)]=0 \tag{4.58}$$

$$E[\sum_{k=0}^{K}(f_i'(k))^2]=\frac{K+1}{M^{2L}}\sum_{s\in S^{2L}}[x(\Delta\omega_i,\boldsymbol{a})]^2 \tag{4.59}$$

式（4.59）中，$\boldsymbol{a}$是$L\times 1$码元向量，式（4.54）可以表示为

$$\boldsymbol{F}=\frac{K+1}{M^{2L}{\sigma_v}^2}\begin{bmatrix}\sum\limits_{a}[x(\Delta\omega_1,\boldsymbol{a})]^2 & 0\\ 0 & \sum\limits_{a}[x(\Delta\omega_2,\boldsymbol{a})]^2\end{bmatrix} \tag{4.60}$$

于是

$$E[(\Delta\hat{\omega}_i - \Delta\omega_i)^2] \geqslant \frac{M^L {\sigma_v}^2}{K+1}[\sum\nolimits_a (x(\Delta\omega_i, \boldsymbol{a}))^2]^{-1} \tag{4.61}$$

由式（4.61）可以看出，频率方差的估计依赖于 K，且随码元数 K 增大而减少，在 $K \to \infty$ 时收敛至 0，可以认为是无偏估计，而 K 的取值有限，一般 $K \leqslant 256$。

4. 参数实时跟踪

在对信号参数估计之后，数字处理时需要对估计的参数进行实时跟踪，这在重构抵消过程中尤为重要，这里采用锁相环[124,130]思路进行参数跟踪，并以时延跟踪为例进行分析。

时延跟踪是指将当前时刻时延值提前或延后一适当量，计算对应相关值后判断大小，将时延值向相关值大的方向调整。设 τ_n 是当前时延值，λ 为调整步长，计算 $\tau_n - \lambda$ 和 $\tau_n + \lambda$ 时刻的相关值：

$$R(\tau_n - \lambda) = \left|\sum_{k=0}^{L-1} \hat{s}(\tau_n - \lambda + kT) s(a_{1,k}^*)\right| \tag{4.62}$$

$$R(\tau_n + \lambda) = \left|\sum_{k=0}^{L-1} \hat{s}(\tau_n + \lambda + kT) s(a_{1,k}^*)\right| \tag{4.63}$$

离散形式需要对 $\hat{s}(\tau_n - \lambda + kT)$ 和 $\hat{s}(\tau_n + \lambda + kT)$ 进行插值计算，令

$$\begin{cases} m = \lfloor (\tau_n - \lambda + kT) / T_r \rfloor \\ u = [(\tau_n - \lambda + kT) / T_r] - m \end{cases} \tag{4.64}$$

那么

$$\hat{s}(\tau_n - \lambda + kT) = \hat{s}(mT_r)(1-u) + \hat{s}[(m+1)T_r]u \tag{4.65}$$

若 $R(\tau_n - \lambda) > R(\tau_n + \lambda)$，则 $\tau_{n+1} = \tau_n - \lambda$，否则 $\tau_{n+1} = \tau_n + \lambda$。

频率跟踪也可采用上述算法，设 ω_n 是当前时延值，ε 为步长，计算 $\omega_n - \varepsilon$ 和 $\omega_n + \varepsilon$ 时刻的相关值：

$$\begin{cases} R(\omega_n - \varepsilon) = \left|\sum_{k=0}^{L-1} \hat{s}(\tau_n + kT) \mathrm{e}^{-\mathrm{i}(\omega_n - \varepsilon)kT} s(a_{1,k}^*)\right| \\ R(\omega_n + \varepsilon) = \left|\sum_{k=0}^{L-1} \hat{s}(\tau_n + kT) \mathrm{e}^{-\mathrm{i}(\omega_n + \varepsilon)kT} s(a_{1,k}^*)\right| \end{cases} \tag{4.66}$$

若 $R(\omega_n-\varepsilon)>R(\omega_n+\varepsilon)$，则 $\omega_{n+1}=\omega_n-\varepsilon$，否则 $\omega_{n+1}=\omega_n+\varepsilon$。

4.2.2 抵消准则与性能分析

在对参数估计和参数跟踪进行分析之后，下面分析从重叠信号中将强信号抵消的准则。所谓抵消准则是指：从重叠信号中将强信号抵消掉后判断剩余信号是否是单信号或衡量抵消残余量的标准。当重叠信号由两个功率差几乎为0的同频同调制类型信号混合而成时，其与单信号在很多特征上会明显不同，例如瞬时包络特征[125,160]、谱线特征[126]、星座零点聚类特征[127]等。但在信噪比较低的情况下，仅仅依据这些特征还不能准确判断是否是单信号，即不能确定是否完全抵消。本节在对信号特征进行分析后，提出利用瞬时包络特征作为抵消准则的思路。

GMSK信号的复基带形式可以表示为

$$s(t;I)=A\mathrm{e}^{\mathrm{i}[\phi(t;I)]} \tag{4.67}$$

$\phi(t,I)$ 的定义同式（4.1），信号包络表达式如下：

$$\xi(t)=\left|s(t;I)\right| \tag{4.68}$$

针对接收到的GMSK信号复数形式，用包络的平坦度来衡量信号包络的起伏程度，它定义为包络方差与包络均值平方的比值：

$$\Im=\frac{\mathrm{var}(\xi(t))}{E^2(\xi(t))}=\frac{E(\xi(t)^2)}{E^2(\xi(t))}-1 \tag{4.69}$$

式（4.69）中，$E()$表示取均值；var()表示取方差。$\Im$ 的值提取简单，不需要知道码元速率、时延等信息，其对相偏、频偏不敏感。

抵消性能的优劣可以用抵消比来衡量。文献[125-131]曾研究过幅度、时延、频率估计误差对抵消比的影响，本节针对GMSK调制信号，结合实际AIS环境，建立联合参数匹配的抵消比公式。

设 $\hat{A}$、$\hat{\tau}$、$\hat{\omega}$ 是参数 A、τ、ω 的无偏估计值，估计方差定义为

$$E[(\Delta A)^2]=E\left[\left(\frac{A-\hat{A}}{A}\right)\right]=\sigma_A^2 \tag{4.70}$$

$$E[(\Delta\tau)^2]=E\left[\left(\frac{\tau-\hat{\tau}}{\tau}\right)\right]=\sigma_\tau^2 \tag{4.71}$$

$$E[(\Delta\omega)^2]=E\left[\left(\frac{\omega-\hat{\omega}}{\omega}\right)\right]=\sigma_\omega^2 \tag{4.72}$$

设由已知码元重构的 GMSK 信号为$\hat{s}(t)$，定义抵消比为抵消后的残余信号能量与抵消前信号能量的比值：

$$K=\frac{E\left|s(t)-\hat{s}(t)\right|^2}{E\left|s(t)\right|^2} \tag{4.73}$$

下面给出抵消比的理论值[81]。

设序列$\{I_n\}$是由联合差分解调恢复的待抵消的 AIS 重叠信号中强信号的码元序列，此时重构的强信号与源信号抵消剩余量为

$$\Delta s(t)=s(t)-\hat{s}(t)=A\mathrm{e}^{\mathrm{i}[\omega t+\phi(t-nT-\tau;I)]}-\hat{A}\mathrm{e}^{\mathrm{i}[\hat{\omega}t+\phi(t-nT-\hat{\tau};I)]} \tag{4.74}$$

计算一个码元周期内的抵消误差能量，并取平均：

$$\begin{aligned}E\left|\Delta s(t)\right|^2&=E\{\frac{1}{T}\sum_n\int_{-T/2}^{T/2}\left|A\mathrm{e}^{\mathrm{i}[\omega t+\phi(t-nT-\tau;I)]}-\hat{A}\mathrm{e}^{\mathrm{i}[\hat{\omega}t+\phi(t-nT-\hat{\tau};I)]}\right|^2\mathrm{d}t\}\\&=\frac{A^2}{T}\{E\{\int_{-T/2}^{T/2}\mathrm{e}^{\mathrm{i}[2\omega t+2\phi(t-\tau)]}\mathrm{d}t\}+E\{\int_{-T/2}^{T/2}\mathrm{e}^{\mathrm{i}[2\hat{\omega}t+2\phi(t-\hat{\tau})]}\mathrm{d}t\}\\&\quad-2E\{\int_{-T/2}^{T/2}\mathrm{e}^{\mathrm{i}[(\omega+\hat{\omega})t+\phi(t-\tau)+\phi(t-\hat{\tau})]}\mathrm{d}t\}\}\\&=\frac{A^2}{T}E\{G(0)+G(0)(1+\Delta A)^2-2(1+\Delta A)\cos(\Delta\omega)G(\Delta\tau)\}\end{aligned} \tag{4.75}$$

式（4.75）中，$G(t)$为高斯低通滤波器冲激响应。将$\cos(\Delta\omega)$、$G(\Delta\tau)$进行泰勒级数展开，代入式（4.75）中并舍去三阶以上的值可得

$$\begin{aligned}E\left|\Delta s(t)\right|^2&\approx\frac{A^2}{T}E\{G(0)+G(0)(1+\Delta A)^2-2(1+\Delta A)(1-\frac{1}{2}\Delta\omega^2)+\frac{1}{2}G''(0)(\Delta\tau^2)\}\\&\approx\frac{A^2}{T}E\{G(0)\Delta A^2+G(0)\Delta\omega^2-G''(0)\Delta\tau^2\}\\&=\frac{A^2}{T}E\{G(0)\sigma_A^2+G(0)\sigma_\omega^2-G''(0)\sigma_\tau^2\}\end{aligned} \tag{4.76}$$

式（4.76）中，$G(0)=0.5$；$G''(0)=\sqrt{\ln(2)}\big/(2\pi B)$，$B$是滤波器的 3dB 带宽，代入式（4.76）可得

$$E\left|s(t)\right|^2=E\{\frac{1}{T}\sum_n\int_{-T/2}^{T/2}\left|A\mathrm{e}^{\mathrm{i}[\omega t+\phi(t-nT-\tau;I)]}\right|^2\mathrm{d}t\}=\frac{A^2}{T}G(0)=\frac{A^2}{2T} \tag{4.77}$$

所以无误码条件下的抵消比表达式为

$$K=\frac{E\left|s(t)-\hat{s}(t)\right|^2}{E\left|s(t)\right|^2}=\sigma_\omega^2+\sigma_A^2+[\sqrt{\ln(2)}/(2\pi B)]\sigma_\tau^2 \tag{4.78}$$

由式（4.78）可以看出，抵消比与频偏估计方差、幅度估计方差和时延估计方差相关。抵消前，s_2 解调只受噪声影响，抵消后还受 $\hat{s}_1$ 残留部分 $\Delta\hat{s}_1$ 影响。s_2 的抵消损耗可用下式表示：

$$\eta=10\lg\left(\frac{\sigma_{s_2}^2}{\sigma_n^2}\right)-10\lg\left(\frac{\sigma_{s_2}^2}{\sigma_n^2+\sigma_{\Delta s_1}^2}\right) \tag{4.79}$$

4.2.3 实验与分析

信号波形重构算法主要解决的是，功率不同的两重叠信号在可以通过联合差分反馈恢复强信号码元的前提下弱信号分离问题，用于弥补联合差分反馈抗干扰解调算法处理两重叠信号中弱信号能力的不足。本节实验条件同第3章，且只针对 $\Delta f \leqslant 2\text{kHz}$ 的情况，主要包括以下几个方面的实验内容：一是参数估计误差与抵消比的关系；二是参数跟踪实验；三是对弱信号分离能力验证实验。其中实验1、2是仿真条件下的实验结果，验证参数估计与抵消性能；实验3是处理实测数据，用于验证波形重构算法分离弱信号的能力。

实验1 参数估计误差与信噪比、抵消比的关系

本实验主要包括两个方面的内容：一是参数精度随信噪比的变化曲线；二是参数精度同抵消比的关系。定义重叠信号 E_b/N_0 为两信号单位比特能量之和与噪声功率谱密度的比值：$E_\text{b}/N_0=10\lg(\sigma_{s_2}^2/\sigma_n^2)$。精度定义为估计误差与真值之间的比值。条件：采样率为96kHz，单AIS信号，*SNR* 取值范围为0～15dB。

图4.2所示是参数精度随 E_b/N_0 的变化关系，横轴表示信噪比（dB），纵轴表示参数精度。从图4.2可以看出，随着信噪比的增大精度越来越高，当 E_b/N_0=10dB时，参数精度小于 2×10^{-2}，满足分离应用需求。

图4.3为单参数精度与抵消比的关系。从图4.3可以看出，抵消比表现为幅度、延时误差（σ_A、σ_τ、σ_ω）、频偏的二次函数，抵消性能越好抵消比就越小，随着

参数精度的增加，抵消比单调下降。当参数精度达到 2×10^{-2} 时，抵消比小于–25dB，由参数估计误差引起的抵消损耗可以舍去，同时由于待抵消信号能量较强，分离后的弱信号解调误码率会差于强信号，特别是在无误码条件下，频率精度对抵消比性能影响最大，因此，降低抵消比需要提高频率精度。

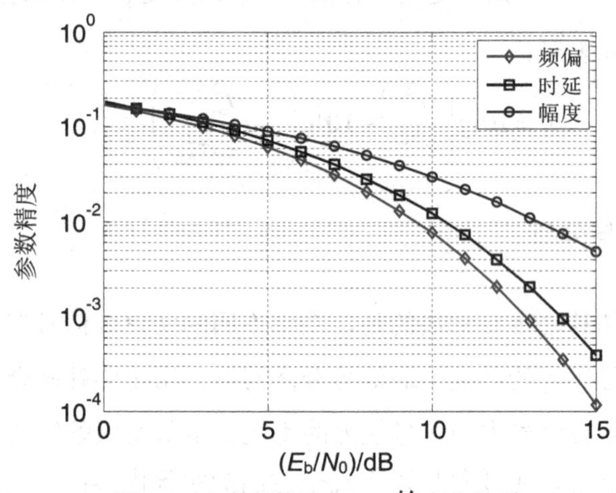

图 4.2　参数精度随 E_b/N_0 的变化关系

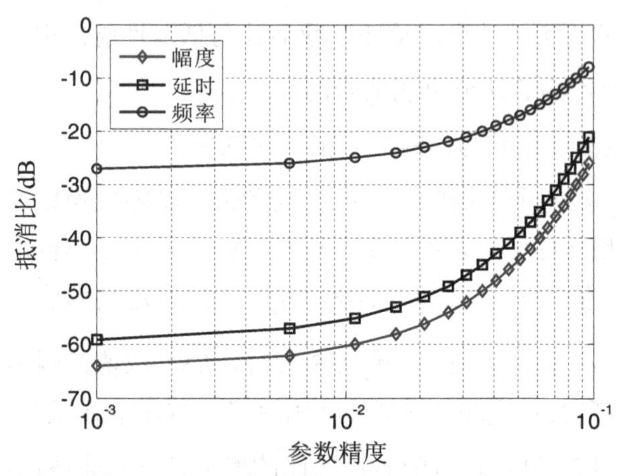

图 4.3　参数精度与抵消比的关系

实验2　参数跟踪

对频率和幅度进行跟踪实验。取两 GMSK 信号重叠，调整发射机参数使时延相等，采样率为 96kHz，SNR=15dB，归一化频偏 $\omega_1 T/2\pi=\omega_2 T/2\pi=1\times10^{-3}$，$T$ 表示码元周期长度，相关长度 L=256，幅度步长 $\lambda/T=0.002$，频率跟踪时归一化频偏 $\omega_1 T/2\pi=\omega_2 T/2\pi=4\times10^{-3}$，步长 $\varepsilon/T=1\times10^{-3}$，跟踪效果如图 4.4 所示。

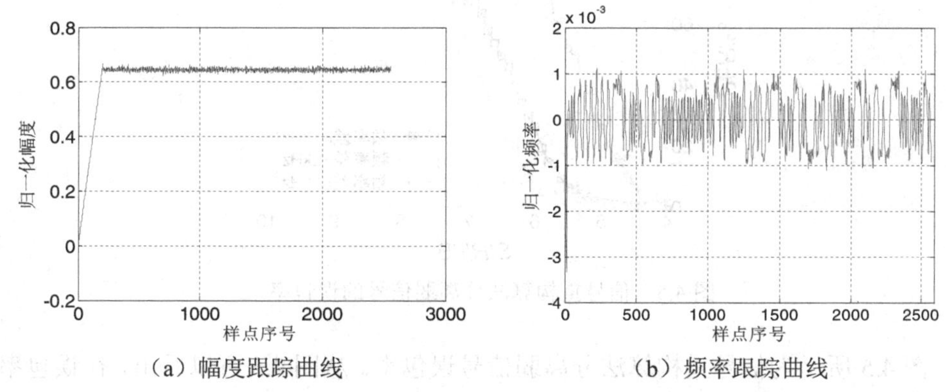

（a）幅度跟踪曲线 （b）频率跟踪曲线

图 4.4 幅度跟踪曲线与频率跟踪曲线

图 4.4（a）和（b）分别为幅度跟踪曲线和频率跟踪曲线。从图 4.4 可以看出，幅度跟踪非常稳定，频率跟踪精度可达 10^{-3}，在信号重构抵消过程中，该精度满足工程应用需求。

实验 3 弱信号分离能力

在联合差分反馈解调算法中已经提到，当两重叠信号频率差 $\Delta f\leqslant$ 2kHz，且 $SIR\geqslant$ 4dB 时，该算法能正确解调出强信号，为弥补该算法对弱信号分离能力的不足，提出了信号波形重构算法，且均在 $\Delta f\leqslant$ 2kHz 和 $SIR\geqslant$ 4dB 同时满足条件下进行。实验参数及条件见表 4.1。

表 4.1 实验参数及条件

项目	取值
信号调制指数	0.5
信号中频频率	19.2kHz
采样频率	96kHz
信噪比	15dB
频率差	≤2kHz
功率差	4～10dB

实验结果如图 4.5 所示。

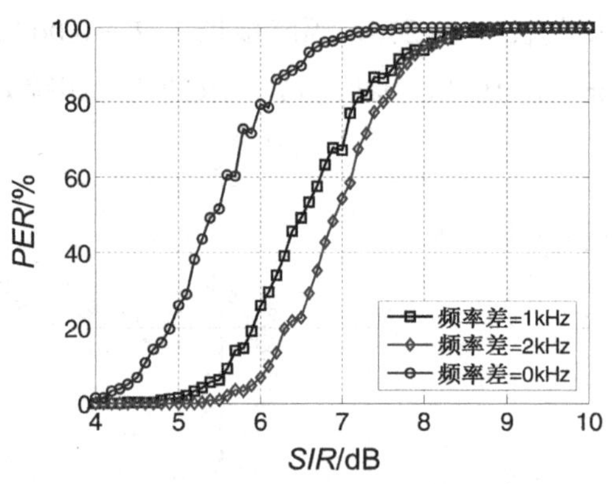

图 4.5 信号重构算法分离弱信号的误包率

图 4.5 所示为信号重构算法分离弱信号误包率。从图 4.5 可以看出，在误包率低于 20%的条件下：频率差为 0kHz 时，正确解调弱信号信干比最大为 5dB，即联合差分反馈抗干扰解调算法与信号波形重构算法相结合能恢复强弱信号的信干比范围为 4～5dB；频率差为 1kHz 时，正确恢复弱信号所需信干比最大为 6dB，范围为 4～6dB；频率差为 2kHz 时，正确恢复弱信号所需信干比最大为 6.5dB，范围为 4～6.5dB。在信干比大于 8.5dB 时，弱信号无法恢复，因为在抵消后，弱信号解调除了受信道噪声影响以外，还要受到抵消后残差 Δs 的影响，即弱信号解调也需要达到联合差分反馈抗干扰解调算法所需最小信干比。

下面给出当 *SIR*=5dB 时，弱信号解调误包率随信噪比变化曲线，如图 4.6 所示。

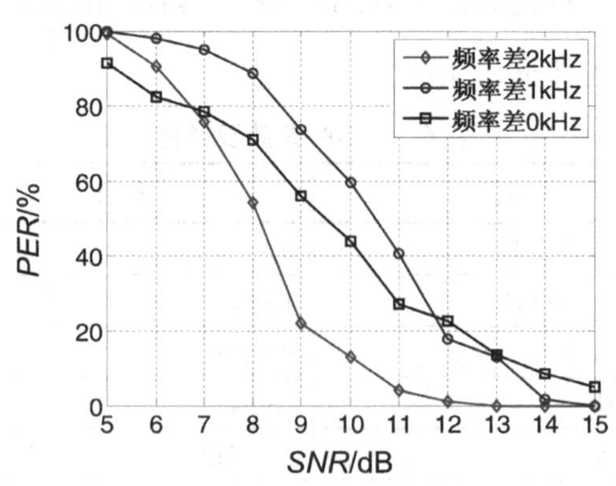

图 4.6 弱信号解调误包率随信噪比的变化曲线

图4.6为弱信号解调误包率随信噪比变化曲线。从图4.6可以看出，在两重叠信号信干比固定时，误包率随信噪比的增强而降低，在 *SNR*=13dB 时，误包率低于20%。

4.2.4 算法小结

本节在重叠信号中已成功解调强信号的基础上提出了基于信号波形重构的 AIS 重叠信号单通道盲分离算法，分析了参数估计精度、参数跟踪抵消比等对分离性能的影响，同时提出了以信号平坦度为抵消标准的思路，并对抵消比进行了详细分析，弥补了联合差分反馈算法中在频率差小于 2kHz 时对弱信号分离的不足。本节还对弱信号解调误包率进行了分析。信号波形重构抵消算法对于频率差小于2kHz、功率差小于4dB时的情况，由于无法正确解调强信号，弱信号无法实现分离，限制了该算法的应用。

4.3 基于稀疏重构的AIS重叠信号盲分离

2000 年以来，E.J.Candes[118]和 D.L.Donoho[119]提出的压缩感知理论（Compressed Sensing or Compressive Sampling，CS）为解决4.2节中未解决的问题提供了思路。CS理论中的核心问题是如何用有限的测量值重构稀疏信号，该问题的本质是欠定方程组求最稀疏解的问题，目前主要算法有：L_1-MAGIC[132,133]，SL_0[134,135]，OMP[136,137]。本节将此算法应用到盲分离领域，主要解决频率差小于2kHz、功率差小于4dB时的两信号重叠情况，各种算法适用条件如图4.7所示，各算法分界线实际应是一过渡频率差和功率差。

从图4.7可以看出，时频分析算法可以解决频率差大于2kHz的情况，适应条件将在第5章详细分析；联合差分反馈及信号稀疏重构算法可以解决频率差小于2kHz的信号重叠，但如4.2节所述，需要满足一定的条件。时频分析算法能适应大部分情况，该算法将在第5章论述。当频率差小于2kHz，同时功率差小于4dB时，上述所列算法均无能为力。针对上述问题，本节充分利用星载AIS信号码元先验信息，对信号波形重构进行了扩展，提出了基于稀疏重构的信号分离算法。该算法利用 AIS 码元结构和码元信息，并根据码元组合有限性特点，遍历码元组合，最终实现整体信号波形重构。在遍历码元组合进行短信号重构循环抵消的研究上，本书利用重叠信号组合的稀疏性，建立了稀疏重构盲分离模型，提出了基于稀疏重构的 AIS 单通道盲分离算法，该算法具有重构信号需要测量值少、计算精度高且计算量较小的优点。

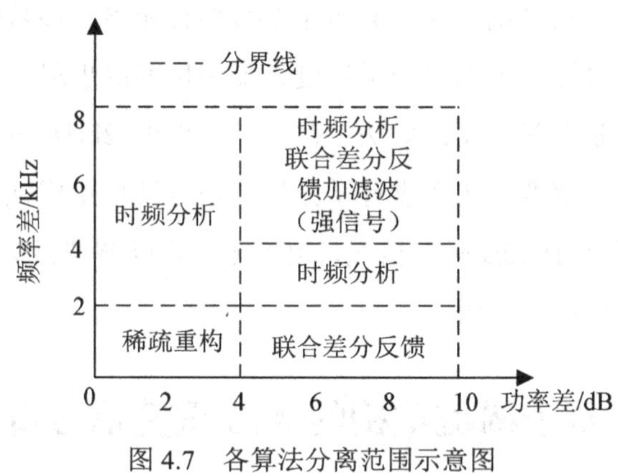

图 4.7　各算法分离范围示意图

4.3.1　重叠信号稀疏性分析

令有限码元构造的信号集合表示为$\{s_1,s_2,\cdots,s_d\}$，信号集合中除码元组合不同外，其余参数均相同，信号是由长度为M的码元调制生成，那么组合方式共有d=2^M种，其对应调制生成的信号也共有 2^M 种，重叠信号模型简单表示为

$$S_{\text{mix}}=\sum_{i=1}^{k}a_i s_i \tag{4.80}$$

式中，S_{mix} 为单通道接收到的信号测量值；k 表示信号重叠个数；a_i 表示信号幅度。根据稀疏重构理论[118,119]，那么字典集可表示为

$$\boldsymbol{A}=\boldsymbol{\Phi\Psi} \tag{4.81}$$

式中，$\boldsymbol{\Phi}$ 是 $m\times n$ 维观测矩阵；$\boldsymbol{\Psi}$ 是 $n\times n$ 维基矩阵；$\boldsymbol{A}$ 本质为 2^M 种码元组合调制信号构成的矩阵。那么单通道盲分离问题可表示为

$$y=\sum_{i=1}^{k}a_is_i=\boldsymbol{\Phi\Psi}\,\boldsymbol{x}\Rightarrow \boldsymbol{y}=\boldsymbol{A}\boldsymbol{x} \tag{4.82}$$

式中，$\boldsymbol{y}\in\mathbf{R}^m(m<n)$ 称为测量值，此处与 S_{mix} 等价；$\boldsymbol{x}\in\mathbf{R}^n$ 是稀疏向量，$\|\boldsymbol{x}\|_0=k<<n$，$k$ 表示稀疏度，在二重重叠的情况下取 k=2。则单通道盲分离求解问题等价于求欠定方程组 $\boldsymbol{y}=\boldsymbol{A}\boldsymbol{x}$ 最稀疏解的问题，也等价于 l_0 范数的最小化问题

$$\begin{cases}\min \quad \|\boldsymbol{x}\|_0\\ s.t. \quad \boldsymbol{A}\boldsymbol{x}=\boldsymbol{y}\end{cases} \tag{4.83}$$

文献[138,139,140,154]提到，式（4.83）的求解是一非确定性多项式（Non-deteministic Polynomial，NP）问题，求解需要组合遍历，即从 2^M 种信号中选择两信号满足某一规则，但随着 M 的增大会出现字典集极速膨胀，给求解带来困难。本书提出了基于误差函数的 l_0 范数近似极小值（l_0 Norm Approximation Minimum Value Based on Error Function，L0AMEF）算法，用于式（4.83）求解。该算法利用合成误差函数近似 l_0 范数，建立 l_0 范数近似的非凸优化问题，理论证明了 L0AMEF 算法的数值解收敛于欠定方程组 $\boldsymbol{y}=\boldsymbol{A}\boldsymbol{x}$ 的最稀疏解，通过求解该问题得到两重叠信号序号，进而重构源信号并实现分离。

4.3.2 重构分离算法基本思想

重构分离算法利用合成误差函数近似 l_0 范数，建立 l_0 范数近似的非凸优化问题，通过求解该问题得到重叠信号序号，进而恢复对应的源信号码元。下面首先进行字典集的构造，然后再给出算法推导及性能分析。

1. 字典集的构造

这里同样需要利用 4.2.1 节提出的参数估计算法，之后根据第 2 章分析的 GMSK 信号产生机理生成并存储所有已知码元组合短信号，以连续 12 比特为步长，再从重叠信号中依据重叠信号的稀疏特性实现短信号码元序号的恢复。

根据 ITU-R1371-2 协议[25]及图 2.2 可以看出，AIS（1、2、3 消息格式）信息包中前 40 比特是固定不变的，缓冲区最后 24 比特不影响信息解译，一帧内容取决于中间 168 比特，由于遍历 2^{168} 个短信号组合会产生运算爆炸，因此将 168 码

元进行分段处理：首先将中间 168 比特信息分为 14 段，每段 12 比特。先取 168 比特中前 12 比特与数据帧中前 40 比特组合成 52 比特信息，那么共有 2^{12}=4096 种组合，然后根据前面估计出的频率 f_c 和已知的码元速率 f_b，调制指数 μ 等参数重构并存储 4096 种已知码元组合的短信号，记为 $S_{\text{GMSK}}(s_1, s_2, \cdots, s_{4096})$，构成稀疏重构（Sparse Representation，SR）字典集，同时令短信号序号与 12 比特表示的十进制值相对应。在构造完字典集之后，下面推导基于误差函数的 l_0 范数近似极小值算法，并将该算法应用于星载 AIS 重叠信号单通道盲分离中。

2. 算法推导

设 δ 为一趋于零的正数，s 为变量，构造合成误差函数：

$$f_\delta(s) = \frac{2}{\sqrt{\pi}} \int_0^{\frac{s^2}{2\delta^2}} \exp(-u^2) \mathrm{d}u \tag{4.84}$$

$f_\delta(s)$ 具有如下性质：

$$\lim_{\delta \to 0} f_\delta(s) = \begin{cases} 1 & s \neq 0 \\ 0 & s = 0 \end{cases} \tag{4.85}$$

令

$$F_\delta(\boldsymbol{x}) = \sum_{i=1}^{n} f_\delta(x_i) \tag{4.86}$$

那么

$$\lim_{\delta \to 0} F_\delta(\boldsymbol{x}) = \|\boldsymbol{x}\|_0 \tag{4.87}$$

式（4.83）的解等价于：

$$\begin{cases} \min \quad F_\delta(\boldsymbol{x}) = \dfrac{2}{\sqrt{\pi}} \displaystyle\sum_{i=1}^{n} \int_0^{\frac{x_i^2}{2\delta^2}} \exp(-u^2) \mathrm{d}u \\ s.t. \quad \boldsymbol{Ax} = \boldsymbol{y} \end{cases} \tag{4.88}$$

分析式（4.88）后发现，其为一非凸优化问题[143]，特别是 δ 值较小时，$F_\delta(\boldsymbol{x})$ 具有较强起伏特性，导致其解易收敛于局部最优解。为使式（4.88）收敛于全局最优解，首先取参数 δ 一组单调降序列 $\delta = [\delta_1, \delta_2, \cdots, \delta_J]$，其中 $\delta_1 > \delta_2 > \cdots > \delta_J$，$\delta_J$ 为近似于零的正数；其次将参数 $\delta = \delta_{j-1}$ 代入式（4.88）可得到一近似最优解 $x_{\delta_{j-1}}$（$0 < j \leqslant J$）。$x_{\delta_{j-1}}$ 作为参数为 $\delta = \delta_j$ 时式（4.88）的初始值进行依次迭代，

逐步收敛于参数为$\delta=\delta_J$时的全局最优解。

式（4.88）求解可采用定点迭代法，当$\delta=\delta_j$时，在构造定点迭代公式后将其转化为拉格朗日函数[141]无约束最小化问题：

$$[\hat{\boldsymbol{x}},\hat{\boldsymbol{v}}]=\arg\min_{\boldsymbol{x},\boldsymbol{v}} L(\boldsymbol{x},\boldsymbol{v})=F_\delta(\boldsymbol{x})+\boldsymbol{v}^{\mathrm{T}}(\boldsymbol{A}\boldsymbol{x}-\boldsymbol{y}) \tag{4.89}$$

式（4.89）中，$\boldsymbol{v}\in\mathbf{R}^{m\times 1}$是拉格朗日乘子，对式（4.88）和式（4.89）求偏导可得

$$\frac{\partial L(\boldsymbol{x},\boldsymbol{v})}{\partial\boldsymbol{x}}=0\Rightarrow\frac{\partial F_\delta(\boldsymbol{x},\boldsymbol{v})}{\partial\boldsymbol{x}}+\boldsymbol{A}^{\mathrm{T}}\boldsymbol{v}=0 \tag{4.90}$$

$$\frac{\partial F_\delta(\boldsymbol{x},\boldsymbol{v})}{\partial\boldsymbol{v}}=0\Rightarrow\boldsymbol{A}\boldsymbol{x}=\boldsymbol{y} \tag{4.91}$$

式（4.90）中，$\frac{\partial F_\delta(\boldsymbol{x})}{\partial\boldsymbol{x}}$表示梯度，记为

$$\nabla F_\delta(\boldsymbol{x})=\left(\frac{2}{\sqrt{\pi}}\exp\left(-\frac{x_1^4}{4\delta^4}\right)\cdot\frac{x_1}{\delta^2},\frac{2}{\sqrt{\pi}}\exp\left(-\frac{x_2^4}{4\delta^4}\right)\cdot\frac{x_2}{\delta^2},\cdots,\frac{2}{\sqrt{\pi}}\exp\left(-\frac{x_n^4}{4\delta^4}\right)\cdot\frac{x_n}{\delta^2}\right) \tag{4.92}$$

$$\frac{\partial F_\delta(\boldsymbol{x})}{\partial\boldsymbol{x}}+\boldsymbol{A}^{\mathrm{T}}\boldsymbol{v}=0\Rightarrow\boldsymbol{v}=-(\boldsymbol{A}\boldsymbol{A}^{\mathrm{T}})^{-1}\boldsymbol{A}\cdot\frac{\partial F_\delta(\boldsymbol{x})}{\partial\boldsymbol{x}} \tag{4.93}$$

将式（4.92）代入式（4.93）得

$$(I-\boldsymbol{A}^{\mathrm{T}}(\boldsymbol{A}\boldsymbol{A}^{\mathrm{T}})^{-1}\boldsymbol{A})\cdot\frac{\partial F_\delta(\boldsymbol{x})}{\partial\boldsymbol{x}}=0 \tag{4.94}$$

式（4.94）中，$\boldsymbol{I}\in\mathbf{R}^{n\times n}$表示单位矩阵，由式（4.91）和式（4.94）可得

$$\boldsymbol{A}\boldsymbol{x}=\boldsymbol{y}\Rightarrow\boldsymbol{x}=\boldsymbol{x}-\boldsymbol{A}^{\mathrm{T}}(\boldsymbol{A}\boldsymbol{A}^{\mathrm{T}})^{-1}(\boldsymbol{A}\boldsymbol{x}-\boldsymbol{y}) \tag{4.95}$$

由式（4.95）可得

$$\begin{aligned}\boldsymbol{x}&=\boldsymbol{x}-\boldsymbol{A}^{\mathrm{T}}(\boldsymbol{A}\boldsymbol{A}^{\mathrm{T}})^{-1}(\boldsymbol{A}\boldsymbol{x}-\boldsymbol{y})-u(\boldsymbol{I}-\boldsymbol{A}^{\mathrm{T}}(\boldsymbol{A}\boldsymbol{A}^{\mathrm{T}})^{-1}\boldsymbol{A})\frac{\partial F_\delta(\boldsymbol{x})}{\partial\boldsymbol{x}}\\&=(\boldsymbol{I}-\boldsymbol{A}^{\mathrm{T}}(\boldsymbol{A}\boldsymbol{A}^{\mathrm{T}})^{-1}\boldsymbol{A})\boldsymbol{x}+\boldsymbol{A}^{\mathrm{T}}(\boldsymbol{A}\boldsymbol{A}^{\mathrm{T}})^{-1}\boldsymbol{y}-u(\boldsymbol{I}-\boldsymbol{A}^{\mathrm{T}}(\boldsymbol{A}\boldsymbol{A}^{\mathrm{T}})^{-1}\boldsymbol{A})\frac{\partial F_\delta(\boldsymbol{x})}{\partial\boldsymbol{x}}\end{aligned} \tag{4.96}$$

由式（4.96）得迭代公式为

$$\begin{aligned}\boldsymbol{x}^{(k+1)}=&(\boldsymbol{I}-\boldsymbol{A}^{\mathrm{T}}(\boldsymbol{A}\boldsymbol{A}^{\mathrm{T}})^{-1}\boldsymbol{A})\boldsymbol{x}^{(k)}+\\&\boldsymbol{A}^{\mathrm{T}}(\boldsymbol{A}\boldsymbol{A}^{\mathrm{T}})^{-1}\boldsymbol{y}-u(\boldsymbol{I}-\boldsymbol{A}^{\mathrm{T}}(\boldsymbol{A}\boldsymbol{A}^{\mathrm{T}})^{-1}\boldsymbol{A})\left.\frac{\partial F_\delta(\boldsymbol{x})}{\partial\boldsymbol{x}}\right|_{\boldsymbol{x}=\boldsymbol{x}^{(k)}}\end{aligned} \tag{4.97}$$

式（4.97）中，u表示一常数。取值如下进行分析，令$\boldsymbol{B}=\boldsymbol{A}^{\mathrm{T}}(\boldsymbol{A}\boldsymbol{A}^{\mathrm{T}})^{-1}$，$\boldsymbol{C}=\boldsymbol{I}-\boldsymbol{B}\boldsymbol{A}$，有

$$\boldsymbol{x}^{(k+1)} = \boldsymbol{C}\boldsymbol{x}^{(k)} + \boldsymbol{B}\boldsymbol{y} - u\boldsymbol{C}\left.\frac{\partial F_{\delta}(\boldsymbol{x})}{\partial \boldsymbol{x}}\right|_{\boldsymbol{x}=\boldsymbol{x}^{(k)}} \tag{4.98}$$

式（4.98）为最优化问题的定点迭代公式，下面对参数解释并分析其收敛性。

（1）u：步长 u 越小收敛速度越慢，而 u 过大又易导致算法不收敛或收敛至局部最优解，所以，在确保算法收敛条件下，u 的值尽可能大，对所有 x_i 有

$$\frac{u\nabla F_{\delta_j}(x_i)}{x_i} \leqslant 1 \Rightarrow \frac{2u}{\sqrt{\pi}}\exp\left(-\frac{x_i^4}{4\delta^4}\right)\cdot\frac{1}{\delta^2} \leqslant 1 \tag{4.99}$$

由 $\exp\left(-\frac{x_i^4}{4\delta^4}\right) \in (0,1]$，可得 $u \leqslant \frac{\sqrt{\pi}\delta^2}{2}$，取 $u = \frac{\sqrt{\pi}\delta^2}{2}$ 可确保算法收敛又可提高计算速度。

（2）δ 的选取：一般取 $\delta_j = \gamma\delta_{j-1}$，$j = 2,\cdots,J$，$\gamma \in (0.5,1)$，$\delta_1$ 的选取满足 $\delta_1 = 2\max\left|x_i^{(0)}\right|$，$\delta_J$ 与 SNR 有关，SNR=0 时，δ_J 越接近零效果越佳。

（3）收敛标准：本书提出的算法收敛准则为一个与 δ_j 相关的值 $\delta_j\varepsilon$，且随着 δ_j 越来越小，收敛越来越精确。收敛性证明请参考附录 B。

4.3.3 重构算法性能分析

利用稀疏重构算法可分段恢复码元信息，其本质是已知参数条件下的码元估计问题。根据不同的优化准则，码元估计性能有不同的分析方式，下面从序列最大似然（Maximum Likehood，ML）准则[144,145]角度对码元估计的性能进行理论分析。

定义 k 时刻信道状态为 $S_k = \{\phi_{k-L_1+2},\cdots,\phi_{k+L_2}\}$，其中，$i \in (k-L_1+2, k+L_2)$，$L_1$、$L_2$ 取整数，且 $L_1<L_2$，当 ϕ_{k+L_2} 出现时，信道状态从 $S_{k-1} \to S_k$，伴随输出观测值 y_k，该过程可以表示为

$$S_{k-1} \xrightarrow{(\phi_{k+L_2},\, y_k)} S_k \tag{4.100}$$

由于 AIS 信号的调制方式为 GMSK，其码元取值是一个具有 2 个元素 $\{+1,-1\}$ 的离散序列，那么可以将信道表述为一个具有 $2^{2(L-1)}$ 个状态的网格图，再利用维特比算法进行序列检测。在具有 AWGN 单通道盲分离问题中，维特比算法的度量为

$$\Gamma_k(S_k) = \Gamma_{k-1}(S_{k-1}) + \left|y_k - s_1(\boldsymbol{a}_{1,k}) - s_2(\boldsymbol{a}_{2,k})\right|^2 \tag{4.101}$$

式（4.101）中有

$$\begin{cases} s_1(\boldsymbol{a}_{1,k}) = R(kT)\cos\left[\omega_{c1}(kT) + \theta_1(kT)\right] \\ s_2(\boldsymbol{a}_{2,k}) = R(kT)\cos\left[\omega_{c2}(kT) + \theta_2(kT)\right] \end{cases} \tag{4.102}$$

式中，$\theta_1(kT)$ 为 $\theta_1(t)$ 的 k 时刻抽样点；$\theta_2(kT)$ 为 $\theta_2(t)$ 的 k 时刻抽样点。其中

$$\begin{cases} \theta_1(t) = 2\pi k_f \int_{-\infty}^{t} x_1(\tau)\mathrm{d}\tau \\ \theta_2(t) = 2\pi k_f \int_{-\infty}^{t} x_2(\tau)\mathrm{d}\tau \end{cases} \tag{4.103}$$

$$\begin{cases} x_1(t) = \sum_i \boldsymbol{a}_{1,k} g(t - iT) \\ x_2(t) = \sum_i \boldsymbol{a}_{2,k} g(t - iT) \end{cases} \tag{4.104}$$

重写 GMSK 信号的高斯滤波器冲激响应函数如下：

$$g(t) = Q\left[\frac{2\pi B}{\sqrt{\ln 2}}\left(t - \frac{T}{2}\right)\right] - Q\left[\frac{2\pi B}{\sqrt{\ln 2}}\left(t + \frac{T}{2}\right)\right] \tag{4.105}$$

$$Q(t) = \int_t^{+\infty} \frac{1}{\sqrt{2\pi}} \exp(-\tau^2/2)\mathrm{d}\tau \tag{4.106}$$

式中，B 表示高斯滤波器的 3dB 带宽；T 表示码元周期。维特比算法估计出码元记为 $\{\hat{\phi}_k\}$，且在 k 时刻对应的估计状态标记为 $\hat{S}_k$。假设 k 时刻估计路径与实际正确路径一致且分离出来，其后在 $k+l$ 时刻又重新与正确路径汇接于状态 S_{k+l}。因此，$\hat{S}_k = S_k$，且 $\hat{S}_{k+l} = S_{k+l}$，但对 $k < m < k+l$，$\hat{S}_m \neq S_m$，记为差错事件[81,153]，错误路径与正确路径分离，如图 4.8 所示。

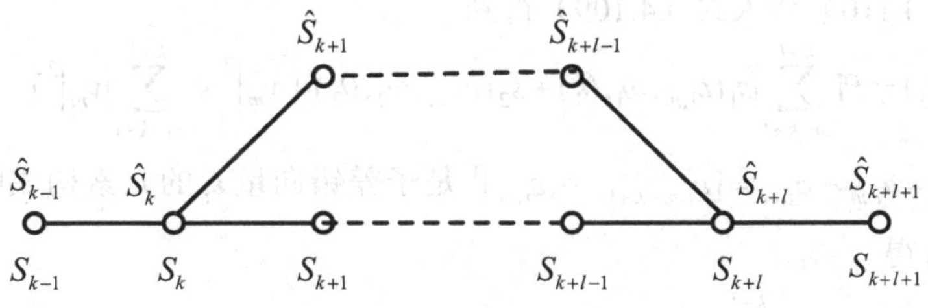

图 4.8 网格分离路径示意图

由于路径包含 L 码元，所以 $l \geqslant L$，对于该差错事件有，$\hat{\phi}_{k+1+L_2} \neq \phi_{k+1+L_2}$，$\hat{\phi}_{k+l-L_1+1} \neq \phi_{k+l-L_1+1}$，而对 $k+l-L_1+2 \leqslant m \leqslant k+l+L_2$ 有，$\hat{\phi}_m = \phi_m$。为便于表述，

将该差错事件表述为一差错向量$\boldsymbol{\varepsilon}=[\varepsilon_{k+1},\cdots,\varepsilon_{k+l-L+1}]$，其中$\boldsymbol{\varepsilon}$各元素定义为

$$\varepsilon_m=\phi_{m+L_2}-\hat{\phi}_{m+L_2} \tag{4.107}$$

$\boldsymbol{\varepsilon}$的构成为两路分量信号的子差错向量$\boldsymbol{\varepsilon}_i(i=1,2)$，其中$\boldsymbol{\varepsilon}_i$的各分量为

$$\boldsymbol{\varepsilon}_{i,m}=a_{i,m+L_2}-\hat{a}_{i,m+L_2} \tag{4.108}$$

$\boldsymbol{\varepsilon}=[\varepsilon_{k+1},\cdots,\varepsilon_{k+l-L+1}]$可用下列性质描述：$\varepsilon_{k+1}\neq 0$，$\varepsilon_{k+l-L+1}\neq 0$，且不存在连续$L-1$零元素码元。而求差错事件$\boldsymbol{\varepsilon}$发生的概率，根据文献[81,145]提出的算法，差错事件$\boldsymbol{\varepsilon}$出现，三个子事件E_1、E_2、E_3必出现。

E_1：在k时刻，$\hat{S}_k=S_k$。

E_2：在被加入到差错序列$\boldsymbol{\varepsilon}=[\varepsilon_{k+1},\varepsilon_{k+2},\cdots,\varepsilon_{k+l-L+1}]$时，码元序列$\hat{\phi}_{k+L_2+1}$，$\hat{\phi}_{k+L_2+2},\cdots,\hat{\phi}_{k+l-L_1+1}$的值一定在调制码元对集中出现。

E_3：当$k\leqslant m\leqslant k+l$时，估计路径分支度量的总和大于等于正确路径分支度量的总和。

下面推导E_1、E_2、E_3发生的概率。E_3发生的概率为

$$\begin{aligned}P(E_3)=P(&\sum_{m=k+1}^{k+l}\left|y_m-s_1(\hat{a}_{1,m},\omega_1,\theta_1)-s_2(\hat{a}_{2,m},\omega_2,\theta_2)\right|^2\\&<\sum_{m=k+1}^{k+l}\left|y_m-s_1(a_{1,m},\omega_1,\theta_1)-s_2(a_{2,m},\omega_2,\theta_2)\right|^2)\end{aligned} \tag{4.109}$$

式（4.109）中，序列y_m的表达式为

$$y_m=s_1(\boldsymbol{a}_{1,m},\omega_1,\theta_1)+s_2(\boldsymbol{a}_{2,m},\omega_2,\theta_2)+v_m \tag{4.110}$$

将式（4.110）代入式（4.109）得到

$$P(E_3)=P[\sum_{m=k+1}^{k+l}\left|s_1(\boldsymbol{\varepsilon}_{1,m},\omega_1,\theta_1)+s_2(\boldsymbol{\varepsilon}_{2,m},\omega_2,\theta_2)+v_m\right|^2<\sum_{m=k+1}^{k+l}\left|v_m\right|^2] \tag{4.111}$$

其中，$\boldsymbol{\varepsilon}_{i,m}=\boldsymbol{a}_{i,m}-\hat{\boldsymbol{a}}_{i,m}=[\varepsilon_{i,m-L+1},\cdots,\varepsilon_{i,m}]^{\mathrm{T}}$是子差错向量$\boldsymbol{\varepsilon}_i$的元素构成的向量，将$P[\bullet]$展开可得

$$\begin{aligned}&2\mathrm{Re}[\sum_{m=k+1}^{k+l}v_m^*(s_1(\varepsilon_{1,m},\omega_1,\theta_1)+s_2(\varepsilon_{2,m},\omega_2,\theta_2))]<\\&-\sum_{m=k+1}^{k+l}\left|s_1(\varepsilon_{1,m},\omega_1,\theta_1)+s_2(\varepsilon_{2,m},\omega_2,\theta_2)\right|^2\end{aligned} \tag{4.112}$$

令 $\alpha_m = s_1(\varepsilon_{1,m}, \omega_1, \theta_1) + s_2(\varepsilon_{2,m}, \omega_2, \theta_2)$，式（4.112）可简化为

$$2\mathrm{Re}(\sum_{m=k+1}^{k+l} v_m^*(\alpha_m)) < -\sum_{m=k+1}^{k+l} |\alpha_m|^2 \tag{4.113}$$

$$P(E_3) = P(2\mathrm{Re}(\sum_{m=k+1}^{k+l} v_m^*(\alpha_m)) < -\sum_{m=k+1}^{k+l} |\alpha_m|^2) \tag{4.114}$$

$v_m = v_{m,I} + \mathrm{i}v_{m,Q}$ 为高斯噪声，$v_{m,I}$、$v_{m,Q}$ 相互统计独立且方差为 $\delta_I^2 = \delta_Q^2 = \dfrac{N_0}{2}$，式（4.114）为两个统计独立的高斯随机变量的线性组合小于某个负数的概率，由于

$$\begin{aligned} 2\mathrm{Re}(\sum_{m=k+1}^{k+l} v_m^*(\alpha_m)) &= \sum_{m=k+1}^{k+l} (2\alpha_{m,I} v_{m,I} + 2\alpha_{m,Q} v_{m,Q}) \\ &\sim N(0, \sum_{m=k+1}^{k+l} ((2\alpha_{m,I})^2 \delta_I^2 + (2\alpha_{m,Q})^2 \delta_Q^2)) \\ &\sim N(0, 2N_0 \sum_{m=k+1}^{k+l} |\alpha_m|^2) \end{aligned} \tag{4.115}$$

所以

$$\begin{aligned} P(E_3) &= Q\left[\sum_{m=k+1}^{k+l} |\alpha_m|^2 \Big/ \sqrt{2N_0 \sum_{m=k+1}^{k+l} |\alpha_m|^2}\right] \\ &= Q\left[\sqrt{\sum_{m=k+1}^{k+l} |\alpha_m|^2 / 2N_0}\right] \end{aligned} \tag{4.116}$$

其中 $Q(x)$ 为补误差函数，表达式为

$$Q(x) = \int_x^{+\infty} \frac{1}{\sqrt{2\pi}} \exp(-\tau^2/2)\mathrm{d}\tau \tag{4.117}$$

为便于分析，定义

$$\delta^2(\boldsymbol{\varepsilon}) = \sum_{m=k+1}^{k+l} |\alpha_m|^2 \tag{4.118}$$

其中，$\alpha_m = s_1(\varepsilon_{1,m}, \omega_1, \theta_1) + s_2(\varepsilon_{2,m}, \omega_2, \theta_2)$；$\delta^2(\boldsymbol{\varepsilon})$ 称为差错事件的欧几里得重量，且随时刻 k 不断变化。计算过程参考文献[81,146]。

事件 E_2 的概率由输入码元的统计特性决定，设发送码元等概率且统计独立，分量 $\varepsilon_{i,m}$ 取值概率是 $P(\varepsilon_{i,m})$，那么 E_2 的概率可表示为

$$P(E_2)=\prod_{m=k+1}^{k+l-L+1} p(\varepsilon_{1,m})P(\varepsilon_{2,m}) \tag{4.119}$$

事件 E_1 概率的计算与 E_3 有关，且 $P(E_1|E_3)=1-P_e$，其中 P_e 是码元的错误概率，因此当码元错误概率接近于 0 时，$P(E_1|E_3)$ 近似为 1，因此差错事件 $\boldsymbol{\varepsilon}$ 的概率上界近似为

$$P(\boldsymbol{\varepsilon})\leqslant Q[\sqrt{\delta^2(\boldsymbol{\varepsilon})/2N_0}]\prod_{m=k+1}^{k+l-L+1} p(\varepsilon_{1,m})P(\varepsilon_{2,m}) \tag{4.120}$$

令 E 为从 k 时刻开始所有差错事件的集合，$w(\boldsymbol{\varepsilon}_i)$ 为差错事件中第 i 路不为 0 的码元数目，则第 i 路码元错误概率上界为

$$p_e^i\leqslant\sum_{\boldsymbol{\varepsilon}\in E} w(\boldsymbol{\varepsilon}_i)Q[\sqrt{\delta^2(\boldsymbol{\varepsilon})/2N_0}]\prod_{m=k+1}^{k+l-L+1} p(\varepsilon_{1,m})P(\varepsilon_{2,m}) \tag{4.121}$$

码元平均错误概率为

$$\overline{P}_e^i=\lim_{k\to+\infty}\frac{1}{K}\sum_{k=0}^{K-1}P_e^i \tag{4.122}$$

式（4.120）的计算需要确定 $\boldsymbol{\varepsilon}$ 的取值，$\boldsymbol{\varepsilon}_i$ 中非零元素的个数 $w(\boldsymbol{\varepsilon}_i)$ 和各元素的取值概率为 $P(\varepsilon_{i,m}),i=1,2;\ m=k+1,\cdots,k+l-L+1$。码元的取值不同，导致 $\boldsymbol{\varepsilon}$ 的分量 $\boldsymbol{\varepsilon}_{i,m}$ 的取值不同，根据式（4.118），$\boldsymbol{\varepsilon}_{i,m}$ 为传输码元和估计码元之差，由于传输码元和估计码元都可以从调制码元集合中任意取值，因此 $\boldsymbol{\varepsilon}_{i,m}$ 可以有 $M\times M$ 种取值，M 为调制阶数。GMSK 调制码元为 ±1，$\boldsymbol{\varepsilon}_{i,m}$ 有 4 种取值，但有两个值相同，因此只有 3 种取值，即传输正确时 $\varepsilon_{i,m}=0$ 和发生误码时 $\varepsilon_{i,m}=\pm2$。确定了 $\varepsilon_{i,m}$ 的取值，就可以确定 $\boldsymbol{\varepsilon}$ 的取值及 $\boldsymbol{\varepsilon}_i$ 中非零元素的个数 $w(\boldsymbol{\varepsilon}_i)$，然后结合 $P(\varepsilon_{i,m})$ 计算 k 时刻码元的错误概率。

4.3.4 实验与分析

本实验验证本章所述算法分离两重叠 AIS 信号的误码率和误包率性能。

实验 1 误包率性能

下面通过实验分别分析在不同频率差和功率差的条件下重叠信号的误包率。

如本章引言部分所述，下面主要分析两重叠信号之间频率差为 0～2kHz、功率差小于 4dB 的情况，同时给出了频率差在 3～7kHz 范围内的处理效果。实验条件设置为：信干比取值范围为 0～4dB，实验时设置步长为 0.5dB；信噪比固定取 15dB；频率差范围取 0～2kHz，实验时设置步长为 1kHz。参数及条件见表 4.2。

表 4.2　参数及条件

项目	取值
信号中频频率	19.2kHz
采样频率	96kHz
信噪比	15dB
频率差	≤2kHz
信干比	≤4dB

在表 4.2 所列实验条件下，实验效果如图 4.9、图 4.10 所示。

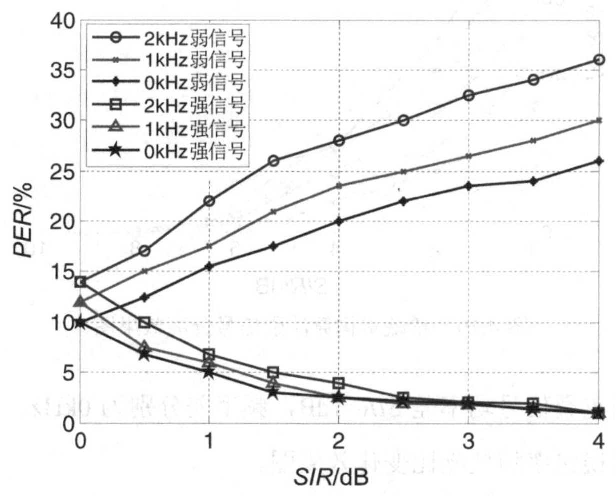

图 4.9　稀疏重构算法强弱信号分离效果图

图 4.9 为稀疏重构算法强弱信号分离效果图。从图 4.9 可以看出，在两重叠信号频率差小于 2kHz、功率差小于 4dB 时，稀疏重构算法解包正确率远优于前面所述算法处理性能。在两重叠信号功率差固定条件下，频率差对解调效果影响小于

5%；而在频率差固定条件下，强信号误包率随功率差的增大而减小，解调性能越来越好，与之相反，弱信号解调误包率随功率差增大而增大。当两信号功率差为 0dB 时，两信号解包误包率均低于 15%；两信号功率差为 4dB 时，弱信号解包误包率仍能低于 40%。

图 4.10 为稀疏重构算法其他频率差强信号分离效果图。从图 4.10 可以看出，本算法分离强信号性能随两重叠信号频率差的增大而减小，原因是重构算法主要参数为码元结构的不同，而频率差增大会使码域变得模糊，导致分离效果变差。而当频率差大于 4kHz 时，分离前可以先进行频域滤波处理来提高分离性能。

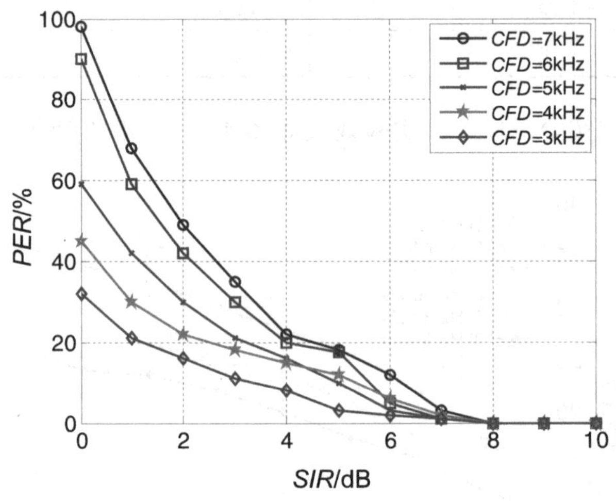

图 4.10 稀疏重构算法强信号分离效果图

下面给出两重叠信号功率差 *SIR*=1dB，频率差分别为 0kHz、1kHz、2kHz 时强信号和弱信号误包率随信噪比变化效果图。

图 4.11 为信干比固定为 1dB 时强弱信号误包率变化曲线。从图 4.11 可以看出，在 *SNR*<5dB 时，该算法强信号解调误包率高于 95%，弱信号解调误包率几乎为 100%，因此解调性能 *SNR* 下限是 5dB；在 *SNR*>12dB 时，强信号误包率低于 20%；在 *SNR*>13dB 时，弱信号误包率低于 20%。

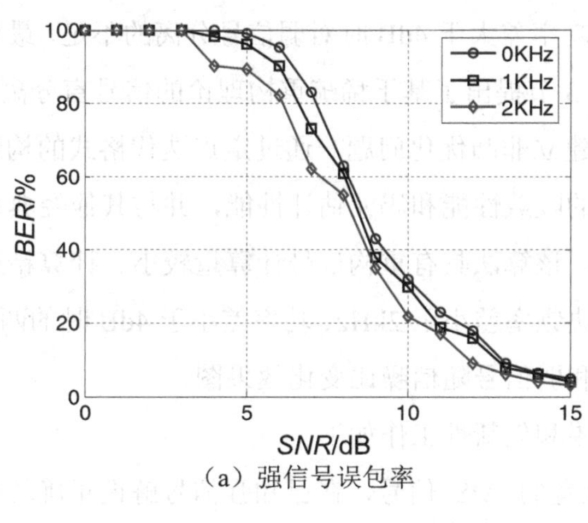

（a）强信号误包率

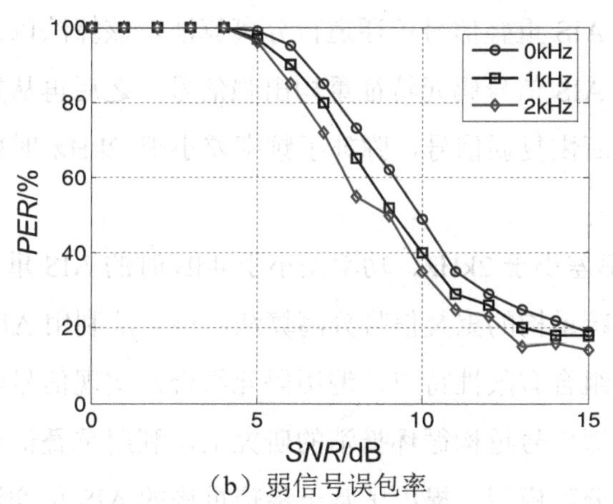

（b）弱信号误包率

图 4.11　强弱信号误包率随信噪比变化

4.4　本章小结

本章针对星载 AIS 重叠信号单通道盲分离问题，结合 GMSK 信号特点，提出了基于信号波形重构和稀疏重构的单通道盲分离算法。4.2 节针对重叠信号中已成功解调强信号的条件提出了信号波形重构的 AIS 重叠信号单通道盲分离算法。理论分析了参数估计精度和参数跟踪对分离性能的影响，同时提出了以信号平坦度为抵消标准的思路，并对抵消比进行了详细分析，弥补了联合差分反馈算法中在频率差小于 2kHz、功率差大于 4dB 时对弱信号分离的不足，最后对弱信号误包率进行了实验分析。4.3 节提出了基于稀疏重构理论的信号盲分离算法，利用合成误差函数近似 l_0 范数建立非凸优化问题，通过定点迭代格式的构造求解该问题。本节同时分析了算法的收敛性能和码元估计性能，并与其他经典重构算法进行了性能对比。仿真表明，该算法具有重构信号计算量较小、计算精度高的优点，还给出了该算法用于解决频率差小于 2kHz、功率差小于 4dB 时的两信号重叠情况，给出了强信号误包率和弱信号随信噪比变化效果图。

本章的主要成果和创新性工作如下。

（1）针对两重叠的 AIS 信号，在已知强信号解调正确的前提下，提出了基于信号波形重构的 AIS 重叠信号单通道盲分离算法。该算法以参数估计和抵消准则为基础，并根据 AIS 信号码元特征重构出强信号，之后再从重叠信号中抵消掉重构的强信号，进而恢复弱信号，弥补了频率差小于 2kHz 时弱信号分离能力的不足。

（2）针对频率差小于 2kHz、功率差小于 4dB 时的 AIS 重叠信号分离问题，本书提出了基于稀疏重构的重叠信号分离算法，该算法利用 AIS 消息结构和码元信息，又根据码元组合有限性特点，遍历码元组合，实现信号波形整体重构。在遍历码元组合进行短信号重构循环抵消的研究上，利用重叠信号组合的稀疏性，建立了稀疏重构盲分离模型，提出了基于稀疏重构的 AIS 单通道盲分离算法，该算法具有解调误包率低，分离弱信号能力强的特点。

第 5 章　基于时频变换的 AIS 重叠信号单通道盲分离

5.1　引言

第 4 章提出的基于波形重构的重叠信号单通道盲分离算法，解决了重叠信号频率差小于 2kHz 时的情况。但是该算法需要大量先验信息，并受参数估计精度的影响很大，导致运算效率受到影响。当重叠信号频率差大于 2kHz 时，可以通过时频变换等常见方法来分离重叠信号。本章即从时频变换角度对重叠信号分离展开研究。

时频变换[55,109]是通信信号处理中一种常用的有效分析工具。对 AIS 重叠信号而言，则希望从信号频率随时间变化规律中提取有关解调或分离的信息。本章引入时频变换对 AIS 信号进行处理，以便能在时间和频率上同时表示信号的能量和强度，并从中寻求解调相关信息，AIS 信号时频投影图与瞬时频率图如图 5.1 所示。该图反应了 AIS 信号时频分布特征，对该图特征进行分析发现，可提取图中包含的有价值的相关信息，如调制曲线、单源区域[110]等，再对调制曲线进行抽取判决可恢复码元，从而达到对信号解调解码的目的。而对时频域重叠信号的处理，亦可借鉴处理单信号的理论与方法。将时频变换理论应用于 AIS 重叠信号处理是本章的创新点。本书以时频变换中的短时傅立叶变换[55]（Short Time Fourier Transform，STFT）为例进行分析。

从对 AIS 信号进行 STFT 后得到的单信号时频投影图［图 5.1（a)］可以很容易地看出，图中曲线与 AIS 信号的瞬时频率曲线［图 5.1（b)］具有高的相似度，而瞬时频率又是码元通过高斯低通滤波后得到，于是联想到能否通过信号时频变换来得到信号瞬时调制频率，再解调得到码元信息呢？图 5.1 中的结果证明上述思路是可行的。

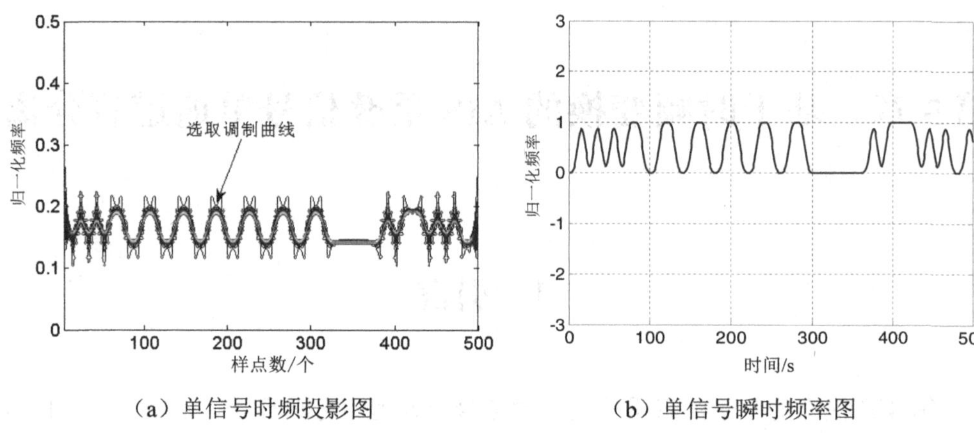

（a）单信号时频投影图　　（b）单信号瞬时频率图

图 5.1　单信号时频投影图与瞬时频率图

那么利用时频变换对两重叠信号进行分离是否也是可行的呢？本书对时频变换结果进行分析后发现：影响重叠信号分离的重要因素是频率差和功率差，尤其是频率差对分离性能的影响。基于此提出下面的分离思路：重叠信号经过时频变换后得到信号的时频投影图，然后从时频投影图上提取瞬时频率调制曲线；再对瞬时频率调制曲线进行码元同步与抽取，进而实现码元恢复。其中码元恢复可采用基于能量度量的码元同步与抽取算法。

本章主要内容结构如下：5.2 节为分离算法基本思想原理，主要包括连续短时傅立叶变换、瞬时调制频率曲线（等高线）的选取、码元同步与抽取判决；5.3 节为算法性能分析，主要包括解调频差及其计算、频率差和功率差影响；5.4 节为实验，主要包括误包率性能实验、算法运算时间实验；5.5 节为本章小结。

5.2　基于时频变换的重叠信号分离算法

短时傅立叶变换是信号处理中最常用的一种时频分析方法，是傅立叶变换的推广和深化，它通过时间窗内的一段信号来表示某一时刻的信号特征。窗越宽时间分辨率越差，反之频率分辨率越低。它与小波变换[147]、维格纳分布[148]都是常见的信号时频表示法。

5.2.1 短时傅立叶变换

令 $g(t)$ 是一个时间宽度很短的窗函数，它沿时间轴滑动，信号 $z(t)$ 的短时傅立叶变换定义为

$$\mathrm{STFT}_z(t,f)=\int_{-\infty}^{+\infty}[z(u)g^*(u-t)]\mathrm{e}^{-\mathrm{i}2\pi fu}\mathrm{d}u \tag{5.1}$$

式（5.1）中，*表示复数共轭。如果取无穷长的矩形窗函数 $g(t)=1$（对任意 t 都满足），则短时傅立叶变换退化为傅立叶变换。由于信号 $z(u)$ 乘一个相当短的窗函数 $g(u-t)$ 等价于取出信号在分析时间点 t 附近的一个切片，该切片形状与窗函数有关，所以短时傅立叶变换 $\mathrm{STFT}_z(t,f)$ 可以理解为信号 $z(t')$ 在分析时间 t 附近的傅立叶变换（称为局部频谱），先以单 AIS 信号分析为例，然后过渡到重叠信号的分离。短时傅立叶变换切片示意图如图 5.2 所示，图 5.2（a）为窗函数与切片示意图，图 5.2（b）为时频分布图。

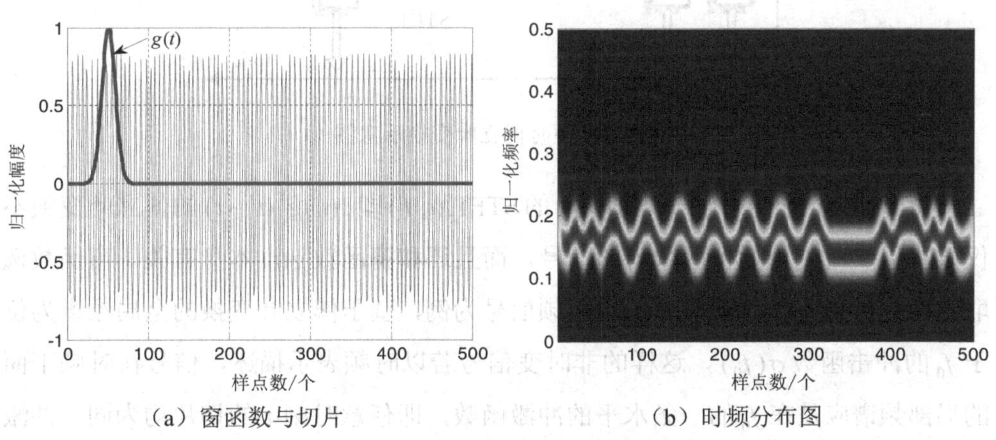

（a）窗函数与切片　　（b）时频分布图

图 5.2　短时傅立叶变换切片示意图

短时傅立叶变换是一种线性时频表示[55]，并具有频移不变性。函数 $\mathrm{STFT}_z(t,f)$ 可以看作是信号 $z(t)$ 与窗函数 $g(u)$ 的时间平移-频率调制形式 $g_{t,f}(u)$ 的内积，即

$$\mathrm{STFT}_z(t,f)=\left\langle z,g_{t,f}\right\rangle \tag{5.2}$$

式（5.2）中：

$$g_{t,f}(u)=g(u-t)\mathrm{e}^{\mathrm{i}2\pi fu} \tag{5.3}$$

$$\langle z, g_{t,f} \rangle = \int_{-\infty}^{+\infty} z(u) g_{t,f}^*(u) \mathrm{d}u \tag{5.4}$$

分析窗函数 $g(t)$ 可在平方可积空间即 $L^2(R)$ 空间内任意选择[55]。在实际应用中，$g(t)$ 是一个窄时间窗函数，以使得式（5.4）的积分仅受到 $z(t)$ 及附近值的影响，而 $g(t)$ 的傅立叶变换 $G(f)$ 也应是一个窄的函数，当窗函数取高斯函数即 $g(t)=\mathrm{e}^{-\pi t^2}$ 时，就表示高斯窗函数具有最好（最小）的时宽-带宽乘积。本节取高斯函数，其参数与 GMSK 信号调制滤波器相同，短时傅立叶变换示意图如图 5.3 所示。

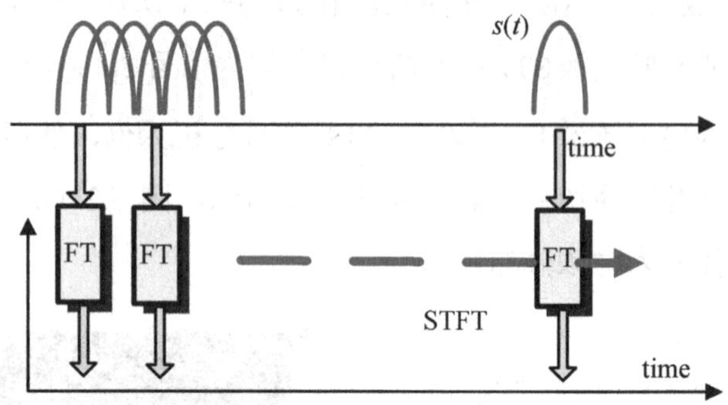

图 5.3　短时傅立叶变换示意图

短时傅立叶变换中，一定时刻 t 的 $\mathrm{STFT}_z(t,f)$ 即 $z(t')g^*(t'-t)$ 的傅立叶变换不仅取决于 t 时刻附近窗函数内的信号，而且还和窗函数 $g(t)$ 本身有关。窗函数选取定性分析如下：以频率为 f_0 的单频信号为例，基于傅立叶变换的全局频谱为位于 f_0 的冲击函数 $\sigma(f_0)$，这样的非时变信号若以时频表示描述，信号在时频平面的局部频谱应是在 f_0 的一条水平的冲激函数，即任意时刻 t 的切片均为同一冲激谱。按照式（5.1）求得的局部频谱等于 $G(f-f_0)\mathrm{e}^{\mathrm{i}2\pi ft}$，其中 $G(f)$ 代表分析窗函数 $g(t)$ 的频谱，因此单频信号的局部特征表现在相位因子 $\mathrm{e}^{\mathrm{i}2\pi ft}$ 里面，并且局部谱被频谱 $G(f)$ 展宽了，而且窗口越窄，频谱 $G(f)$ 就越宽，单频信号的局部频谱也就越宽。这说明，窗函数的引入会降低局部频谱的分辨率，为了保持局部频谱的分辨率，分析窗应该选择等效宽度。但是当窗宽超过非平稳信号的局部平稳长度时，窗函数内的信号将是非平稳的，又会使相邻的频谱重叠，不能正确表现局部频谱，所以窗宽应与信号的局域平稳长度相适应。STFT 具有频移不变性和在相差一个相位因子的范围内保持时间移位不变性的特点。

5.2.2 瞬时调制频率的选取

瞬时调制频率曲线与信号的瞬时频率具有高的相似度，而瞬时调制频率曲线又是码元通过高斯低通滤波后得到的，如果从短时傅立叶变换图上提取出瞬时调制频率曲线，那么恢复码元也可实现。根据短时傅立叶变换定义及相关性质，下面给出瞬时调制频率曲线（等高线）选取的详细方法。

对采集到的 AIS 重叠信号进行短时傅立叶变换，窗函数取 BT 值为 0.4 的高斯窗，窗长度为每个码元内的样点数的三倍，该窗长度与信号采样率有关，将重叠信号时频变换的结果记为 $\boldsymbol{A}$，$\boldsymbol{A}$ 为一矩阵。等高线来源于地理名词，此处定义为：在时频分布图上，绝对值相等的各点所连成的闭合曲线。等高线选取示意图如图 5.4 所示。

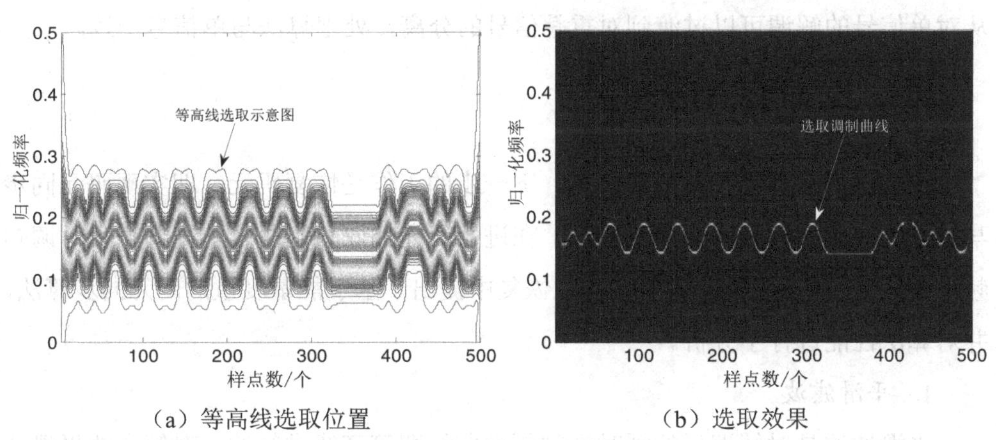

（a）等高线选取位置　（b）选取效果

图 5.4　等高线选取示意图

从图 5.4（a）可以看出，上面几条等高线形状相似，均可以认为是两重叠信号中载波频率较高信号的瞬时调制频率曲线，无论在时间轴还是频率轴上，噪声影响是随机的。因此，为提高正确解调率，可以多选取几条等高线，这样虽增加了运算量，但在实际运算中，只要有一条等高线通过校验，即可转为下一信号处理。值得注意的是，在存在噪声的条件下，信号等高线选取过程中会出现“多岛现象”和“断线现象”，这是由噪声的随机性和等高线步长引起的，因此必须对所取等高线进行平滑滤波处理。

等高线选取方法如下。

（1）取出 $\boldsymbol{A}$ 的最大值和最小值，进行如下计算：

$$\Delta v = [\max(\boldsymbol{A}) - \min(\boldsymbol{A})] / m \tag{5.5}$$

式中，m 为一整数，其值大小与信噪比有关，其取值在后面进行分析；Δv 的物理意义是等高线的选取值的间隔。等高线选取从最小值 $v = \min(\boldsymbol{A}) + \Delta v$ 开始。等高线选取条数也与信噪比有关，选取了 k 条等高线时其值可依次记为

$$vv = [1 \cdot v \ 1.5 \cdot v \ \ 2 \cdot v \ \ 2.5 \cdot v \ \ 3 \cdot v \ \ 3.5 \cdot v \ \ 4 \cdot v \cdots 2k \cdot v] \tag{5.6}$$

（2）解调解码，遍历式（5.6）所列等高线，可以根据信噪比不同调整等高线排列顺序，只要有一条等高线满足解调需求即可。在引言中已经描述，等高线的形状与信号解调后的瞬时频率曲线相似，经分析发现二者有一定的必然联系。从对单信号的解调可以过渡到对重叠信号的分离，处理算法与单信号一致。

5.2.3 码元同步与抽取判决

在取得瞬时调制频率曲线之后，下一步的工作是恢复码元，即实现码元同步与抽取判决。为提高码元恢复精度，在进行码元抽取与判决之前需要对瞬时调制频率曲线进行平滑滤波。本节在码元恢复中提出了基于能量度量的码元同步算法，并对算法性能进行了分析。

1. 平滑滤波

平滑滤波是对解调后的瞬时调制频率曲线即等高线进行的。对等高线平滑滤波的目的是去毛刺，使波形更加平滑。它采用下式所示的平滑加权均值滤波器[149]：

$$I(X_i) = \left[\sum_{j=1}^{N} \frac{\mu_{ji}}{\beta_j} I(X_j) \right] \Big/ \sum_{j=1}^{N} \frac{\mu_{ji}}{\beta_j} \tag{5.7}$$

式中，N 为当前滤波窗口内的采样点个数；X_i 为当前点（窗口中心点）；X_j 为其邻域点；$I(X_i)$、$I(X_j)$ 分别为 X_i、X_j 的采样值；μ_{ji} 为隶属度函数，表示相邻点 X_j

与中心点 X_i 的采样值兼容度，$0 \leqslant \mu_{ji} \leqslant 1$；$\beta_j$ 为尺度估计参数，反映当前点与其相邻点采样差值的变化；d_{ij} 表示点 X_i 与 X_j 间的差值。相应的表达式如下：

$$\beta_i = \frac{1}{N-1}\sum_{j=1}^{N} d_{ij}^2 \tag{5.8}$$

$$\mu_{ji} = \exp\left(\frac{-d_{ij}}{\beta_i}\right) \tag{5.9}$$

$$d_{ij} = \left|I(X_i) - I(X_j)\right| \tag{5.10}$$

μ_{ji} / β_j 为各邻域接点的权值，该权值随相邻点之间的差值变化而变化，性能优于固定值加权法，平滑加权均值滤波器可平滑高斯噪声并有效保护信号细节。首先滤波器采用指数形式平滑隶属度函数 μ_{ji}，更加符合噪声分布特点；其次 μ_{ji} 不仅反映了采样点之间的差值 d_{ij}，而且还反映出该采样点对其相邻点的可靠程度 β_i，因此 μ_{ji} 可以对采样点权值进行更好的优化，起到较好保护信号细节的作用。

2. 码元同步与抽取

为得到信号调制前的码元信息，得到信号基带波形后，再对基带信号进行同步与抽取判决以恢复码元信息，本节提出了基于能量度量的同步抽取算法，将基带信号根据采样率和码速率的比值分割成相同的段组合，再分别计算每个段内相应样点的能量度量，最后选择使能量度量最大时的样点集作为最优同步抽取样点，该样点集具有最大信噪比，弥补了过零检测法[150]和迟门早门法[151]存在的不足。

设 $g(t)$ 的离散信号形式为 $g(n)$，并令 $g(n) = [g(n_1), g(n_2), g(n_3), \cdots, g(n_k)]$，按照 $g(t)$ 中所表示的码元信息位数将基带信号分割为相同的段，f_s 为信号采样率，f_b 为码元速率，$M = f_s / f_b$ 为 $g(t)$ 中每比特信息占用的样点数，在采样率和码元速率一定的条件下，采样率为码元速率的整数倍，M 为定值，瞬时频率分割示意图如图 5.5 所示。

令 $L = (n_1, n_2, \cdots, n_k)$，其中，$k$ 表示 $g(n)$ 中码元信息位数，n_k 表示码元信息序号，n_k 中有 M 个样点。令 $num(k) = [n_k(1), n_k(2), \cdots, n_k(M)]$，$n_k(1)$ 表示 n_k 中的第 1 个样点。

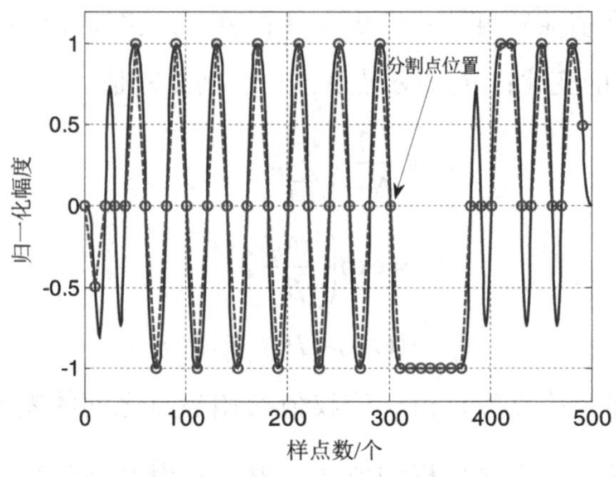

图 5.5　瞬时频率分割示意图

样点选取的能量度量定义为基带信号段内序号相同的样点的值的平方和，如图 5.6 所示，表达式如下：

$$\begin{cases} sum(1) = \sum_{1}^{k} n_i(1)^2 \\ \vdots \\ sum(k) = \sum_{1}^{k} n_i(k)^2 \end{cases} \tag{5.11}$$

$sum(i)$（$1 \leqslant i \leqslant k$）记为选取点的能量度量。

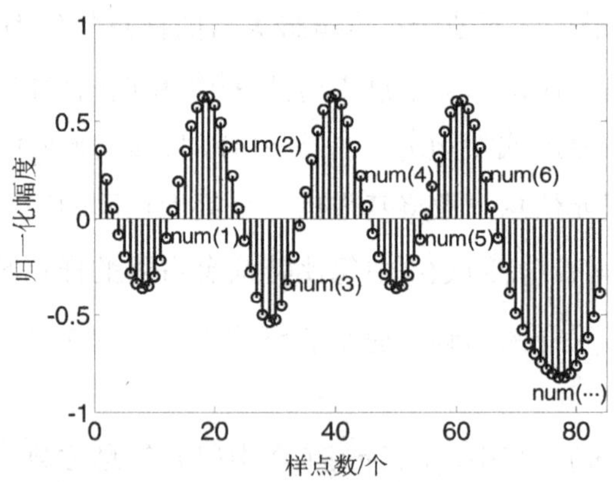

图 5.6　能量度量示意图（取前 80 个样点）

那么满足式 max[$sum(i)$] 的抽样点具有最大能量，即具有最大信噪比（max 表示取最大值），则该组抽样点是最优抽样点，码元同步与抽取效果如图 5.7 所示。

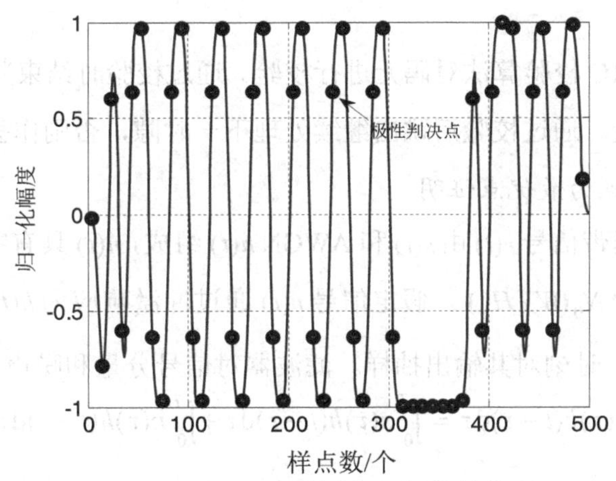

图 5.7　码元同步与抽取效果示意图

由于信号受噪声和同频道信号干扰影响，码元极性判决时，提出了采用多门限判决的思路。具体步骤如下。

（1）对解调后的基带波形求均方值，并根据经验值确定门限个数 n 与步长 $\Delta\upsilon$。这里选择 n=12，步长 $\Delta\upsilon=\delta/12$，δ 为归一化瞬时频率标准差。之后通过多次校验来达到降低误码率的目的，多门限判决示意图如图 5.8 所示。

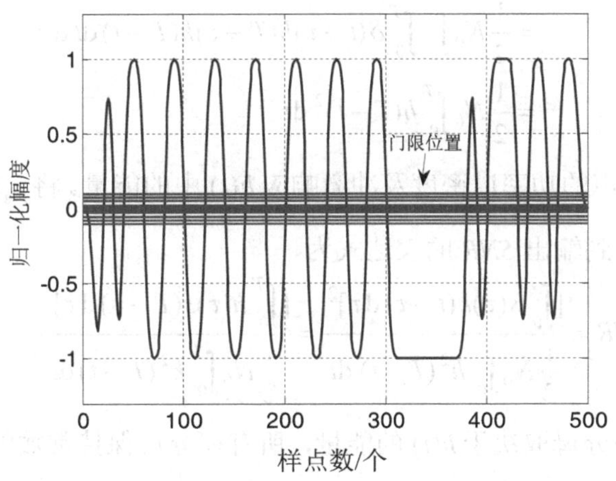

图 5.8　多门限判决示意图

（2）确定了门限个数与间隔之后，依次利用基于能量度量算法进行码元抽取与判决。

（3）采用 CRC 校验算法对码元进行校验。通过校验时结束判决；否则 CRC 纠错，再进行校验。通过校验后跳出继续处理下一时隙，否则作丢弃处理。

3. 最大度量点为最优点证明

假定解调后基带信号 $r(t)$ 由 $s(t)$ 和 AWGN $n(t)$ 组成，$n(t)$ 具有零均值及功率谱密度 $\Phi_{nn}(f)=1/2*N_0(W/H_z)$。假定信号 $r(t)$ 通过冲激响应为 $h(t)$（$0\leqslant t\leqslant T$）的滤波器，且在 $t=T$ 时刻对其输出抽样。滤波器对信号分量和噪声分量的响应为

$$y(t)=\int_0^T r(\tau)h(t-\tau)\mathrm{d}\tau=\int_0^T s(\tau)h(t-\tau)\mathrm{d}\tau+\int_0^T n(\tau)h(t-\tau)\mathrm{d}\tau \tag{5.12}$$

在抽样瞬时 $t=T$，信号和噪声分量是

$$y(T)=\int_0^T s(\tau)h(t-\tau)\mathrm{d}\tau+\int_0^T n(\tau)h(t-\tau)\mathrm{d}\tau=y_s(T)+y_n(T) \tag{5.13}$$

式（5.13）中，$y_s(T)$ 表示信号分量，$y_n(T)$ 表示噪声分量，SNR 定义为

$$SNR=\frac{y_s^2(T)}{E[y_n^2(T)]} \tag{5.14}$$

式（5.14）的分母就是滤波器输出端噪声项的方差。求 $E[y_n^2(T)]$ 的方法如下：

$$\begin{aligned}E[y_n^2(T)]&=\int_0^T\int_0^T E[n(\tau)n(t)]h(T-\tau)h(T-t)\,\mathrm{d}t\,\mathrm{d}\tau\\&=\frac{1}{2}N_0\int_0^T\int_0^T \delta(t-\tau)h(T-\tau)h(T-t)\,\mathrm{d}t\,\mathrm{d}\tau\\&=\frac{1}{2}N_0\int_0^T h(T-t)^2\,\mathrm{d}t\end{aligned} \tag{5.15}$$

该方差取决于噪声的功率谱密度及冲激响应 $h(t)$ 中的能量。将 $y_s(T)$ 和 $E[y_n^2(T)]$ 代入式（5.14），得到输出 SNR 的表达式为

$$SNR=\frac{[\int_0^T s(\tau)h(t-\tau)\,\mathrm{d}\tau]^2}{\frac{1}{2}N_0\int_0^T h^2(T-t)\,\mathrm{d}t}=\frac{[\int_0^T h(\tau)s(T-\tau)\,\mathrm{d}\tau]^2}{\frac{1}{2}N_0\int_0^T h^2(T-t)\,\mathrm{d}t} \tag{5.16}$$

因为 SNR 的分母取决于 $h(t)$ 的能量，所有在分母保持常数的条件下使分子最大化可以得到最大输出 SNR。分子最大化采用（Cauchy-Schwarz）不等式[111]计算，

即假设 $g_1(t)$、$g_2(t)$ 是有限能量信号，那么

$$[\int_{-\infty}^{+\infty} g_1(t)g_2(t)\mathrm{d}t]^2 \leqslant \int_{-\infty}^{+\infty} g_1(t)^2\mathrm{d}t\int_{-\infty}^{+\infty} g_2(t)^2\,\mathrm{d}t \tag{5.17}$$

如果设 $g_1(t)=h(t)$，且 $g_2(t)=s(T-t)$，当 $h(t)=Ch(T-t)$ 时，SNR 最大，C 为常数因子，即

$$SNR=\frac{2}{N_0}\int_0^T s^2(t)\mathrm{d}t = 2\varepsilon / N_0 \tag{5.18}$$

式中，ε 表示抽样点的能量。那么满足式 $\max[sum(i)]$ 的抽样点具有最大能量，即具有最大信噪比，则证明该组抽样点是最优抽样点。

5.3 算法性能分析

在两重叠信号存在一定频率差的条件下，即使两重叠信号功率相等，也能正确分离两信号，且解包误包率低于 20%，此时称两信号功率相等时的最小分离频率差为解调频差。本节首先给出解调频差的相关解释，其次推导解调频差求解算法并对其特性进行分析。

5.3.1 解调频差

根据傅立叶变换的原理及性质[55]，可得

$$y(k)=g(k)s(k) \tag{5.19}$$

$$g(k)=\frac{1}{2\pi}\int_{2\pi} G(\mathrm{e}^{\mathrm{i}\theta})\mathrm{e}^{\mathrm{i}\theta k}\mathrm{d}\theta \tag{5.20}$$

$$s(k)=\frac{1}{2\pi}\int_{2\pi} S(\mathrm{e}^{\mathrm{i}\theta})\mathrm{e}^{\mathrm{i}\theta k}\mathrm{d}\theta \tag{5.21}$$

其傅立叶变换分别是

$$Y(\mathrm{e}^{\mathrm{i}\Omega})=\sum_{k=-\infty}^{+\infty} y(k)\mathrm{e}^{-\mathrm{i}\Omega k}=\sum_{k=-\infty}^{+\infty} g(k)s(k)\mathrm{e}^{-\mathrm{i}\Omega k} \tag{5.22}$$

$$G(\mathrm{e}^{\mathrm{i}\Omega})=\sum_{k=-\infty}^{+\infty} g(k)\mathrm{e}^{-\mathrm{i}\Omega k} \tag{5.23}$$

$$S(\mathrm{e}^{\mathrm{i}\Omega})=\sum_{k=-\infty}^{+\infty}s(k)\mathrm{e}^{-\mathrm{i}\Omega k} \tag{5.24}$$

于是

$$Y(\mathrm{e}^{\mathrm{i}\Omega})=\frac{1}{2\pi}\int_{2\pi}G(\mathrm{e}^{\mathrm{i}\theta})S(\mathrm{e}^{\mathrm{i}(\Omega-\theta)})\mathrm{d}\theta \tag{5.25}$$

假设短时傅立叶变换的分析窗取高斯窗 $g(t)$，其表达式为

$$g(t)=\frac{1}{\sqrt{2\pi}\lambda}\exp\left[\left(-\frac{t^2}{2\lambda^2}\right)\right] \tag{5.26}$$

式中，λ 为高斯窗函数的滚降因子。GMSK 信号为恒模调制（Constant Modulus，CM）复信号，可以表示为

$$s(t;I)=A\mathrm{e}^{\mathrm{i}[2\pi f_c t+\phi(t;I)]} \tag{5.27}$$

式（5.27）中

$$\phi(t;I)=2\pi h\sum_{k=-\infty}^{+\infty}I_k q(t-kT) \tag{5.28}$$

序列 $\{I_n\}$ 中的每一个符号取 2 个电平值 $\{\pm 1\}$ 中的一个，这些符号是统计独立和同分布的，且具有先验概率：

$$P_n=P(I_k=n)\quad(n=\pm 1) \tag{5.29}$$

式（5.29）中，$\sum_n P_n=1$，脉冲 $g(t)=q'(t)$ 在$[0,LT]$区间外为零。当 $t<0$ 时，$q(t)=0$；当 $t>LT$ 时，$q(t)=0.5$。令等效低通信号 $s(t)=\mathrm{e}^{\mathrm{i}\phi(t;I)}$ 的频谱为 $\Phi_{\mathrm{ss}}(f)$，则中频复信号 $s_{\mathrm{c}}(t)=A_0\mathrm{e}^{\mathrm{i}[2\pi f_c t+\phi(t;I)]}$ 的频谱为 $\Phi_{\mathrm{ssc}}(f)=A_0\Phi_{\mathrm{ss}}(f-f_{\mathrm{c}})$。

利用傅立叶变换性质，对加高斯窗函数的等效低通信号 $s(t)=A_0\mathrm{e}^{\mathrm{i}\phi(t;I)}$ 的频谱进行推导，相乘后表达式为

$$s_{\mathrm{gmsk}}(t)=g(t)s(t)=\frac{1}{\sqrt{2\pi}\lambda}\exp\left[\mathrm{i}\left(-\frac{t^2}{2\lambda^2}\right)\right]A_0\mathrm{e}^{\mathrm{i}\phi(t;I)} \tag{5.30}$$

在短时傅立叶变换的一个切片内，即以 t 时刻为中心的$[0,3T]$范围内样点为处理对象，如图 5.3 中所表示，那么其傅立叶变换为

$$
\begin{aligned}
F(\omega) &= \int_{-\infty}^{+\infty} s_{\text{gmsk}}(t)\,\mathrm{e}^{(-\mathrm{i}\omega t)}dt = \int_{-\infty}^{+\infty} g(t)s(t)\,\mathrm{e}^{(-\mathrm{i}\omega t)}\,\mathrm{d}t \\
&= \int_{-\infty}^{+\infty} \frac{1}{\sqrt{2\pi}\lambda}\mathrm{e}^{(-\frac{t^2}{2\lambda^2})} A_0 \mathrm{e}^{\mathrm{i}\phi(t;I)}\,\mathrm{e}^{(-\mathrm{i}\omega t)}\,\mathrm{d}t \\
&= \int_{0}^{3T} \frac{A_0}{\sqrt{2\pi}\lambda}\mathrm{e}^{(-\frac{t^2}{2\lambda^2})}\,\mathrm{e}^{\mathrm{i}\phi(t;I)}\,\mathrm{e}^{(-\mathrm{i}\omega t)}\,\mathrm{d}t \\
&= \frac{A_0}{\sqrt{2\pi}\lambda}\int_{0}^{3T} \mathrm{e}^{(-\frac{t^2}{2\lambda^2})}[\cos(\phi(t,I)-\omega t)+\mathrm{i}\sin(\phi(t,I)-\omega t)]\mathrm{d}t
\end{aligned} \tag{5.31}
$$

序列$\{I_n\}$中的每一个符号取2个电平值$\{\pm 1\}$中的一个，此处不影响积分结果，可以省去，再利用$\int x\mathrm{e}^{\alpha x}\mathrm{d}x = \frac{\alpha x-1}{\alpha^2}\mathrm{e}^{\alpha x}+c$的积分结果，令$t^2=\xi$，那么$\xi$的取值范围为$[0,9T^2]$，$F(\omega)$的实部和虚部分别为

$$
\begin{aligned}
\mathrm{Re}(F(\omega)) &= \frac{A_0}{\sqrt{2\pi}\lambda}\frac{-\frac{1}{2\lambda^2}\frac{1}{2}\xi^{-1/2}\cos(\phi(\xi^{1/2})-\omega\xi^{1/2})-1}{\frac{1}{4\lambda^4}}\mathrm{e}^{-\frac{1}{2\lambda^2}\frac{1}{2}\xi^{-1/2}\cos(\phi(\xi^{1/2})-\omega\xi^{1/2})}\Bigg|_{0}^{9T^2} \\
&= \frac{A_0}{\sqrt{2\pi}\lambda}[-\lambda^2\xi^{-1/2}\cos(\phi(\xi^{1/2})-\omega\xi^{1/2})-4\lambda^4]\mathrm{e}^{-\frac{1}{4\lambda^2}\xi^{-1/2}\cos(\phi(\xi^{1/2})-\omega\xi^{1/2})}\Bigg|_{0}^{9T^2} \\
&= \frac{A_0}{\sqrt{2\pi}\lambda}[-\lambda^2\frac{1}{3T}\cos(\phi(3T)-3\omega T)-4\lambda^4]\mathrm{e}^{-\frac{1}{3T4\lambda^2}\cos(\phi(3T)-3\omega T)}
\end{aligned} \tag{5.32}
$$

其中

$$
\begin{aligned}
&\lim_{\xi\to 0}\frac{A_0}{\sqrt{2\pi}\lambda}[-\lambda^2\xi^{-1/2}\cos(\phi(\xi^{1/2})-\omega\xi^{1/2})-4\lambda^4]\mathrm{e}^{-\frac{1}{4\lambda^2}\xi^{-1/2}\cos(\phi(\xi^{1/2})-\omega\xi^{1/2})} \\
&= \lim_{\xi\to 0}\frac{A_0}{\sqrt{2\pi}\lambda}[-\lambda^2\xi^{-1/2}-4\lambda^4]\mathrm{e}^{-\frac{1}{4\lambda^2}\xi^{-1/2}} = 0
\end{aligned} \tag{5.33}
$$

$$
\begin{aligned}
\mathrm{Im}(F(\omega)) &= \frac{A_0}{\sqrt{2\pi}\lambda}\frac{-\frac{1}{2\lambda^2}\frac{1}{2}\xi^{1/2}\sin(\phi(\xi^{1/2})-\omega\xi^{1/2})-1}{\frac{1}{4\lambda^4}}\mathrm{e}^{-\frac{1}{2\lambda^2}\frac{1}{2}\xi^{1/2}\sin(\phi(\xi^{1/2})-\omega\xi^{1/2})}\Bigg|_{0}^{9T^2} \\
&= \frac{A_0}{\sqrt{2\pi}\lambda}[-\lambda^2\xi^{1/2}\sin(\phi(\xi^{1/2})-\omega\xi^{1/2})-4\lambda^4]\mathrm{e}^{-\frac{1}{4\lambda^2}\xi^{1/2}\sin(\phi(\xi^{1/2})-\omega\xi^{1/2})}\Bigg|_{0}^{9T^2}
\end{aligned}
$$

$$=\frac{A_0}{\sqrt{2\pi}\lambda}[-\lambda^2\frac{1}{3T}\sin(\phi(3T)-3\omega T)-4\lambda^4]\mathrm{e}^{-\frac{1}{3T4\lambda^2}\sin(\phi(3T)-3\omega T)} \tag{5.34}$$

那么

$$\begin{aligned}F(\omega)&=\mathrm{Re}(F(\omega))+\mathrm{i}\,\mathrm{Im}(F(\omega))\\&=\frac{A_0}{\sqrt{2\pi}\lambda}[-\lambda^2\frac{1}{3T}\cos(\phi(3T)-3\omega T)-4\lambda^4]\mathrm{e}^{-\frac{1}{3T4\lambda^2}\cos(\phi(3T)-3\omega T)}+\\&\quad \mathrm{i}\frac{A_0}{\sqrt{2\pi}\lambda}[-\lambda^2\frac{1}{3T}\sin(\phi(3T)-3\omega T)-4\lambda^4]\mathrm{e}^{-\frac{1}{3T4\lambda^2}\sin(\phi(3T)-3\omega T)}\end{aligned} \tag{5.35}$$

$$\begin{aligned}|F(\omega)|^2&=(\frac{A_0}{\sqrt{2\pi}\lambda}[-\lambda^2\frac{1}{3T}\cos(\phi(3T)-3\omega T)-4\lambda^4]\mathrm{e}^{-\frac{1}{3T4\lambda^2}\cos(\phi(3T)-3\omega T)})^2+\\&\quad(\frac{A_0}{\sqrt{2\pi}\lambda}[-\lambda^2\frac{1}{3T}\sin(\phi(3T)-3\omega T)-4\lambda^4]\mathrm{e}^{-\frac{1}{3T4\lambda^2}\sin(\phi(3T)-3\omega T)})^2\end{aligned} \tag{5.36}$$

在 $F(\omega)$ 中，取高斯滤波器滚降系数 $\lambda=1/2$，$A_0=1$，又由于 $\phi(3T)=\pi/2$，式（5.32）可以简化为

$$\begin{aligned}\mathrm{Re}(F(\omega))&=\frac{-A_0}{\sqrt{2\pi}\lambda}[\frac{\lambda^2}{3T}\cos(\frac{\pi}{2}-3\omega T)+4\lambda^4]\mathrm{e}^{-\frac{1}{3T4\lambda^2}\cos(\frac{\pi}{2}-3\omega T)}\\&=\frac{-A_0}{\sqrt{2\pi}}[\frac{1}{12T}\sin(3\omega T)+\frac{1}{4}]\mathrm{e}^{\frac{1}{-3T}\sin(3\omega T)}\\&=\frac{-1}{12\sqrt{2\pi}T}\sin(3\omega T)\mathrm{e}^{\frac{1}{-3T}\sin(3\omega T)}+\frac{-1}{4\sqrt{2\pi}}\mathrm{e}^{\frac{1}{-3T}\sin(3\omega T)}\end{aligned} \tag{5.37}$$

同理，式（5.34）可以简化为

$$\begin{aligned}\mathrm{Im}(F(\omega))&=\frac{-A_0}{\sqrt{2\pi}\lambda}[\frac{\lambda^2}{3T}\sin(\frac{\pi}{2}-3\omega T)+4\lambda^4]\mathrm{e}^{-\frac{1}{3T4\lambda^2}\sin(\frac{\pi}{2}-3\omega T)}\\&=\frac{-A_0}{\sqrt{2\pi}}[\frac{1}{12T}\cos(3\omega T)+\frac{1}{2}]\mathrm{e}^{\frac{1}{-3T}\cos(3\omega T)}\\&=\frac{-A_0}{\sqrt{2\pi}}\frac{1}{12T}\cos(3\omega T)\mathrm{e}^{\frac{1}{-3T}\cos(3\omega T)}+\frac{-A_0}{\sqrt{2\pi}}\frac{1}{2}\mathrm{e}^{\frac{1}{-3T}\cos(3\omega T)}\\&=\frac{-1}{12\sqrt{2\pi}T}\cos(3\omega T)\mathrm{e}^{\frac{1}{-3T}\cos(3\omega T)}+\frac{-1}{2\sqrt{2\pi}}\mathrm{e}^{\frac{1}{-3T}\cos(3\omega T)}\end{aligned} \tag{5.38}$$

$$|F(\omega)|^2=(\frac{-1}{12\sqrt{2\pi}T}\sin(3\omega T)\mathrm{e}^{\frac{1}{-3T}\sin(3\omega T)}+\frac{-1}{4\sqrt{2\pi}}\mathrm{e}^{\frac{1}{-3T}\sin(3\omega T)})^2+\\(\frac{-1}{12\sqrt{2\pi}T}\cos(3\omega T)\mathrm{e}^{\frac{1}{-3T}\cos(3\omega T)}+\frac{-1}{2\sqrt{2\pi}}\mathrm{e}^{\frac{1}{-3T}\cos(3\omega T)})^2 \tag{5.39}$$

假设混合信号有两个信号叠加而成，功率差为 0，两信号具有频率差 ΔF，利用傅立叶变化的线性叠加原理，那么

$$as_1(n)+bs_2(n)\leftrightarrow aF_1(\omega)+bF_2(\omega) \tag{5.40}$$

$$\begin{aligned}aF_1(\omega_1)+bF_2(\omega_2)&=\mathrm{Re}(aF_1(\omega_1)+bF_2(\omega_2))+\mathrm{i}\,\mathrm{Im}(aF_1(\omega_1)+bF_2(\omega_2))\\&=\frac{a}{\sqrt{2\pi}\lambda}[-\lambda^2\frac{1}{3T}\cos(\phi(3T)-3\omega_1T)-4\lambda^4]\mathrm{e}^{-\frac{1}{3T4\lambda^2}\cos(\phi(3T)-3\omega_1T)}+\\&\quad\frac{b}{\sqrt{2\pi}\lambda}[-\lambda^2\frac{1}{3T}\cos(\phi(3T)-3\omega_2T)-4\lambda^4]\mathrm{e}^{-\frac{1}{3T4\lambda^2}\cos(\phi(3T)-3\omega_2T)}+\\&\quad\mathrm{i}\frac{a}{\sqrt{2\pi}\lambda}[-\lambda^2\frac{1}{3T}\sin(\phi(3T)-3\omega_1T)-4\lambda^4]\mathrm{e}^{-\frac{1}{3T4\lambda^2}\sin(\phi(3T)-3\omega_1T)}+\\&\quad\mathrm{i}\frac{b}{\sqrt{2\pi}\lambda}[-\lambda^2\frac{1}{3T}\sin(\phi(3T)-3\omega_2T)-4\lambda^4]\mathrm{e}^{-\frac{1}{3T4\lambda^2}\sin(\phi(3T)-3\omega_2T)}\end{aligned} \tag{5.41}$$

显然，$F(\omega)$ 表示信号在时间段 $[0,3T]$ 内能量随频率 ω 的分布函数（滑动窗函数），同时利用线性叠加原理，得到重叠信号时频分布图，由于窗函数相同，不考虑码元组合对能量衰减的影响，信号在一个切片内的衰减规律一致，如图 5.9 所示。

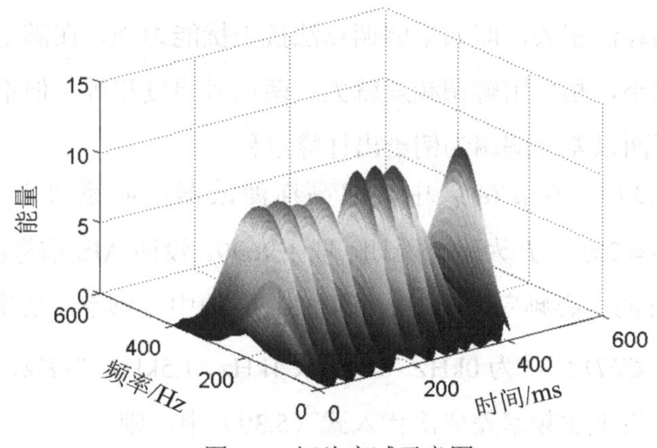

图 5.9　切片衰减示意图

沿图 5.9 纵轴取一列可以得到图 5.10，由于重叠信号存在一定的频率差，当频率差增大到一定值时，沿图的纵切面的切线将使两信号的能量差逐渐增大，等增大到可以满足单信号解调条件时，比如一比特差分解调算法最小为 8.5dB，即可实现重叠信号分离。

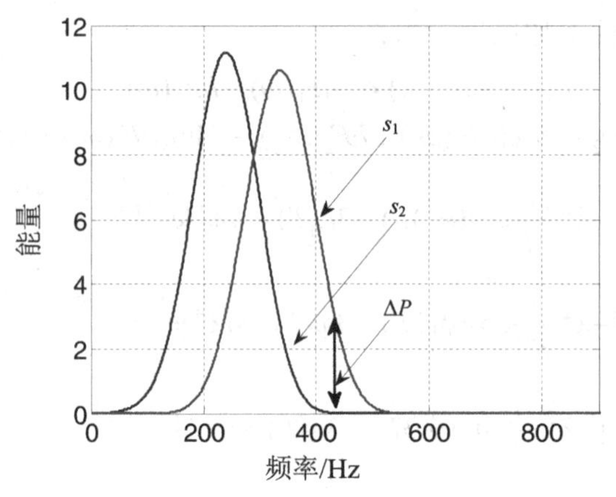

图 5.10 解调频差示意图

5.3.2 解调频差的计算

在解调频差的存在性得到证明之后，本节主要内容是解调频差的计算和对其特性进行分析。在 5.3.1 节中，证明了解调频差的存在性，其最小频差值与恢复瞬时频率后的解调算法相关，即如果解调算法抗干扰能力强，在满足误包率的前提下，解调频差就小，相反则解调频差就大。两信号幅度相等，但不是在每一频点幅度都相等。下面以差分解调为例给出计算过程。

根据式（5.39），在 $|F(\omega)|^2$ 中，取高斯滤波器滚降系数 $\lambda=1/2$，又由于 $\phi(3T)=\pi/2$，$\omega=2\pi f$，T 为码元周期，取 1/9600。设两 AIS 信号源 $s_1(n)$、$s_2(n)$ 幅度相同，$s_1(n)$ 的中心频率为 5kHz，调整 $s_2(n)$ 的中心频率，依次增大 0.5kHz，使两信号频率差 *CFD* 依次为 0kHz、0.5kHz、1kHz、1.5kHz、2kHz、2.5kHz、3kHz、3.5kHz、4kHz，将上述频率差依次代入式（5.39）中，则

$$\left|F(\omega)\right|^2 = \left(\frac{-1}{12\sqrt{2\pi}T}\sin(3\omega T)\mathrm{e}^{\frac{1}{-3T}\sin(3\omega T)} + \frac{-1}{4\sqrt{2\pi}}\mathrm{e}^{\frac{1}{-3T}\sin(3\omega T)}\right)^2 + \left(\frac{-1}{12\sqrt{2\pi}T}\cos(3\omega T)\mathrm{e}^{\frac{1}{-3T}\cos(3\omega T)} + \frac{-1}{4\sqrt{2\pi}}\mathrm{e}^{\frac{1}{-3T}\cos(3\omega T)}\right)^2 \tag{5.42}$$

由短时傅立叶变换的定义和5.2.2节的分析可知，GMSK信号经短时傅立叶变换后，其时频图表示各码元经过高斯低通滤波后生成波形的累加，即 GMSK 信号的瞬时调频曲线。由于不同码元经过高斯低通滤波后的衰减规律一致，因此，两重叠信号在时域重叠且存在频率差的条件下，可以认为是同一码元信号在不同频率点发生偏移的结果，图 5.11 所示为频率差与功率差的关系图。计算出图 5.11 中交叉点，然后往交叉点右侧依次遍历计算功率差范围，从而解出对应的解调频差。令$\Delta P = \left|F(\omega+\Delta\omega)\right|^2 - \left|F(\omega)\right|^2$，取当$\left|F(\omega+\Delta\omega)\right|^2 = \left|F(\omega)\right|^2$时，$\omega$右侧的频率值。但当步长较小时，遍历搜索算法运算量较大，可以采用文献[152]提出的快速求解最优化算法。

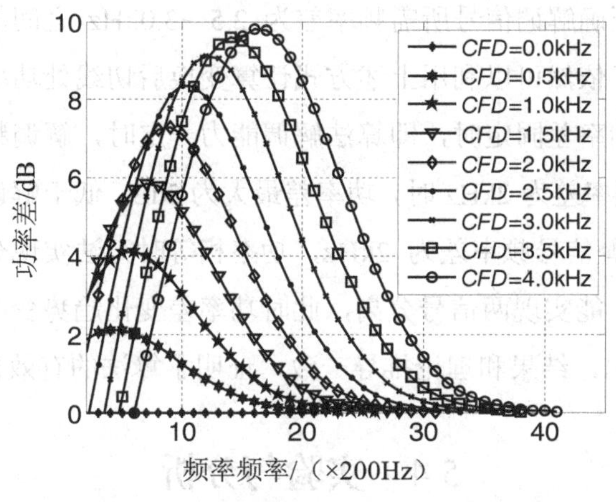

图 5.11　频率差与功率差的关系图

实验条件：两台AIS标准发射机分别发射的单信号解调后获得的256比特码元。码元速率：$f_b = 9600\text{bps}$；采样率：$f_s = 10 \times f_b = 96000\text{bps}$；实验次数：$m$=1000；信噪比：$SNR$=13dB。实验结果如图 5.11 和表 5.1 所示。图 5.11 中：载频差（Carrier Frequency Difference，CFD）表示两重叠信号中心频率差；$\Delta P = P_1 - P_2$表示两信号在某一频率点的功率差；步进频率表示频率递增值的大小，即步长。

表 5.1 图 5.11 对应的表

CFD/kHz	Δ*P* 范围/dB
0.0	[0 0.0]
0.5	[0 2.12]
1.0	[0 4.11]
1.5	[0 5.86]
2.0	[0 7.30]
2.5	[0 8.38]
3.0	[0 9.13]
3.5	[0 9.59]
4.0	[0 9.82]

图 5.11 为 *SNR*=13dB 时，频率差 *CFD*（kHz）与功率差的关系图，由文献[70,71]可知，单个信号正确解调所需两信号功率差为 8.5dB。由表 5.1 可以看出，在源信号功率相同时，正确解调信号所需频率差为 2.5～3.0kHz 之间的某一值。当两源信号功率不同时，依然可以利用上述方式计算变换后切线处功率差范围，进而得到解调频差。在功率差固定时，即算法解调能力一定时，解调频差也可以计算出来，当重叠信号频率差为 2kHz 时，功率差最大为 5dB，低于解调所需最小功率差 8.5dB，因此在重叠信号频率差为 2kHz，功率相等时无法实现分离，当频率差大于等于 3kHz 时，能实现两信号分离，此时功率差变化趋势变缓，直到固定值。从图 5.11 可以看出，结果和理论推导一致，证明了算法的有效性。

5.4 实验与分析

本小节将通过实验验证时频分析算法的性能。5.4.1 节验证了基于能量度量的码元同步与抽取算法的性能；5.4.2 验证时频分析算法的分离解调性能。

5.4.1 码元同步与抽取算法的性能

为了对算法效果进行评估，用解码误码率来衡量算法性能。本节首先给出本书算法与过零检测算法、迟门早门算法在高斯白噪声中的性能对比结果，然后给出有相同调制方式信号干扰情况下的误码率效果对比图，其中基带波形由时频调制曲线得到。

1. AWGN 中的解码性能比较

假设接收到的信号有如下形式：

$$r(t)=s(t)+n(t) \tag{5.43}$$

其中，$s(t)$ 是 GMSK 解调后的基带信号；$n(t)$ 是高斯白噪声。参数：码元速率 $f_{\mathrm{b}}=9600\mathrm{b/s}$，采样率 $f_{\mathrm{s}}=96\mathrm{kHz}$，每帧 256 比特。计算 1000 帧的误码率，三种算法误码率的比较效果如图 5.12 所示。

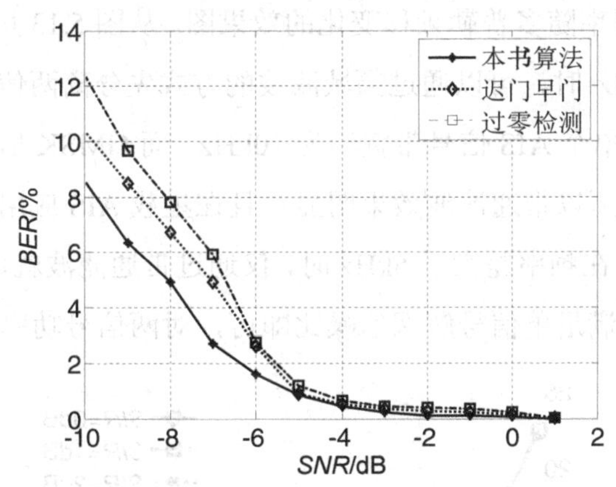

图 5.12　三种算法误码率的比较效果图

图 5.12 为本书算法与迟门早门算法、过零检测算法在相同条件下的误码率比较效果。从图 5.12 中可以看出三种算法的误码率均随着信噪比的增大而降低。在信噪比低于–5dB 时，本书算法的误码率比其他两种算法的低 2～4 个百分点。在信噪比高于–4dB 时，三种算法的误码率逐渐一致，这也说明在低信噪比条件下，本书算法优于迟门早门算法和过零检测算法。

2. 干扰条件下性能分析

假设两个星载 AIS 信号发生重叠，接收到的信号具有如下形式：

$$s(t)=a_1\cdot\exp[\mathrm{i}\varphi_{01}(t)+2\pi f_1(t)]+a_2\cdot\exp[\mathrm{i}\varphi_{02}(t)+2\pi f_2(t)] \tag{5.44}$$

式中，a_1、a_2 表示信号幅度；φ_{01}、φ_{02} 表示信号相位；f_1、f_2 表示信号载波频率。

将式（5.44）去掉载频后得到

$$s(t)=a_1\cdot\exp[\mathrm{i}\varphi_{01}(t)]+a_2\cdot\exp[\mathrm{i}\varphi_{02}(t)+2\pi\,\Delta f(t)] \tag{5.45}$$

$\Delta f(t)=f_1(t)-f_2(t)$ 是由于卫星相对于船舶高速运动产生的多普勒频移，以运行轨道高度为 800km 的低轨卫星为例，Δf 范围在±4KHz。为便于分析，这里再给出信干比的定义：$SIR=10\log(P_{\mathrm{s}}/P_{\mathrm{I}})$，其中，$P_{\mathrm{s}}$ 表示信号功率，P_{I} 表示干扰功率。根据第 2 章的分析结论，在两信号时域频域重叠时，信噪比范围为 5～25dB，影响解调效果的两个重要因素是信干比和多普勒频移（*CFD*，等同于中心频率差），信噪比的影响已经在上节中给出，本节设定信噪比为 15dB。

图 5.13 为误码率随多普勒频移变化的效果图。从图 5.13 可以看出，两重叠信号频率差大于 5kHz 时，可以通过频域滤波的方式先分离两信号，然后再进行解调解码，这是由于单个 AIS 信号带宽约为 10kHz，而 GMSK 信号又具有很好的频谱旁瓣抑制能力，所以带通滤波效果明显，且在星载 AIS 应用背景中，两信号频率差最大为 8kHz，在频率差大于 5kHz 时，仅通过带通滤波就可以实现信号分离，此时对弱信号仅需满足单信号解调信噪比即可，对两信号功率差没有严格要求。

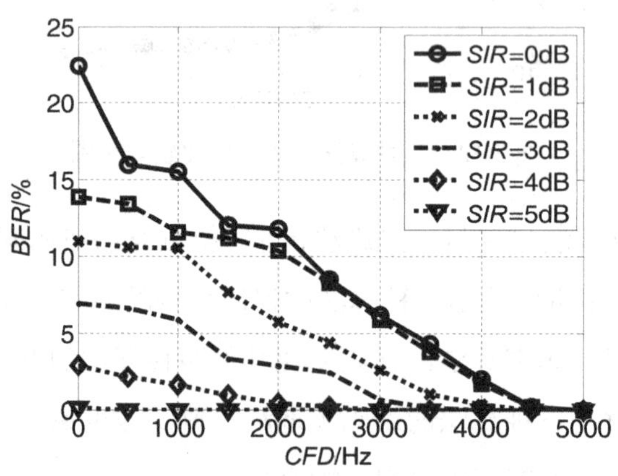

图 5.13　误码率随多普勒频移变化的效果图

图 5.14 为误码率随信干比的变化图。从图 5.14 可以看出，两重叠信号的功率差大于 5dB 时，可以通过直接解调方式先得到大功率信号码元，再由估计出的信

号参数恢复大信号，之后从混合信号中对消该信号，从而恢复弱信号。在此条件下，弱信号被看作干扰，对信号频率差没有要求。

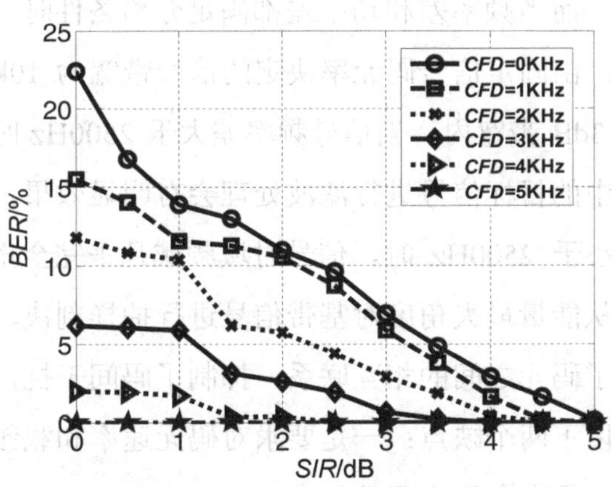

图 5.14　误码率随信干比的变化图

为便于说明，以信干比为 0dB 和 1dB 为例进行效果分析。信干比固定时误码率随频率差变化效果如图 5.15、图 5.16 所示，图中频率差变化范围是 0～5000Hz，步长设为 500Hz。当信干比为 2～5dB 时，结论相同。

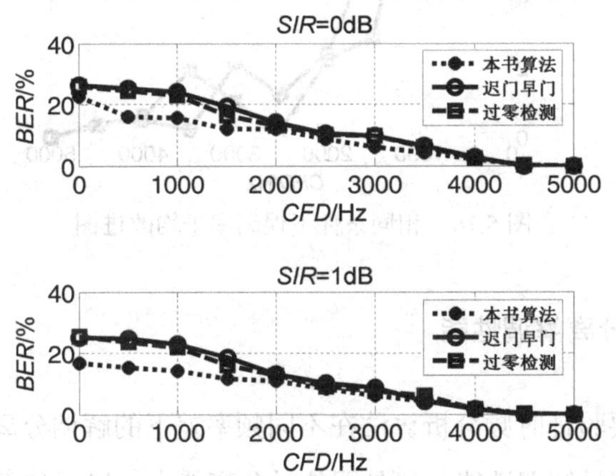

图 5.15　信干比为 0dB 和 1dB 时频率差变化效果对比图

从图 5.15 和图 5.16 可以看出，信干比固定时，频率差较大时误码率低。在频差小于 2000Hz 时，本书算法比迟门早门和过零检测误码率降低约 6%。由图 5.16

可以看出，在 *CFD* 大于 2500Hz 时，本书算法的误码率平均降低约 2%。而随着频率差的增大，本书算法的误码率改进量呈下降趋势，但总体上优于过零检测算法和迟门早门算法。而当频率差和功率差都满足分离条件时三种算法的效果趋于一致。主要原因是：由固定信号码元率决定的信号带宽为 10kHz，如前所述，信号能量主要集中在 3dB 带宽内，当信号频率差大于 2500Hz 时，设计合理的带通滤波器对重叠信号中的目标信号进行滤波处理会有明显效果，从而本质上提高了信干比，而频率差小于 2500Hz 时，信号时域频域几乎完全重叠，因此滤波效果不明显。本书算法从能量最大角度对基带信号进行抽样判决，判决点均具有最大信干比，同时利用了码元之间的相互联系，抑制了码间干扰，因此是最优的。本书算法在应用中有以下两个缺点：一是要求对码元速率和载频估计精度较高；二是对带通滤波器截止频率有严格要求。

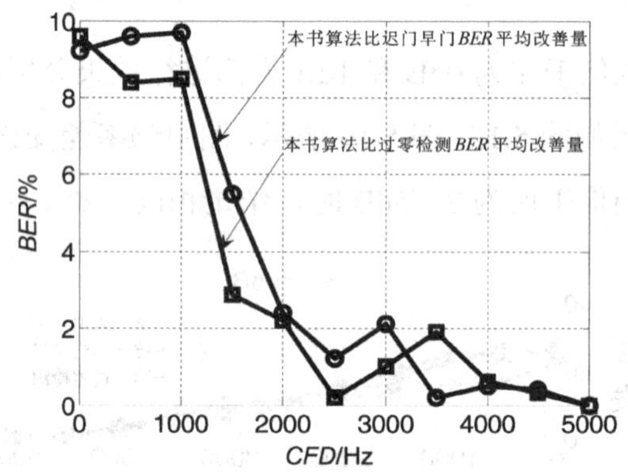

图 5.16　相同条件下误码率平均改进图

5.4.2　算法分离解调性能

本次实验主要验证时频分析算法在不同频率差下的解调分离性能，主要包括两个方面：一是强信号解调性能；二是弱信号分离能力。以误包率来衡量解调效果。

1. 强信号解调性能

本次仿真主要用于验证时频分析算法对强信号解调性能，首先给出仿真条件。调制类型：GMSK；仿真参数：L=0.3，h=0.5，T=1/9600，BT=0.4；采样率 96kHz；

信号环境：两重叠信号 $s(t)=s_1(t)+s_2(t)$，$s_1(t)$ 为目标解调信号；*SIR* 表示信干比，此处等同于功率差；*SNR* 表示信噪比，实验中取 15dB；*PER* 表示误包率。设信号时域完全重叠，采用时频分析解调算法，解 500 包数据，统计误包率，实验结果如图 5.17 所示。其中频率差 $\Delta f(t) \leqslant 1.5\text{kHz}$，*SNR*=15dB，实验统计次数为 500。

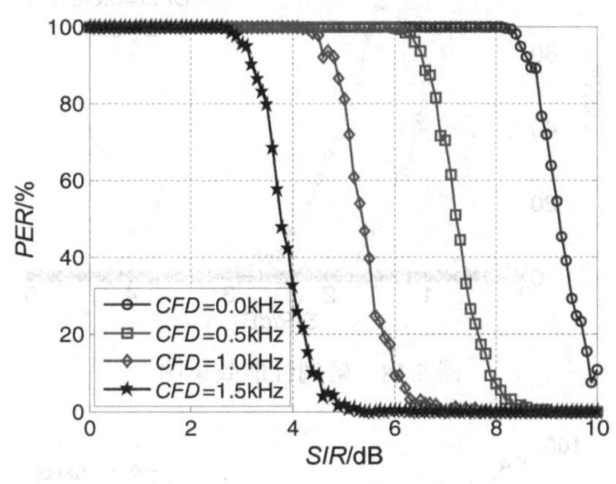

图 5.17 解调性能效果图

从图 5.17 可以看出，当重叠信号频率差小于 2kHz 时，在误包率低于 20%的条件下，该算法正确解调强信号性能如下：0kHz 时，*SIR*≥9.5dB；0.5kHz 时，*SIR*≥8.0dB；1kHz 时，*SIR*≥6.0dB；1.5kHz 时，*SIR*≥4.5dB；2kHz 时，*SIR*≥2.8dB，与其他算法的对比将在 5.4.3 中给出。图 5.18、图 5.19 给出重叠信号频率差大于等于 2kHz 时的解调误包率性能效果图。其中，频率差 $\Delta f(t) \geqslant 2\text{kHz}$，*SNR*=15dB，实验统计次数为 500 次。

从图 5.18 可以看出，当重叠信号频率差在 2.5～3kHz 之间时，算法解调性能出现“拐点”，即在频率差等于 2.5kHz 时，要使误包率低于 20%，所需信干比最小为 1.5dB；而在频率差等于 3kHz 时，要使误包率低于 20%，信干比为 0dB，此时两重叠信号功率相等。那么在 2.5～3kHz 之间，肯定会有一解调频率差出现，证明了解调频率差的合理性。将 2.5～3kHz 之间的频率差进行细化，可得图 5.19。

从时频分析解调算法效果细化图可以看出，当两重叠信号频率差≥2.8kHz 时，正确解调出大信号所需要最小信干比为 0dB。即在频率差为 2.8kHz、信干比为 0dB

时，能实现两信号分离。也可以认为在 *SNR*=15dB 时，针对时频域重叠信号解调频率差为 2.8kHz 的情况，实验结果与理论分析一致。

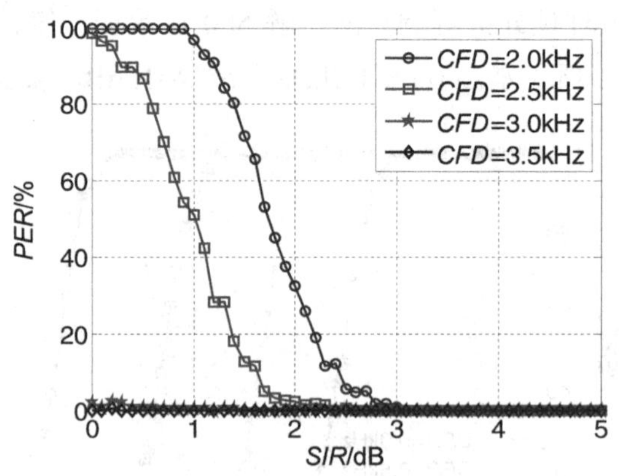

图 5.18　解调性能效果图

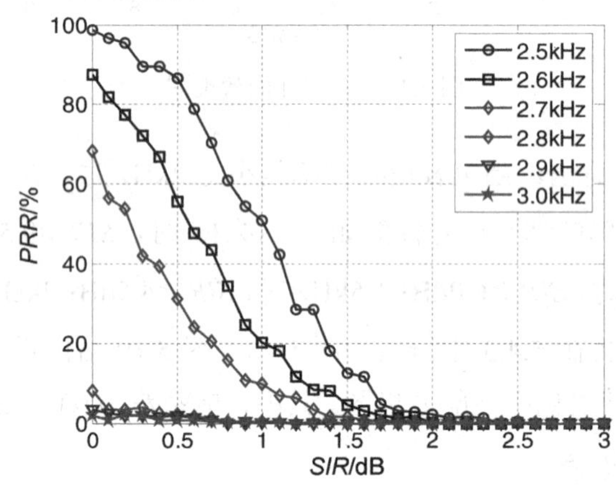

图 5.19　解调算法效果细化图

2. 弱信号解调性能

本实验主要验证算法分离弱信号误包率性能。从“1. 强信号解调性能”中的实验效果可知，当两信号频率差小于 2kHz 时，时频变换算法与联合差分解调相比解调误包率性能并不占优势，可以认为时频分析主要可用于解决频率差大于 2kHz 时的两重信号重叠。下面给出频率差大于 2kHz 时弱信号的分离性能，实验条件同“1. 强信号解调性能”，弱信号解调效果如图 5.20 所示。

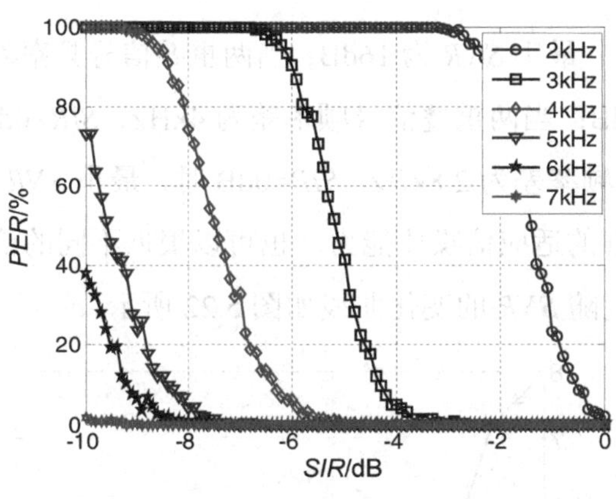

图 5.20 弱信号解调效果图

从图 5.20 可以看出，两重叠信号频率差为 2kHz 时，弱信号解包误包率低于 20%时所需的最小 *SIR* 为–1dB；3kHz 时，–4dB；4kHz 时，–6dB；5kHz 时，–8dB；6kHz 时，–9dB；7kHz 时，–10dB。因此时频变换解调算法具有很强的弱信号分离能力。

3. 适应信噪比性能

本次实验以分离中的几组典型频率差和功率差进行适应信噪比性能分析。信噪比变化范围为 5～25dB，仿真次数为 500，以误包率为统计标准，*CFD* 表示两重叠信号之间中心频率差，*SIR* 表示两信号功率差。其中，*CFD*=2kHz、*SIR*=1.3dB 和 *CFD*=2kHz、*SIR*=3dB 两种情况为解调强信号误包率。实验结果如图 5.21 所示。

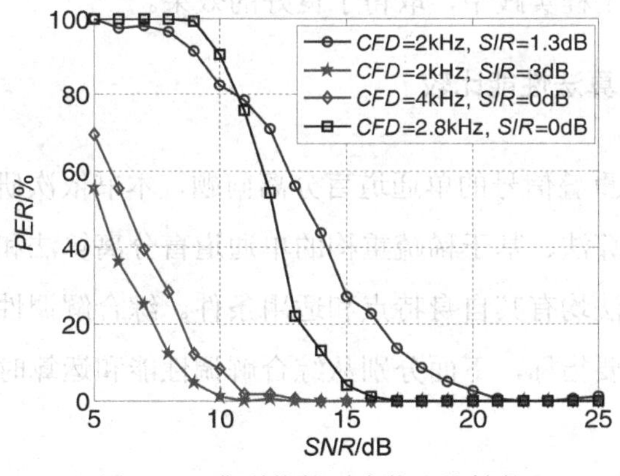

图 5.21 典型值的适应信噪比性能

从图 5.21 可以看出，在误包率低于 20%的情况下，当两重叠信号频率差为

2kHz、SIR=1.3dB 时，最小 SNR 为 16dB；当两重叠信号频率差为 2kHz、SIR=3dB 时，最小 SNR 为 8dB；当两重叠信号频率差为 4kHz、SIR=0dB 时，最小 SNR 为 9dB；当两重叠信号频率差为 2.8kHz、SIR=0dB 时，最小 SNR 为 13dB。上述结果说明该算法具有很强的适应信噪比能力。也可以根据不同的信噪比得到不同的解调频差。解调频率差随 SNR 的变化曲线如图 5.22 所示。

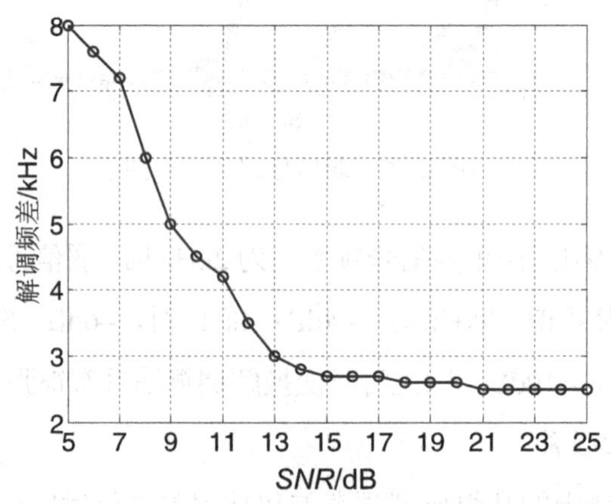

图 5.22 解调频率差随 SNR 的变化曲线

由图 5.22 可以看出，随着信噪比增大，解调频差逐渐减小，但当 SNR>15dB 时，解调频率差变化趋势放缓，收敛于 2.5kHz，即该算法最小解调频率差为 2.5kHz。本算法已经应用于工程实践中，取得了良好的效果。

5.4.3 各分离算法性能比较

针对星载 AIS 重叠信号的单通道盲分离问题，本书依次研究了基于联合差分反馈的抗干扰解调算法、基于稀疏重构的单通道盲分离算法和基于时频变换的分离算法，各分离算法均有其自身特点和适用条件。综合解调性能和运算时间又是衡量算法的两项重要指标，下面分别从综合解调性能和运算时间两项指标对各算法进行比较。

1. 综合解调性能

本实验以低轨卫星覆盖为典型应用环境，多普勒频移取值范围为 0～7kHz，功率差取值范围为 0～10dB，同时假设信号时域完全对齐，而实际中具有一定的时延，带时延的两重叠信号的处理比完全对齐容易。以误包率为衡量指标进行比较分析。实验效果如图 5.23 所示，此处 TF 表示时频变换分离算法，CD 表示联合差分反馈抗干扰解调算法，SR 表示稀疏重构分离算法，EP 表示文献[25]提到的能量算子算法。实验条件：重叠 AIS 信号；频率差范围为 0～2kHz；信号时域完全重叠；除中心频率外信号其他参数相同，蒙特卡罗次数为 1000，其中频率差取 *CFD*=0kHz 和 1kHz 两种情况，*SNR*=15dB。

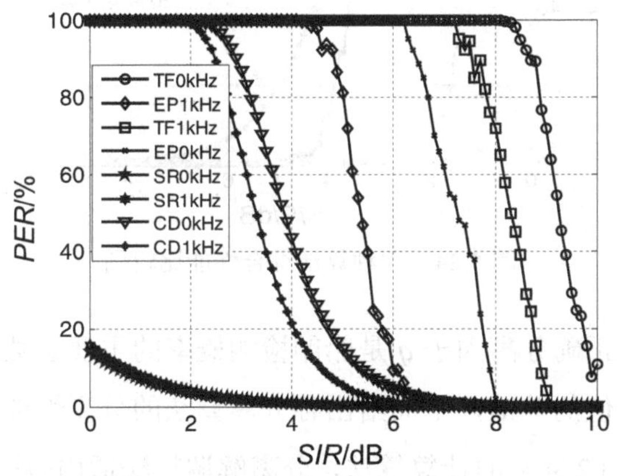

图 5.23 解调分离性能误包率比较图

从图 5.23 可以看出，两重叠信号频率差小于 2kHz 时，稀疏重构分离算法性能最优，其次是联合差分反馈抗干扰解调算法，而时频变换分离算法则最差。稀疏重构分离算法在两信号功率相等条件下仍能达到 20%的误包率，证明了该算法的优越性，在误包率等于 20%时，联合差分反馈抗干扰解调算法比能量算子算法的 *SIR* 提高 3dB，比时频变换分离算法的 *SIR* 提高约 4dB。

下面给出在频率差大于 2kHz、信噪比 *SNR*=15dB、蒙特卡罗次数为 1000 时，各分离算法处理强信号的平均误包率性能比较，如图 5.24 所示。

从图 5.24 可以看出，当两重叠信号频率差大于 2kHz 时，时频变换分离算法性能最优，其次是稀疏重构分离算法，而联合差分反馈抗干扰解调算法则最差。时频变换分离算法在两信号功率相等条件下仍能达到 40%的误包率，证明了该算法的优越性能，在误包率等于 20%时，稀疏重构分离算法比能量算子算法的 *SIR* 提高 2dB，比联合差分反馈抗干扰解调算法性能提高约 3dB，即所需信干比降低约 3dB。

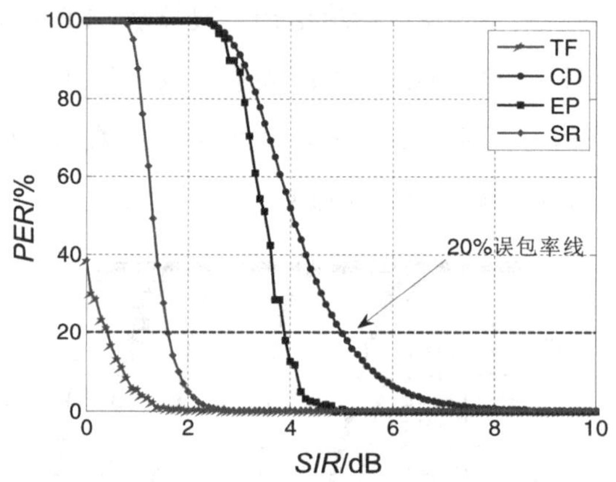

图 5.24 四种算法综合性能比较图

第 2 章提到，正确分离因子 q 是船舶检测概率的重要参数，而分离算法的分离性能又是影响 q 值的关键，下面给出各分离算法的分离性能与正确分离因子的关系曲线。采用式（2.36）的计算算法，分离解调算法适用范围如图 1.3 所示，假设重叠信号服从均匀分布，频率差范围为 0～8kHz，功率差范围为 0～10dB。统计效果如图 5.25 所示。

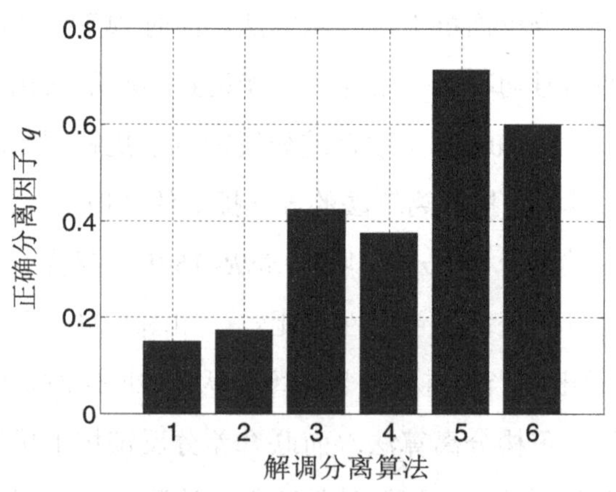

图 5.25 算法性能与正确分离因子 q 的关系

图 5.25 是各分离算法的分离性能与正确分离因子的关系，纵轴表示正确分离因子 q，横轴中序号 1 表示一比特差分解调算法、序号 2 表示二比特差分解调算法、序号 3 表示联合差分反馈抗干扰解调算法、序号 4 表示能量算子算法、序号 5 表示时频变换分离算法、序号 6 表示稀疏重构分离算法。从图 5.25 可以看出，时频变换分离算法具有最大的正确分离因子 q，稀疏重构分离算法次之。由图 5.23 可知，本书所提出的四种分离算法的 q 值均大于一比特和二比特差分解调算法，因此分离算法的应用对提高船舶检测概率具有重要意义。

2. 运算时间比较

解调分离算法运算时间在工程中非常重要，尤其是在星载 AIS 的信号处理系统中，要求星上处理又快又好，地面处理又好又快。因此衡量算法的运行时间除了和硬件水平相关外，与数据量也密切相关。下面就时频变换分离算法（TF）、能量算子算法（EP）、联合差分反馈抗干扰解调算法（CD）、信号稀疏重构分离算法（SR）等四种算法在相同条件下的运算时间进行比较。

本次实验比较了不同处理算法在相同采样率时处理不同 AIS 数据包时的运算时间，信号采集参数及条件见表 5.2，其他条件见表 3.1。实验结果如图 5.26 所示。

表 5.2 参数及条件

项目	取值
采样频率	576kHz
信噪比	15dB
AIS 数据包数	1～200 个

图 5.26 是四种算法运算时间比较图。从图 5.26 可以看出，时频变换分离算法在处理的 AIS 数据包越来越多时，消耗时间呈指数式增长，而能量算子算法和稀疏重构分离算法随数据包的增加运算时间增加趋势较缓慢，联合差分反馈抗干扰解调算法几乎是线性的。由于星上采集数据量大，因此，能量算子算法和时频分析算法不能满足星上实时处理需求。联合差分反馈抗干扰解调算法则具有星上处理的时间优势。

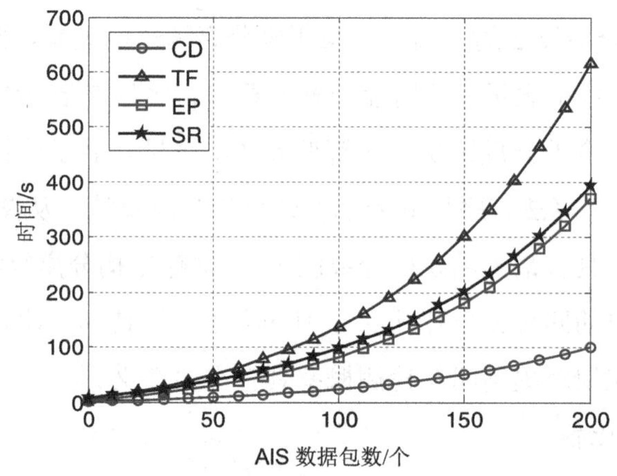

图 5.26　四种算法运算时间比较

5.5　本章小结

针对星载 AIS 重叠信号单通道盲分离问题，结合 AIS 信号特点，提出了基于时频变换的单通道盲分离算法。本算法以短时傅立叶变换为基础，在两重叠信号参数几乎全盲条件下，分别进行了瞬时调制曲线选取、平滑滤波以及基于能量度量的码元同步与判决算法的研究，并对算法性能进行了理论分析和实验。

在重叠信号参数几乎全盲的条件下对接收到的 AIS 混合信号进行时频变换，在得到信号的瞬时调制频率曲线后，提出了基于能量度量的码元同步与抽取算法，该算法引入多门限判决，极大地降低了误码率。同时针对影响分离效果的因素进行了理论分析，提出了解调频率差的概念，并对解调频率差的存在性进行了理论证明和分析，给出了解调频率差的计算过程。最后给出了分离性能与频率差和功率差的关系曲线，并对弱信号进行了分离研究，同时与其他三种算法进行了性能对比，并给出了运算时间对比效果图。由于本算法运算量较大，不能满足星上实时处理需求，但可以作为一种优秀的地面处理方案。

本章的主要成果和创新性工作如下。

（1）针对 AIS 重叠信号提出了基于时频变换的单通道盲分离算法，以两重叠信号为例，首先对重叠信号进行短时傅立叶变换，得到重叠信号的瞬时调制频率曲线，该曲线包含码元调制信息，然后对其进行码元抽取与判决，本算法适合应用于处理重叠信号频率差大于2kHz时的AIS场景。

（2）提出了基于能量度量的码元同步与抽取算法，将基带信号根据采样率和码元速率的比值分割成相同的段的组合，之后分别计算每个段内相应样点的能量度量，最后选择使能量度量最大时的样点集作为最优同步抽取样点，该样点集具有最大信噪比，弥补了过零检测算法和迟门早门算法存在的不足，已用于工程实践中，取得了良好的处理效果。

第 6 章　星载 AIS 信号解码纠错研究

6.1　引言

为了确保 AIS 信息在传输过程中的可靠性，在 AIS 协议中规定了对通信过程进行差错控制的编码方式，即循环冗余检验（Cyclical Redundancy Checking，CRC）编码。在 AIS 信号格式中，一帧 256bit 的信息有 16bit 的帧校验序列，即 CRC 校验码。CRC 校验码是一种高效可靠的检错纠错方法，由线性分组码分支而来，可通过多项式检测错误，其具有两大优点：①具有很强的检错和纠错能力，且错判概率很低；②编码器电路和检错器电路都较容易实现，用具有反馈的移位寄存器即可实现。因此，CRC 校验码广泛应用于需要差错控制的通信系统中。

对 AIS 信号解调后，将数据包通过 CRC 校验，可以对数据包的正确性进行验证，并进行适当的纠错。本章根据不同的星载 AIS 解调算法，提出了对应的余数表生成方法，可有效提高系统的解包概率。

6.2　CRC 校验原理

CRC 校验码的基本思想源于线性编码理论，在发送端将 k 位需要传输的信息码按照一定规则产生一个 r 位的监督码，并将监督码拼接在信息码后面，组成一个新的寻列码，发送出去。在接收端，按照信息码和监督码之间的检验规则对码序列进行校验，来确定是否在传送中出错。

在代数编码理论中，可以将一个码序列用一个多项式表示，码序列中各个码元作为多项式的系数。如 1010110 可表示为 $1\cdot x^6+0\cdot x^5+1\cdot x^4+0\cdot x^3+1\cdot x^2+1\cdot x^1+0\cdot x^0$，即 $x^6+x^4+x^2+x^1$。

这里设原始信息码多项式为$m(x)$，则$m(x)$的最高次幂为$k-1$；最高次幂为r的生成多项式，$g(x)$；CRC 校验码多项式为$r(x)$；$C(x)$为编码后的整体信息码多项式，则$C(x)$的最高次幂为n（$n=k+r$）。

发送方编码方法：

- $m(x)$乘以x^r，即信息码序列左移r位；
- 将$m(x)\cdot x^r$除以$g(x)$，取余式，即为$r(x)$；
- 将$r(x)$附加在$m(x)$后，就组成了一个可以被$g(x)$整除（模2除）的多项式码，即$C(x)=m(x)\cdot x^r+r(x)=q(x)g(x)$（$q(x)$为商式）。

接收端校验方法：将接收到整体信息码$C(x)$模2除以生成多项式$g(x)$，若余数为零，则说明传输无误；若余数不为零，则说明有码元传输错误。

由前文可以看出，生成多项式$g(x)$是生成与校验 CRC 码的关键，它的选取需要满足以下要求：

- 任何一位发生错误，余数不为零；
- 不同位错误，余数不同；
- 满足余数循环规律。

CRC 有许多国际标准的生成多项式，在 AIS 中，采用国际标准 CRC-ITU，生成的多项式为$g(x)=x^{16}+x^{12}+x^5+1$。

在一帧 AIS 信息中，虽然整个序列有 256bit，但其中有用信息的数据序列只有 168bit，其他的码元则承担起止标志、帧同步等用途。因此 AIS 信号中的 16bit CRC 校验序列仅对 168bit 信息序列进行校验。鉴于 CRC 校验所具有的性质，这里我们利用它来校验和纠错 AIS 信号解调后的信息。

在解调 AIS 信号后，可以获得 184bit 待校验序列（168bit 信息序列与 16bit CRC 校验序列），模2除生成多项式$g(x)$，若余数为零，则认为正确解调该帧 AIS 信号，继续码元信息解译；若余数不为零，则认为错误解调该帧 AIS 信号，进行后续的码序列纠错或者选择放弃该帧信息。AIS 校验纠错流程如图 6.1 所示。

在 CRC 校验的性质中，当发生只有一位码元错误时余数不为零，且不同位错误的余数也不相同，因此在本书的纠错环节，只对发生一位码元错误的情况进行纠错。换言之，当 184bit 序列中某一位发生错误时，经过校验后的余数为某一对应的固定值。因此这里建立一个一一对应的余数查找表，当余数为表中某一值时，则可找到对应位的错误，进行纠错。

特别需要说明的是，在图 6.1 所示的校验纠错流程中，在查表纠错后，还需要经过一个再次校验的过程。这是对纠错结果的一个再次验证的过程，原因是：当 184bit 码元中若干位同时发生错误，也有一定概率可得到一个余数，与余数表中的某一个余数相同。若是出现这种情况，则纠错过程仍没有将错误码元纠正，因此需要一个后验的再校验过程，确保纠错过程的正确性。只有经过再校验过程，才能确保纠错过程的正确性。

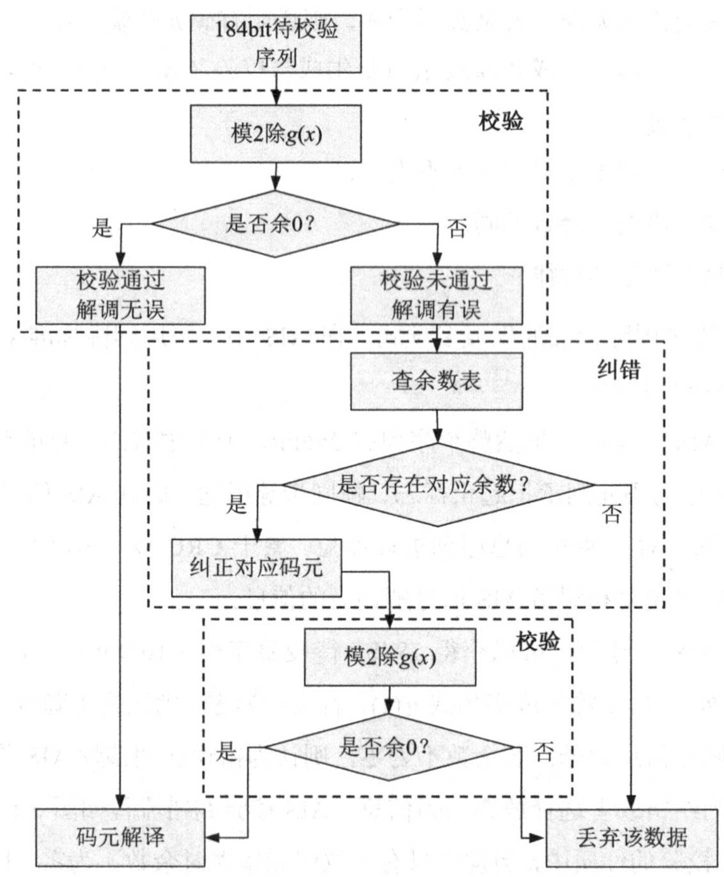

图 6.1　AIS 校验纠错流程图

在纠错过程中，最关键的是要存在一个余数查找表。对于 AIS 信号的解调解码来说，不同的算法需要用不同的余数表，具体余数表的生成过程请参考文献[100]。

6.3 余数表生成方法

当发生一位错误时，CRC 的校验余数与错误码元有一一对应关系，因此本书采用最直观的余数表生成方法：将一个常规 AIS 数据包起止标志之间的 184bit 信息数据从前至后遍历一位码元错误的情况，依次记录下各个码元错误时的校验余数，从而得到一个可用于纠错的余数查找表。

但针对本书的不同算法，余数表的生成过程有所不同，因此本节将详细研究针对各个算法的余数表的生成的区别。

首先介绍针对各个算法的余数表不同的原因：从 2.2.4 节的数据封包与解包流程可以看出，256bit 的原始数据包在传输之前，需要先进行 NRZI 变换，然后再经过 GMSK 调制将信号发射出去；在接收端，使用某种算法将信号解调以后，需要进行反 NRZI 变换，才得到原始数据包。CRC 校验纠错是针对原始数据包的操作，即对反 NRZI 变换之后的序列操作，而算法的解调解码错误发生在反 NRZI 之前。因此需要对接收端在反 NRZI 操作前后的码元进行分析。

为了便于清晰地分析这个过程，这里举例说明。假设原始数据码元为“1011001110001011”，在发送端，它经过 NRZI 变换后为“1000100001011000”，该码即经过 GMSK 调制发射；在接收端，在解调算法对信号正确解调的情况下，可以获得数据码元“1000100001011000”，为了获得原始数据码元，需要将该码元序列进行反 NRZI 变换。反 NRZI 变换的方法是将码元序列右移一位，与原序列进行异或运算，如图 6.2 所示。

```
        1000100001011000
XOR      1000100001011000
-------------------------
        1011001110001011
```

图 6.2　反 NRZI 变换

在本书第 3、4、5 章中分别介绍了几种星载 AIS 解调算法。这里将这些算法分成两类：一类是在解调解码时会发生连带错误的算法，如二比特差分解调算法；另一类是不会发生连带错误的算法，如一比特差分解调算法、联合差分解调算法。两类不同的算法需要有不同的余数表产生过程，以下为详细说明。

（1）存在解码连带错误的算法的余数表生成。在二比特差分解调算法中，在解码时若某一位码元解调错误，则将使后面的正确码元全部翻转，详细说明见本书 2.2 节。按照刚才的例子，若接收到的码元序列第 5 位发生错误，则后面的序列都发生错误，即接收到“1000011110100111”，将该序列进行反 NRZI 变换，如图 6.3 所示。从图中可以看出，虽然解调的码元出现错误连带，但在反 NRZI 变换后，获得的原始码元也只是在第 5 位发生了错误。

由上述分析可以得出结论，在存在解码连带错误的算法中，经过反 NRZI 变换后的原始码元只有在解码错判的那一位上的码元是错误的。因此，该类算法余数表的生成只需要对原始码元中起止标志之间的 184bit 信息序列遍历一个码元错误的情况，记录下每个码元发生错误后经过 CRC 校验的余数，即可得到用于纠错的余数表。

（2）不存在解码连带错误的算法的余数表生成。在一比特差分解调算法或联合差分解调算法中，在发生一位错误解码时，不会造成后面的码元全部翻转的情况。如前面的例子中，若仍是解调时第 5 位码元解码判决错误，则接收到“1000000001011000”，那么经过反 NRZI 变换，如图 6.4 所示。变换后得到的原始码元在第 5 位和第 6 位都发生了错误。根据反 NRZI 变换的计算法则可以看出，一位码元的错误会造成计算后两位码元的错误。

```
        1 0 0 0 0 1 1 1 1 0 1 0 0 1 1 1
XOR       1 0 0 0 0 1 1 1 1 0 1 0 0 1 1 1
-------------------------------------------
        1 0 1 1 1 0 1 1 1 0 0 0 1 0 1 1
```

图 6.3　第五位码元错误时的反 NRZI 变换

```
        1 0 0 0 0 0 0 0 0 1 0 1 1 0 0 0
XOR       1 0 0 0 0 0 0 0 0 1 0 1 1 0 0 0
-------------------------------------------
        1 0 1 1 1 1 1 1 1 0 0 0 1 0 1 1
```

图 6.4　第九位码元错误时的反 NRZI 变换

由上述分析可以得到结论：在该类算法中，解调过程结果造成的一位码元错误会带来原始码元中连续两位的码元错误。因此，该类算法的余数表的生成不同于前一类算法。应用前一类算法余数表生成的思路，该类算法的余数表生成方法为：184bit 信息序列遍历连续两个码元错误的情况，记录下每个码元发生错误后经过 CRC 校验的余数，得到用于纠错的余数表。在对码元纠错时，若 CRC 校验结果为余数表中某一值，则需要对序列中相应的连续两位码元进行改正。

6.4　仿真与分析

通过上一节中余数表的生成过程，可以获得用于纠错的余数表。本节为了说明 CRC 纠错功能在星载 AIS 信号解调中的重要作用，这里对同一算法在处理数据时，纠错前与纠错后的性能进行仿真对比。这里对单信号在低信噪比条件下的仿真参数见表 6.1。

表 6.1　仿真参数

项目	取值
AIS 基带信号码速率	9600bps
AIS 信号中频频率	19.2kHz
高斯函数 BT 值	0.4
信噪比范围	–6～4dB
Monte Carlo 次数	1000
仿真算法选取一比特差分解调算法、二比特差分解调算法	

由于 CRC 码的纠错过程是针对数据包整体的过程，因此这里的评价指标是误包率，即如果一个 256bit 的数据包在纠错后仍不能通过 CRC 校验，则认为该包错误；若能通过校验，则认为该包正确。

将两种算法对 AIS 仿真数据进行解调仿真，如图 6.5、图 6.6 所示。从两图可以明显看出，有 CRC 纠错功能的解包率显著高于没有 CRC 纠错功能的解包率。在图 6.5 中，信噪比在–1～3dB 之间，两条解包率曲线分开距离明显，有纠错功能可显著提高解包率，最大可提升 20%的解包率（信噪比为 1dB）。在图 6.6 中，两条曲线从–2dB 开始有明显分离，在相同条件下纠错功能使解包率提升了 20%～30%。二比特差分解调算法在信噪比为 4dB 时才能接近 100%解包率，通过增加纠错功能，可在 3dB 时接近完全正确解包，在噪声环境中的解包能力提升了 1dB。

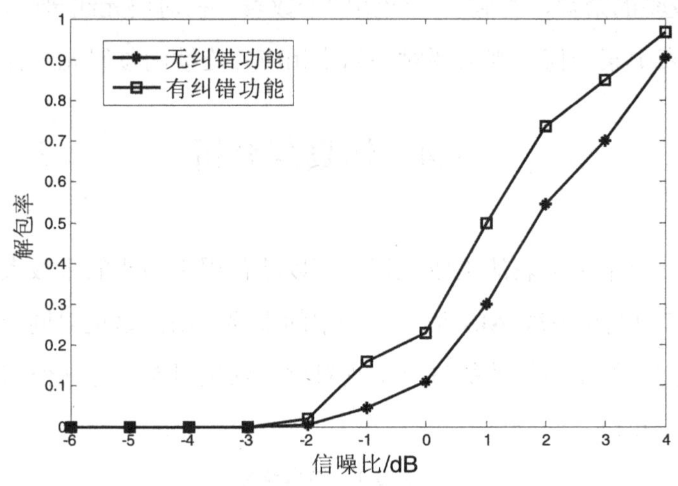

图 6.5 一比特差分解调算法的性能图示

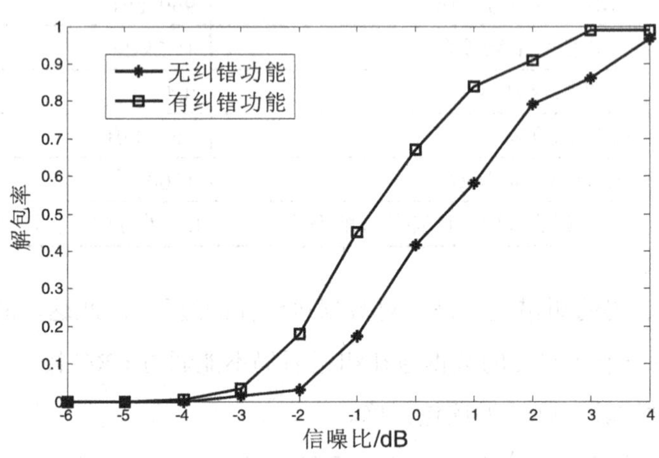

图 6.6 二比特差分解调算法的性能图示

由上述分析可以得出结论：增加 CRC 纠错功能，可以提升原算法的解调概率，进而提高解调能力。

6.5 基于AMP分解的相干解调算法

6.5.1 算法原理

（1）AIS信号分解过程。在文献[46]中，Laurent提出任意恒模二进制调相信号可以被一系列时限调幅脉冲表示，即AMP分解。AIS信号的调制类型为GMSK，也属于恒模二进制调相信号，这里使用该方法对AIS信号进行分解，并采用维特比算法进行译码处理。

首先，将中频AIS信号下变频，即

$$s(t)=A_{\mathrm{c}}\cdot\exp\left[\mathrm{i}\left(\varphi(t)+2\pi f_{\mathrm{c}}t\right)\right]\cdot\exp\left[\mathrm{i}\left(-2\pi f_{\mathrm{c}}t\right)\right]=A_{\mathrm{c}}\cdot\exp\left[\mathrm{i}\varphi(t)\right] \tag{6.1}$$

将式（2.1）代入上式，可得

$$s(t)=A_{\mathrm{c}}\cdot\exp\left(\mathrm{i}\left(\varphi_0+\pi h\sum_{n=-\infty}^{N-L}I_n\right)\right)\cdot\prod_{n=N-L+1}^{N}\exp\left(\mathrm{i}\pi hI_n\int_0^{t-nT}G(y)\mathrm{d}y\right) \tag{6.2}$$

为了使后文的推导过程清晰，这里定义：

$$q(t-nT)=\int_0^{t-nT}G(y)\mathrm{d}y \tag{6.3}$$

$$J\triangleq\mathrm{e}^{\mathrm{i}\pi h} \tag{6.4}$$

$$c(t)=\begin{cases}\sin\left[\pi h-\pi hq(t)\right]/\sin\pi h & t\in\left[0,LT\right)\\ c(-t) & t\in\left(-LT,0\right]\\ 0 & |t|\geqslant LT\end{cases} \tag{6.5}$$

在上面的定义中，$q(t)$满足$1-q(t)=q(LT)-q(t)=q(LT-t)$。在文献[49]的推导中，将部分因式改写为

$$\exp\left[\mathrm{i}\pi hI_nq(t-nT)\right]=J^{I_n}c(t-nT-LT)+c(t-nT) \tag{6.6}$$

在此基础上，定义$x_{0,n}=\exp\left(\mathrm{i}\left(\pi h\sum_{n=-\infty}^{N-L}I_n\right)\right)$，且假设已知初相$\varphi_0$，则可将常数项合并为$A^{*}=A_{\mathrm{c}}\cdot\exp(\mathrm{i}\varphi_0)$。针对 AIS 信号的实际情况，取$L=3$，则式（6.2）可变换为

$$s(t)=A^{*}\cdot x_{0,n-3}\prod_{m=0}^{2}\left[J^{I_{n-m}}c(t-nT+mT-3T)+c(t-nT+mT)\right] \tag{6.7}$$

推导可得如下 8 项表达式的和

$$\begin{aligned}s(t)=A^{*}\big[&x_{0,n}h_0(t-nT)+x_{0,n-1}h_0(t-nT+T)+\\&x_{0,n-2}h_0(t-nT+2T)+\\&x_{0,n-3}h_0(t-nT+3T)+\\&x_{1,n}h_1(t-nT)+x_{1,n-1}h_1(t-nT+T)+\\&x_{2,n}h_2(t-nT)+x_{3,n}h_3(t-nT)\big]\end{aligned} \tag{6.8}$$

其中：

$$\begin{cases}h_0(t)=c(t-T)c(t-2T)c(t-3T)\\h_1(t)=c(t+T)c(t-T)c(t-3T)\\h_2(t)=c(t+2T)c(t-2T)c(t-3T)\\h_3(t)=c(t+2T)c(t+T)c(t-3T)\end{cases} \tag{6.9}$$

$$\begin{cases}x_{1,n}=x_{0,n-2}J^{I_n}\\x_{1,n-1}=x_{0,n-3}J^{I_{n-1}}\\x_{2,n}=x_{0,n-3}J^{I_{n-1}}J^{I_n}\\x_{3,n}=x_{0,n-3}J^{I_n}\end{cases} \tag{6.10}$$

因此，基带 AIS 信号可分解为 4 个调幅脉冲（PAM）之和的形式：

$$s(t)=A^{*}\sum_{k=0}^{3}\sum_{n=0}^{N-1}x_{k,n}h_k(t-nT) \tag{6.11}$$

（2）基于 Laurent 分解的 AIS 接收。在 AIS 信号中，由于实际调制指数 $h=0.5$，根据 $x_{0,n}$ 的定义可获得如下结论：

$$x_{0,n}=\prod_{n=0}^{N}\mathrm{i}I_n=x_{0,n-1}\cdot\mathrm{i}I_n \tag{6.12}$$

由于 $I_n\in\{1,-1\}$，因此 $x_{0,n}\in\{1,-1,i,-i\}$，且如果 $x_{0,2n}\in\{1,-1\}$，则 $x_{0,2n+1}\in\{i,-i\}$，有如下变换规律：

$$\begin{cases}I_{2n}=\mathrm{i}(x_{0,2n}x_{0,2n-1})\\I_{2n+1}=-\mathrm{i}(x_{0,2n+1}x_{0,2n})\end{cases} \tag{6.13}$$

从式（6.13）可以看出，AIS信号可分解成四个PAM脉冲$\{h_0,h_1,h_2,h_3\}$的和，如图6.7所示。其中，脉冲h_0包含了99.19%的信号能量[49]，脉冲h_1包含的信号能量为0.8%，而其他部分包含信号能量太少，为了简化维特比译码时的复杂度，只使用这两个脉冲作为维特比译码前端的匹配滤波器，如图6.8所示。通过减少前端滤波器的个数，可以大幅减少网格译码器中网格状态的数目，有效提高了运算效率，同时对信号处理结果造成很小的影响。

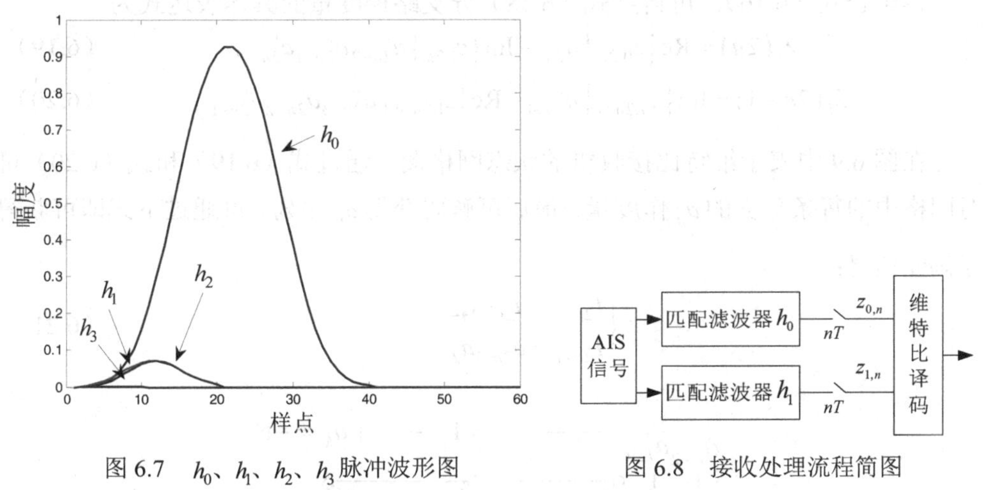

图6.7　h_0、h_1、h_2、h_3脉冲波形图　　图6.8　接收处理流程简图

考虑平坦信道衰落的影响，接收到的信号$r(t)$可用下式表示：

$$r(t)=s(t)+\varepsilon(t) \tag{6.14}$$

式中，$\varepsilon(t)$为加性高斯白噪声。对于接收到的信号，在发射端所有可能的信号组合具有相同的先验概率。为了最大程度地减小误码率，由于AIS信号的恒模特性，最大化对数似然函数等价于最大化相关：

$$\Lambda(\alpha)=\mathrm{Re}\int_{-\infty}^{+\infty}r(t)s^*(t;\hat{\alpha})\mathrm{d}t \tag{6.15}$$

式中，$\hat{\alpha}$为可能发射的数据序列。将式（6.14）代入式（6.15），可得到递归路径度量表达式为

$$\Lambda_i(n)=\Lambda_i(n-1)+\mathrm{Re}\sum_{k=0}^{1}z_{k,n}x_{k,n}^* \tag{6.16}$$

其中，$z_{k,n}=\int r(t)h_k(t-nT)\mathrm{d}t$。由式（6.16）可以看出，图 6.9 中网格分支路径度量为

$$\lambda_i(n)=\mathrm{Re}\left\{z_{0,n}x_{0,n}^*+z_{1,n}x_{1,n}^*\right\} \tag{6.17}$$

为了后文表达清晰，引入a_n作为中间转换变量，$a_n\in\{1,-1\}$。对a_n有如下定义：

$$a_n=\begin{cases}x_{0,n} & n\ \text{even}\\ -ix_{0,n} & n\ \text{odd}\end{cases} \tag{6.18}$$

再结合式（6.16），可得到式（6.18）分支路径度量的具体表达式为

$$\lambda_i(2n)=\mathrm{Re}\left\{z_{0,2n}\right\}a_{2n}^i-\mathrm{Im}\left\{z_{1,2n}\right\}a_{2n-2}^i a_{2n-1}^i a_{2n}^i \tag{6.19}$$

$$\lambda_i(2n-1)=\mathrm{Im}\left\{z_{0,2n-1}\right\}a_{2n-1}^i-\mathrm{Re}\left\{z_{1,2n-1}\right\}a_{2n-3}^i a_{2n-2}^i a_{2n-1}^i \tag{6.20}$$

在图 6.9 中表示维特比接收机的状态网格图，通过式（6.19）和式（6.20）可对网格中的每条分支的a_n作度量，最后可解码获得a_n序列。再通过下式即可获得原码元信息：

$$\begin{cases}I_{2n}=-a_{2n}a_{2n-1}\\ I_{2n+1}=a_{2n+1}a_{2n}\end{cases} \tag{6.21}$$

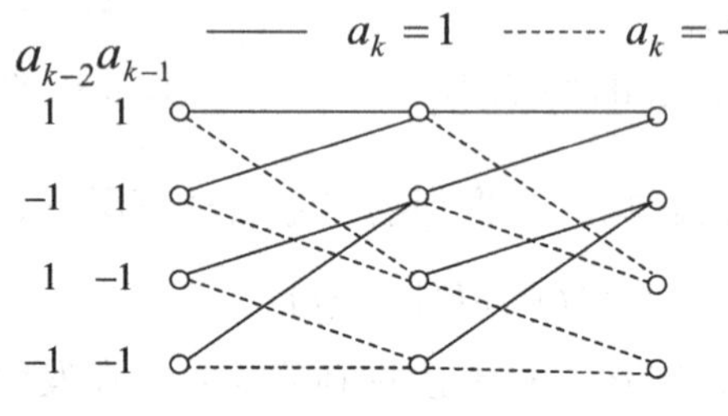

图 6.9　四状态维特比接收网格图

6.5.2　算法仿真与分析

在对本算法仿真前，先来分析一下该算法需要的仿真条件。从上述的算法原理可以看出，该算法是一种相干解调算法，需要在解调前进行较为精确的参数估计。但是星载 AIS 属于非合作通信方式，往往不能满足精确参数估计的需求，因此需要针对实际系统环境来设定仿真条件。仿真参数见表 6.2。

表 6.2 仿真参数

项目	取值
AIS 基带信号码速率	9600bps
AIS 信号中频频率	19.2kHz
采样频率	576kHz
高斯函数 *BT* 值	0.4
信噪比范围	–8～0dB
Monte Carlo 次数	1000

通过算法的推导过程可以看出该算法是建立在信号初相已知的前提下的，而在实际的工程应用中，常常无法准确估计信号初相，甚至根本不估计信号初相。因此，这里需要重点对本算法的初相模糊的情况下进行仿真分析。

另外，由于频偏估计算法不能十分精确地估计载频频率，在去载频后会存在一定的载频残留，这里也需要对这种情况下算法的解调能力进行仿真分析。

在信号参数可以精确估计的情况下，即理想条件下，本章的 4 种算法对低信噪比单 AIS 信号的解调误码率曲线如图 6.10 所示。从图中可以看出，本节提出的基于 AMP 分解的相干解调算法的误码率曲线显著低于其他 3 种非相干解调算法。说明当信号参数可以准确估计时，该算法的性能显著好于其他算法，甚至在–8dB 信噪比时，误码率也仅在 0.1%左右，远远优于其他 3 种算法。

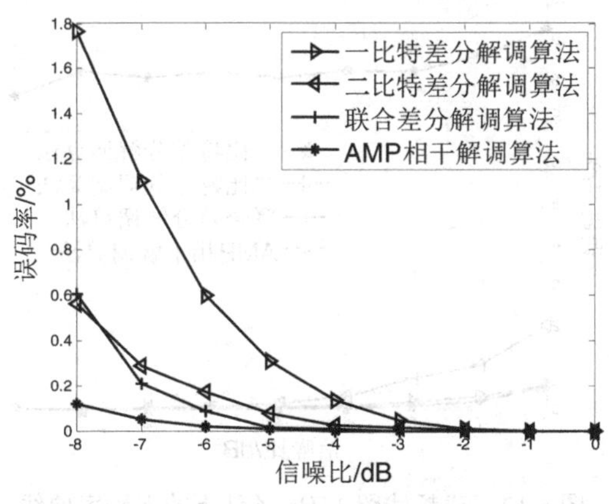

图 6.10 理想条件下误码率曲线

当 AIS 信号的频率不能准确估计时，对低信噪比单信号的解调仿真如图 6.11、图 6.12 所示。在两图中，载频残留分别设置在 8Hz 和 15Hz。从图 6.11 中可以看出，AMP 算法的误码率已经稍高于二比特差分解调算法；而在图 6.12 中，AMP 算法的误码率远远高于其他算法。从此可以得出结论，本节提出的基于 AMP 分解的相干解调算法对估计载频的偏差十分敏感。在频偏误差高于 15Hz 时，其解调能力已大打折扣。而对于其他三种非相干算法，15Hz 这个数量级的频偏误差几乎对其没有影响。说明非相干算法有更强的适应性。

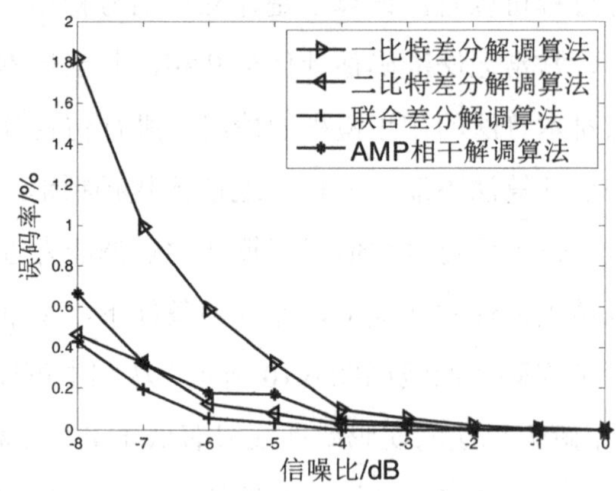

图 6.11　载频残留 8Hz 条件下的误码率曲线

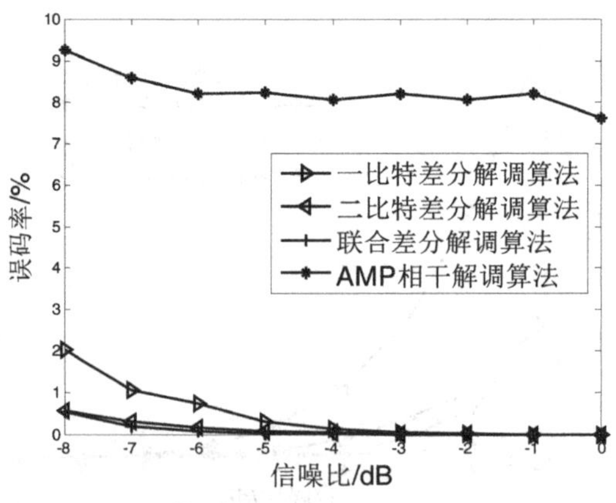

图 6.12　载频残留 15Hz 条件下的误码率曲线

当 AIS 信号的初相不能准确估计时，对低信噪比单信号的解调仿真如图 6.13、图 6.14 所示，两图分别是初相估计误差为 0.1π 和 0.2π 时，4 种算法解调的误码率曲线。在图 6.13 中，AMP 算法的误码率曲线位于一比特差分解调算法和二比特差分解调算法之间。而在图 6.14 中，AMP 算法的误码率远高于一比特差分解调算法，说明在解调前，对 AIS 信号初相估计的误差大小会对 AMP 算法造成一定的影响。而对比图 6.10、图 6.13、图 6.14 可以发现，其他 3 种非相干解调算法在初相误差增大时，误码率曲线基本不变，结合其算法原理可知，星载 AIS 的非相干解调算法不需要进行初相估计。

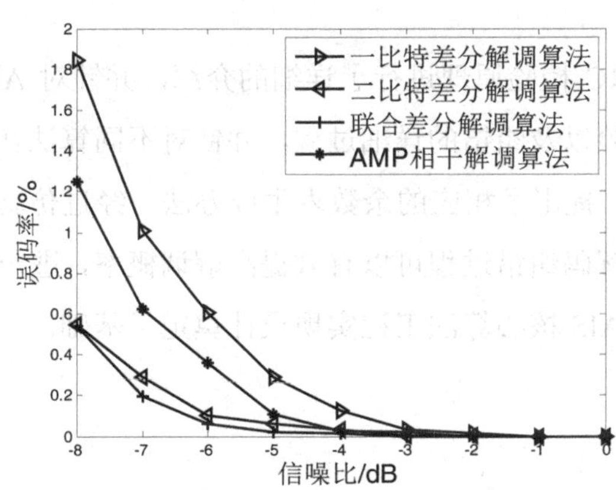

图 6.13　初相估计误差为 0.1π 时的误码率曲线

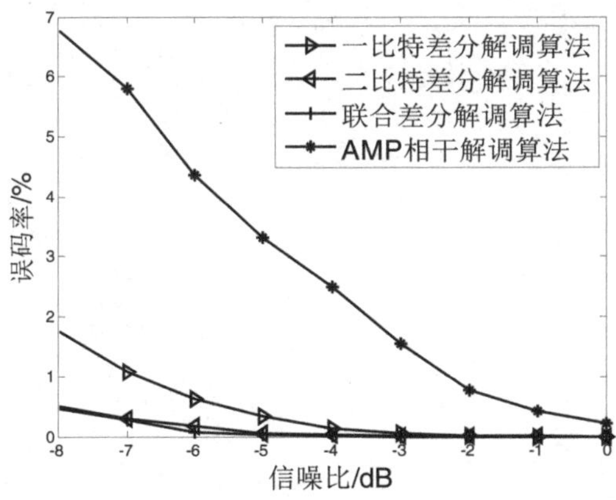

图 6.14　初相估计误差为 0.2π 时的误码率曲线

通过将本章算法与上一章的非相干解调算法进行仿真对比，可以得出结论：在对星载 AIS 信号解调时，如果能够对相关的信号参数作精确估计，则本章提出的基于 AMP 分解的星载 AIS 解调算法的误码率更低、解调能力更强；如果不能对信号参数进行准确估计，则本章提出的 3 种非相干解调算法有更好的表现。因此，本节提出的算法虽然存在需要精确参数估计的弊病，但仍可以作为星载 AIS 核心解调算法设计的理论参考之一，并为今后的研究工作提供理论基础。

6.6 本章小结

本章首先对 CRC 校验原理进行了详细的介绍，并针对 AIS 信号格式，提出了星载 AIS 信号校验以及纠错的详细过程，并针对不同算法在解调过程中发生码元错误的不同特点，提出了相应的余数表生成办法。经过仿真验证可以看出，本章提出的星载 AIS 解码纠错过程可以有效提高解调概率，进一步增强星载 AIS 性能，为后续对星载 AIS 核心算法工程实现设计奠定了基础。

第7章 结论与展望

重叠信号单通道盲分离是星载AIS中最重要的功能之一。通过对重叠信号的分离，可大大提高卫星覆盖范围内船舶检测概率，进而提高系统性能。本书围绕星载AIS中常见的具有时延、功率差、频率差的两重叠信号的盲分离问题展开深入研究和探索，取得了一些有价值的成果，对星载AIS单通道处理理论进一步发展完善，最终提高船舶检测概率具有重要意义。总结全书，所取得的主要创新性工作概况如下。

（1）提出了一种船舶检测概率计算方法。由于接收到的重叠信号之间存在频率差和功率差，当功率差较大时，强信号很容易正确解调出来，但弱信号却湮没其中无法分离。现有算法实现两信号分离并不是将两信号都正确分离和解调，而是存在正确分离因子 q。新检测方法引入正确分离因子 q，推导了 q 的计算方法，分析了 q 对船舶检测概率的影响。

（2）分析了星载AIS环境特点和GMSK信号模型，对低轨卫星覆盖范围内的重叠信号进行了重叠概率和重叠特征的分析，给出了重叠信号的特征分布图，并分析了重叠信号之间的时延、功率差、频率差等参数对分离性能的影响。

（3）针对频率差小于2kHz时的AIS重叠信号，在一比特差分解调和二比特差分解调的基础上，提出了联合差分反馈的抗干扰解调算法，该算法引入的反馈因子有利于提高解调性能。并分析了反馈因子相同时和不同时对解调性能的影响。实验验证，该算法解决频率差小于2kHz时的性能优于AIS标准接收机，且对噪声环境不敏感。

（4）针对频率差小于2kHz、功率差小于4dB时的重叠信号，提出了基于信号波形重构的分离算法。算法对弱信号的有较强的分离能力，在相同条件下能极大提高船舶检测概率。算法基本思想是：先对大功率信号进行解调解码，然后根据解调得到的码元序列以及信号幅度、相位、时延、中心频率等参数重构功率较大波形信号，并将其从重叠信号中抵消后分离出功率较小的信号，再对小功率信号解调解码进而实现分离。同时对信号重构算法进行了扩展，利用 AIS 码元结构和码元信息，又根据码元组合有限性特点，分段遍历 168 位码元组合，最终实现信号波形整体重构。在遍历码元组合进行短信号重构循环抵消的研究上，本书又利用重叠信号组合的稀疏性，建立了稀疏重构盲分离模型，提出了基于稀疏重构的 AIS 重叠信号单通道盲分离算法，该算法具有重构信号需要测量值少、计算精度高且计算量较小的优点。

（5）提出了基于时频变换的 AIS 重叠信号单通道盲分离算法。本算法以短时傅立叶变换为基础，在两重叠信号参数几乎全盲条件下，在得到信号的瞬时调制频率曲线后，提出了基于能量度量的码元同步与抽取算法，该算法引入多门限判决，极大地降低了误码率。同时针对影响分离效果的因素进行了理论分析，提出了解调频差的概念，并对解调频差的存在性和收敛性进行了理论分析和证明。最后给出了分离性能与频率差、功率差的关系曲线，并对弱信号分离进行了深入研究。

星载 AIS 重叠信号的单通道盲分离问题是通信信号处理中的一个重要研究方向，其中仍有很多问题有待在今后的工作中进行深入研究，作者认为主要包括以下几个方面。

（1）码元组合结构对分离性能的影响分析。在 AIS 盲分离中，AIS 消息意义类型繁多，码元组合多种多样，如何分析码元组合结构的差异对分离性能的影响以有效提高船舶检测概率是一个重要研究方向。

（2）低信噪比条件下的分离算法研究。信噪比是影响分离算法性能的一个重要因素，本书在分析低轨星载 AIS 环境的基础上，以 SNR=15dB 为条件进行研究，如何在确保算法分离性能的条件下降低信噪比是下一步重要的研究方向。

（3）多个重叠信号的分离。随着卫星覆盖范围内船舶数量的增加，信号重叠不仅仅局限于两信号重叠，而是趋于多信号重叠，这时如何分离三个以上信号以提高船舶检测概率具有非常重要的意义。

（4）单通道信号个数估计。估计信号个数是进行信号分离的重要环节，由于单通道接收时是一病态问题，如何有效估计信号个数进而为星载 AIS 信号的分离与恢复提供重要先验信息具有重要的研究价值。

参考文献

[1] JAMES R H, PETER J W. Single channel non-stationary stochastic signal separation using linear time-varying filters[J]. IEEE Trans on Signal Processing, 2003, 51(7):1739-1752.

[2] CAI Quan wei, WEI ping. Single channel multi components separating[J]. Journal of Communication, 2006, 27(6):49-56.

[3] CUI Rong-tao, LI Hui, WAN Jian. An over-sampling based blind separation algorithm of single channel MPSK signals[J]. Journal of Electronics & Information Technology, 2009, 31(3):566-569.

[4] TIMONTHY J M. Joint demodulation of low-entropy narrowband co-channel signals[D]. California:Naval Postgraduate school, Monterey, 2006.

[5] MARIA AG, GHISLAIN R. FM discriminator for AIS satellite detection[J]. PSATS, 2010, 43:19-34.

[6] Philip R, COWLE S. Satellite detection of automatic identification system signals:United States, 0161797A1[P]. 2009.

[7] Paolo Burzigotti, Alberto Ginesi, Giulio Colavolpe. Advanced Receiver Design for Satellite-based AIS Signal Detection[J]. Cagliari, (ASMS&SPSC2010), 1-7.

[8] Miguel A, Cervera, Alberto Ginesi, et al. Satellite-based Vessel Automatic Identification System:A Feasibility and Performance Analysis[J]. International Journal of Satellite Communication and Networking, 2011, 29(10):117-142.

[9] Miguel A, Cervera, Alberto Ginesi. Satellite-based AIS System Study[C]. 26th International Communications Satellite Systems Conference(ICSSC), San Diego, CA, June 10-12, 2008.

[10] G. Hoye. Observation Modelling and Detection Probability for Space-based AIS

reception-Extended Observation Area[R]. FFI/RAPPORT-2004/04390,2004.

[11] US DoD Joint Spectrum Center. Satellite Detection of AIS Messages[S]. Geneva: Submitted to ITU-R WP8B, September 2005.

[12] JAMES C J. On the use of single-channel for sensing multisource activity in biomedical signals[C]// Proc of the 4th Annual IEEE Conf on Information Technology Applications in Biomedicine. UK, 2003:366-369.

[13] EI-Asmar, M. Design and Realization of a RF Transceiver for Marine Identification System[C]. IEEE, Electrical and Computer Engineering, Canadian Conference, 2004:535-538.

[14] JAMES C J, DAVIDL L. Extracting multisource brain activity from a single electromagnetic channel[J]. Artificial Intelligence in Medicine, 2003, 28:89-104.

[15] M.Souissi, K.Grati, A.Ghazel. Software efficient implementation of GMSK modem for an automatic identification system transceiver[C]. CCECC, 2008: 601-606.

[16] James K E, Tunaley.Space-Based AIS Performance[J]. LRDC 2011-05-023-001: 1-4.

[17] Andrea.Scorzolini,Telespazio,European Enhanced Spaced-based AIS System Study[J]. IEEE 2010 5th Advanced Satellite Multimedia Systems Conference and 11th Signal Processing for Space Communications Workshop.

[18] Miguel A Cervera, Alberto Ginesi. On the Performance Analysis of a Satellite-based AIS System[J].IEEE, 2008:1-8.

[19] AMARI S. National Gradient Works Efficiently in Learning[J]. Neural Computation, 1998, 10(2):251-276.

[20] Ole Fredrik Haakonsen Dahl，Space-Based AIS Receiver for Maritime Traffic Monitoring Using Interference Cancellation[D]. Master of Science in Communication Technology, 2006.

[21] Gudrun K. Hoye, Torkild Eriksen, Meland. Space-based AIS for global maritime

traffic monitoring[C]. 5th IAA Symposium on Small Satellites for Earth Observation, Berlin, April 4-8, 2005.

[22] Philip R, Cowles, et al. Satellite detection of automatic identification system signals:United States, 0161797A1[P]. 2009.

[23] M.Cervera, A.Ginesi. On the Performance Analysis of a Satellite-based AIS System, Signal Processing for Space Communications,2008,10th International Workshop, October, 2008.

[24] Wahl T, Høye G. New Possible Roles of Small Satellites in Maritime Surveillance[J]. Acta Astronautica, 2005:56(1-2):273-277.

[25] ITU-R M.1371-2. Technical Characteristics for an Automatic Identification System Using Time Division Multiple Access in the VHF Maritime Mobile Band[S]. 2006.

[26] Cain J S, Newland F. Rapid Development of Proof-of-Concept Missions[C]. 6th Responsive Space Conference, Los Angeles, 2008:1-12.

[27] Cain J S, Meger E. Space-Based AIS:Contributing to Global Safety and Security[C]. ISU 13th Annual Symposium-Space for a Safe and Secure World, Strasbourg, 2009.

[28] Souza D, Newland F. Nanosatellite Tracking of Ships:a satellite demonstration of AIS signal de-collision[C]. Proceedings of the NATO Military Sensing Symposium SET-130, Orlando, 2008.

[29] Lark C. Pentagon Mulls Revised TacSat-1 Mission. Space News, 2008:19(2).

[30] 朱金发，孙文力，汤华．船载自动识别系统手册[M]．北京：人民交通出版社，2005.

[31] MA Hong-gang, JIANG Q B. A novel blind source separation method for single-channel signal[J]. Signal Processing. 2010, 90:232-3241.

[32] LAURENT P. Exact and approximate construction of digital phase modulations by superposition of amplitude modulated pulse (AMP), IEEE Transactions on

Communications[J]. 1986, 34(2):50-160.

[33] SMITH D C, NELSON D J. A comparison of two methods for demodulating a target AIS signal through a collision with an interfering AIS signal[J]. Proc of SPIE, 2011, Vol7:1-12.

[34] SEEMA S. A robust joint model-based demodulator for continuous phase modulation signals in unknown environment[J]. IEEE GLOBECOM, 2008:1-5.

[35] SEEMA S, EDWARD B P. Performance of the joint reduced rank model-based demodulator for asynchronous co-channel GMSK Signals[J]. IEEE, 2010:1-6.

[36] RUI Guo-sheng, XU Bin, ZHANG Song. Parallel time-delay estimation algorithm for GMSK mixing signals[J]. Journal of Communications, 2011, 32(6): 32-37.

[37] D.J.Nelson, J.R.Hopkins. GMSK Co-Channel Demodulation[J]. 2009, Proc of SPIE Vol.7444 -1.

[38] ZHANG Zhen-sheng, John Weinfield, Tarun Soni, Combined Differential Demodulation Schemes for Satellite-Based AIS with GMSK Signals[J]; Proc of SPIE(2010)Vol76910C 1-12.

[39] James R.H, Peter J.W, Rayner. Single Channel Nonstationary Stochastic Signal Separation Using Linear Time-Varying Filters[J]. IEEE Trans on Signal Processing,(2003)51(7) 1739-1752.

[40] Naofal Al-Dhahir, Gary Saulnier. A High-Performance Reduced-Complexity GMSK Demodulator[J]. IEEE, 1998.

[41] Theodore S. Rap paport, Wireless Communications Principles and Practice, Second Edition[M]. Upper Saddle River: Prentice Hall. 2005.

[42] John G, Proakis. Digital Communications(Fourth Edition)[M]. McGraw-Hill, New York, NY:McGraw-Hill,1-1002(2001).

[43] Proakis, J.Digitalcommunications, 4th, McGraw-Hill, New York McGraw-Hill, 1-1022(2001).

[44] 杨倩．我国应用星载基站 AIS 系统研究[J]．中国海事，2011，20（1）：53-55.

[45] 刘冬利，付建国，饶世钧．AIS 在军事上的应用研究[J]．现代电子技术，2009，298（11）：11-13.

[46] Teager H. Some observations on oral air flow during phonation[J]. IEEE Transactions on Signal Processing, 1980, 28(5):309-314.

[47] Murota, K, Hirade, K.GMSK modulation for digital mobile telephony, IEEE Transactions on Communications[J]. 1981, COM-29(29),1044-1050.

[48] SCOTT C D, Fixed-point algorithms for the blind separation of arbitrary complex-valued non-Gaussian signal mixtures[J], Journal of Advances in Signal Processing, 2007,9:1-15.

[49] ERIKSSON J, KOIVUNEN V. Complex random vector sand ICA models:Identifiability, uniqueness, and separability[J]. IEEE Transactions on Information Theory, 2006, 52(3):1017-1029.

[50] DOUGLAS S C, YUAN Z, OJA E. Average convergence behavior of the Fast ICA algorithm for blind source separation[C], //Charleston ICA'06, SC, USA 2006:790-798.

[51] ALEXANDROV T, GOLYANDINA N. Automatic extraction and forecast of time series cyclic components within the framework of SSA[C]. //Proc. of the 5th St. Petersburg Workshop on Simulation, USA, 2005:45-50.

[52] Hyvarinen A, Oja E. Fast and Robust Fixed-point Algorithm for Independent Component Analysis[J]. IEEE Trans, Neural Networks, 1999,10(3):626-634.

[53] Comon P. Independent component analysis——a new concept?[J]. Signal Processing, 1994, 36,287-314.

[54] P.Maragos, T.F.Quatieri, J.F.Kaiser. On amplitude and frequency demodulation using energy operator[J]. IEEE Transactions on Signal Processing, 1993, 41:1532-1550.

[55] 胡广书．现代信号处理教程[M]．北京：清华大学出版社，2004.

[56] 陆凤波，黄知涛，姜文利．基于 Fast-ICA 的 CDMA 信号扩频序列盲估计及性能分析[J]．通信学报，2011，8：136-142.

[57] 刘琨，杜利民．基于时频域单源主导区的盲源欠定分离方法[J].中国科学 E辑，2008，38（8）：1284-1301.

[58] 肖明，谢胜利．基于频域单源区间的具有延迟的欠定盲分离[J]．电子学报，2007，35（12）：2279-2283.

[59] Ollila E, Visa K. Complex ICA Using Generalized Uncorrelating Transform[J]. Signal Processing, 2009, 89(4):365-377.

[60] Zhang Y,Kassam S A. Multichannel blind source separation and blind equalization using fractional sampling. Proc.ICA, Helsinki, Finland, 2000:285-289.

[61] Sattar F, Siyal M Y, Wee L C. Blind separation of audio signals using improved ICA method. Proceedings of the 11th IEEE SP Work shop on Statistical Signal Processing, 2001:452-455.

[62] Wu J, Saulnier G. Soft output detection of cochannel GMSK signals[J]. IEEE Military Communications Conference[J], 2003, 1(72-77).

[63] Said Elnoubi. Comments on “GMSK with Differential Phase Detection in the Satellite Mobile Channel”. IEEE Transactions on Communications,1992,40(4).

[64] Marvin K,Simon,Charles C, et al. Differential Detection of Gaussian MSK in a Mobile Radio Environment. IEEE Transactions on Vehicular Technology, 1984, 33(4):307-320.

[65] Linz A, Hendrickson A. Efficient implementation of an I-Q GMSK modulator[J]. IEEE Transactions on Circuits and Systems, 1996, 43(1):14-23.

[66] Jones A E, Wilkinson T A H. Performance of GMSK in nonlinear channel[J]. Electronics Letters, 1992, 28(17):1605-1607.

[67] 杨运甫，陶然，王越．一种新的 GMSK 正交调制信号产生方法[J]．电子学报，2005，6：1048-1052.

[68] Elnoubi S. Comments on GMSK with Differential Phase Detection in the Satellite Mobile Channel[J]. IEEE Transactions on Communications, 1992, 40(4):666-669.

[69] Varshney P, Salt J E. BER Analysis of GMSK with Differential Detection in a Land Mobile Channel[J]. IEEE Transactions on Vehicular Technology, 1993, 42(4):683-689.

[70] Mahdavi A, Gordon D, Riley N. Differential GMSK Receivers with Phase Control for Narrowband Radio Communications[J]. Radio Engineering, 1998, 7(4):216-220.

[71] Smith W S, Wittke P H. Differential Detection of GMSK in Rician Fading[J]. IEEE Transactions on Communications, 1994, 42(234):216-220.

[72] Elnoubi S. Analysis of GMSK with Two-Bit Differential Detection in Land Mobile Radio Channels[J]. IEEE Transactions on Communications, 1987, 35(2):237-240.

[73] Horikoshi J, Shimura S. Multipath Distortion of Differentially Encoded GMSK with 2-b Differential Detection in Bandlimited Frequency-Selective Mobile Radio Channel[J]. IEEE Transactions on Vehicular Technology, 1990, 39(4):308-315.

[74] Korn I. Binary PRCPM with Differential Phase Detection and Maximal Ratio Combining Diversity in Fading Channels[J]. IEEE Transactions on Vehicular Technology, 1998, 47(3):936-946.

[75] Korn I. GMSK with differential Phase Detection in the Satellite Mobile Channel[J]. IEEE Transactions on Communications, 1990, 38(11):1980-1986.

[76] Benvenuto N, Salloum A, Tomba L. Further Results on Differential Detection of GMSK Signals[J]. IEEE Transactions on Communications, 1997, 45(7):761-764.

[77] Schools R S. Recording and Reproduction of NRZI Signals[J]. Journal of Applied Physics, 1961, 32(3):42-43.

[78] Xiandeng H, Changxing P. BER Analysis of a GMSK System Using Decision Feedback[J]. Journal of Electronics(China), 2008, 25(4):544-551.

[79] Yongacoglu A, Makrakis D, Feher K. Differential Detection of GMSK Using Decision Feedback[J]. IEEE Transactions on Communications, 1988, 36(6): 641-649.

[80] Kaibin H. Supplementary Proof for "Exact and Approximate Construction of Digital Phase Modulations by Superposition of AMP" by P. A. Laurent[J]. IEEE Transactions on Communications, 2005, 52(2):234-237.

[81] 万坚，涂世龙．通信混合信号盲分离理论与技术[M]．北京：国防工业出版社，2012.

[82] Viterbi A J. A Personal History of the Viterbi Algorithm[J]. IEEE Signal Processing Magazine, 2006, 23(4):120-142.

[83] Huang X, Li Y. The PAM Decomposition of CPM Signals with Integer Modulation Index[J]. IEEE Transactions on Communications, 2003, 51(4): 543-546.

[84] Kaleh G K. Simple Coherent Receivers for Partial Response Continuous Phase Modulation[J]. IEEE Journal on Selected Areas of Communications, 1989, 7(9):1427-1436.

[85] Al-Dhahir N, Saulnier G. I High-Performance Reduced-Complexity GMSK Demodulator[J]. IEEE Transactions on Communications, 1998, 46(11): 1409-1412.

[86] Jie W. Soft Output Detection of Cochannel GMSK Signals[C]. Military Communications Conference, Monterey, 2003, 1(1):72-77.

[87] Heidari S, Nikias C L. Co-channel inferference mitigation in the time-scale domain:the CIMTS algorithm. IEEE Trans On SP, 1996, 44(9):2151-2162.

[88] Y.Q.Li, A.Cichocki, S.Amari.Analysis of Sparse Representation and Blind Source Separation[J]. Neural Computation, 2004, 16:1193-1234.

[89] Y.Q.Li, S.Amari. Underdetermined Blind Source Separation Based on Sparse Representation[J]. IEEE Transactions on Signal Processing, 2006, 54(2):423-437.

[90] Salvatore M, Maria G, Fulvio G. Vessel Detection and Classification:An integrated maritime surveillance system in the Tyrrhenian Sea[C]. 2010 2nd International Workshop on Cognitive Information Processing, Huangshan Mountain, Anhui, China, May 28-31, 2010.

[91] Høye G, Narheim B, Eriksen T, et al. EUCLID JP9.16:Space-Based AIS Reception for Ship Identification[R]. FFI/RAPPORT-2004/01328, 2004.

[92] Eriksen T, Høye G, Narheim B, et al. Maritime Traffic Monitoring Using a Space-Based AIS Receiver[C]. 55th International Astronautical Congress, Vancouver, 2004:240-245.

[93] Meland B J, Høye G, Eriksen T, et al. Maritime Services for Large-Area Surveillance Using a Space-Based AIS Receiver[C]. Eurisy Symposium 2005, New Space Services for Maritime Users:the Impact of Satellite Technology on Maritime Legislation, 2005:75-82.

[94] Eriksen T, Skauen N A, Narheim B. Tracking Ship Traffic with Space-Based AIS:Experience Gained in First Months of Operations[C]. 2010 International Waterside Security Conference, Carrara, 2010:1-8.

[95] Hannevik T N, Olsen O, Skauen A N. Ship Detection Using High Resolution Satellite Imagery and Space-Based AIS[C]. 2010 international waterside Security Conference, Carrara, 2010:1-6.

[96] Narheim B T, Olsen O, Helleren O. A Norwegian Satellite for Space-Based Observations of AIS in the High North[C]. 21st Annual AIAA/USU Conference on Small Satellites, Washington, 2007:1-6.

[97] Timothy J, Meehan. Joint demodulation of low-entropy narrow band cochannel signals[D]. Naval postgraduate school, Monterey, California.

[98] 何民，许斌，钟杰．基于卫星的 AIS 接收链路设计及仿真[J]．电讯技术，

2010，50（9）：114-118.

[99] 钟杰，王怀胜，郑力．星载 AIS 接收冲突分析及仿真[J]．电讯技术，2010，50（10）：6-11.

[100] 王海砚，席在杰，杨文静．星载 AIS 检测概率计算模型与算法分析[J]．电讯技术，2011，51（11）：42-46.

[101] J.F. Cardoso. Blind Beamforming for non-Gaussian Signals[J]. IEE Proceedings. 1993, 140(6), 362-370.

[102] Lei Wang, Rodrigo C.De Lamare. Adaptive Reduced-Rank Constrained Constant Modulus Algorithms Based on Joint Iterative Optimization of Filters for Beam forming[J]. IEEE(2010),1053-587.

[103] John G P, Dimitris K M. Digital Signal Processing[M]. Fourth Edition, Prentice Hall, 2006.

[104] Gudrun H, Torkild E, Bente J M. Space-based AIS for global maritime traffic monitoring[J]. Acta Astronautical, 2008:62(2-3):240-245.

[105] George B. Satellite-Based AIS System Provides Continuous Tracking at Sea. http://www.sea-technology.com/fearutes/2011/0311/ais_system.php

[106] US DoD Joint Spectrum Center. Satellite detection of AIS messages[R]. ITU-R WP8B Meeting Documents, Geneva, September 2005.

[107] LIU Zhang-meng, HUANG Zhi-tao. Direction-of-arrival estimation of wideband signals via covariance matrix sparse representation[J]. IEEE TRANS ON SP, 2011,59(9):4256-4270.

[108] Stutzman W L, Thiele G A. Antenna Theory and Design[M]. John Wiley & Sons, 2nd, 1998.

[109] NELSON D J, SMITH D C. A linear model for TF distribution of signals[J]. IEEE TRANS. SIG. PROC., 5 2006, 4(9):3435-3447.

[110] ITU-R Document 8B/368-E. Satellite Detection of Automatic Identification System Messages Background[S]. 2006.

[111] LIU Y, Mikhale W. Practical frequency domain ICA algorithm capable of solving permutation and gain ambiguities for digital communication system .Electronic Letters, 2004, 40(13):839-840.

[112] Raghuram R, Mikhaela W B. A Comparative Study of Complex Gradient and Fixed-Point ICA Algorithms for Interference Suppression in Static and Dynamic Channels[J]. Signal Processing, 2008, 88(2):399-406.

[113] Bin G, Woo W L, Dlay S S.Single-Channel Source Separation using EMD-Subband Variable Regularized Sparse Features[J]. IEEE Transactions on Audio, Speech and Language Processing, 2011, 19(4):961-976.

[114] LU Feng-bo, HUANG Zhi-tao, JIANG Wen-li, Underdetermined Blind Separation of non-disjoint Communication Signals in the Time-frequency Domain[J]. Journal of national university of defense technology, 2010,05.80-85

[115] Molla M, Khademul I, Hirose K. Separation of Mixed Audio Signals by Decomposing Hilbert Spectrum with Modified EMD[J]. IEICE Transactions on Fundamentals of Electronics, 2006, 89(3):727-734.

[116] Comon P. Independent component analysis——a new concept?[J]. Signal Processing, 1994, 36(3):285-315.

[117] 何昭水，谢胜利，傅予力．信号的稀疏性分析[J]．自然科学进展，2006，16（9）：1167-1173.

[118] E. J. Candes. Compressive Sampling[C]. Proceedings of the International Congress of Mathematics, Madrid, Spain, 2006, 3:1433-1452.

[119] D. L. Donoho. Compressed Sensing[J]. IEEE Transactions on Information Theory, 2006, 52(4):1289-1306.

[120] R.Baraniuk. A lecture on compressed sensing[J].IEEE Signal Processing Magazine, 2007, 24(4):118-124.

[121] 潘申富，李振东，梁庆林．参数估计误差对串行干扰抵消性能影响[J]．电波科学学报，2004，19（1）：17-20.

[122] 张东红，廖桂生．串行干扰消除检测器误码性能的近似分析[J]．西安电子科技大学学报，2007，34（5）：753-757.

[123] 李峰，潘申富．串行干扰抵消器性能分析[J]．无线电工程，2005，35（5）：1-2.

[124] 高鹰，谢胜利．基于相关函数的递推最小二乘算法及其在回波消除中的应用[J]．通信学报，2002，23（9）：114-118.

[125] Patel P, Holtzman J. Analysis of a simple successive interfere cancellation scheme in a DS/CDMA system[J]. IEEE Journal on Selected Areas in Communications, 1994, 12(5):2477-2484.

[126] Lai K C, Shynk J J. Performance evaluation of a generalized linear SIC for DS/CDMA signals[J]. IEEE Trans on SP, 2003, 51(6):1604-1614.

[127] Dankberg M D, Miller M J, Mulligan M G. Self-interference cancellation for two-party relayed communication[P]. US patent 5596439, 1997.

[128] Dankberg M D. Paired carrier multiple access(PCMA) for satellite communication. Pacific Telecommunications Conference, Honolulu, Hawaii, 1998:787-791.

[129] Mengali M, Morelli M. Data-aided frequency estimation for burst digital transmission[J]. IEEE Transactions on Communications. 1997, 45(1):23-25.

[130] Godard D. Self-recovering equalization and carrier tracking in two-dimensional data communication system. IEEE Transactions on Communications, 1980, 28(11):1867-1875.

[131] Areslan H, Molnar k. Iterative co-channel interference cancellation in narrowband mobile radio systems[J]. IEEE Emerging technologies Symposium: Broadband, Wireless Internet Access, 2000.

[132] E. J. Candes, J. Romberg, T.Tao. Robust uncertainty principle:Exact signal reconstruction from highly incomplete frequency information[J]. IEEE Transactions on Information Theory, 2006, 52(2):489-509.

[133] M. Hyder, K. Mahata. An approximate 0 1 norm minimization algorithm for

compressed sensing[C]. IEEE International Conference on Acoustics, Speech, and Signal Processing (ICASSP), 2009, 3365-3368.

[134] M. Hyder, K. Mahata. An Improved Smoothed 0l Approximation Algorithm for Sparse Representation[J]. IEEE Transactions on Signal Processing, 2010, 58(4): 2194-2205.

[135] H. Mohimani, M. Zadeh, C. Jutten. A fast approach for over complete sparse decomposition based on smoothed 0l norm[J]. IEEE Transactions on Signal Processing, 2009, 57(1):289-301.

[136] M. Elad, A. M. Bruckstein. A generalized uncertainty principle and sparse representation in pairs of bases[J]. IEEE Transactions on Information Theory, 2002, 48:2558-2567.

[137] S. Cotter, B. Rao. Sparse channel estimation via matching pursuit with application to equalization[J]. IEEE Transactions on Communication, 2002, 50:374-377.

[138] K. R. Varshney, M. Cetin, J. W. Fisher, et al. Sparse representation in structured dictionaries with application to synthetic aperture radar[J]. IEEE Transactions on Signal Processing, 2008, 56(8):3548-3561.

[139] L. Yun, H. Wen, T. Weixian. Compressed sensing technique for circular SAR imaging[C]. Processing of 2009 IET International Radar Conference, 2009:676-679.

[140] P. Georgiev, F. Theis, A. Cichocki. Sparse component analysis and blind source separation of underdetermined mixtures[J]. IEEE Transaction on Neural Networks, 2005, 16(4):992-996.

[141] V. Delisavljevic, B. Beferull-lozano, M. Vetterli, et al. Directionlets:anisotropic multi-directional representation with separable filtering[J]. IEEE Transactions on Image Processing, 2006, 15(7):1916-1933.

[142] Isidori A. Nonlinear control systems[M]. 3rd ed. London:Bertelsmann Springer

Publishing Group, 2008.

[143] 王军华，黄知涛，周一宇．含噪稀疏信号重构的l0范数期望值最小化方法[J]．国防科技大学学报，2012，34（5）：45-48.

[144] Papoulis A, Pillai S U. Probability, Random Variables, and Stochastic Processes. MCGraw-Hill, 2002.

[145] Lindgren U A,etal. Source separation using a criterion based on second order statistics[J]. IEEE Trans. On Signal Proc. 1998, 46(7):1837-1850.

[146] 廖灿辉，涂世龙，周世东．两同频调制信号混合单通道盲分离的性能界[J]．清华大学学报，2010，50（10）：1646-1650.

[147] S. Durand, J. Froment. Reconstruction of wavelet coefficients using total variation minimization[J]. SIAM Journal on Scientific Computing, 2003, 24(5):1754-1767.

[148] Hazra B, Sadhu A, Roffel J. Hybrid Time-frequency Blind Source Separation Towards Ambient System Identification of Structures[J]. Computer-Aided Civil and Infrastructure Engineering, 2012, 27(5):314-332.

[149] 陆正文，杨龙平．虚拟多普勒测向技术研究，中国电子学会电子对抗分红第十七届学术年会，2011.7．呼伦贝尔，305-312.

[150] Y. Liu, K. Borah. Estimation of time-varying frequency selective channels using a matching pursuit technique[J]. IEEE Transactions on Communication, 2008,35:941-946.

[151] M. R. Raghavendra, K. Giridhar. Improving channel estimation in OFDM systems for sparse multipath channels[J]. IEEE Transactions on Signal Processing, 2005, 12(1):52-55.

[152] G hirmai T, Bugallo M F ,Miguez J, et al. A sequential Monte Carlo method for adaptive blind timing estimation and data detection. IEEE trans .on Signal Proc. 2005, 53(8):2855-2865.

[153] Witrisal K, janssen G J M, et al. Performance enhancement of a dual-signal

receiver system for simultaneous reception of two co-channel signals by applying error correction coding[J]. The 8th IEEE International Symposium on Personal, Indoor and Mobile Radio Communication, 1997(2):698-703.

[154] S. Sailee, P. Olshausen, A. Bruno. Image denoising using learned overcomplete representations[C]. IEEE International Conference on Image Processing, 2003: 381-384.

[155] Brandt-Pearce M. Signal separation using fractional sampling in multiuser communications[J]. IEEE Transactions on Communications. 2000, 48(2): 242-251.

[156] Warner E.S, Proudler I K. Single-channel blind signal separation of filtered MPSK signals[J]. IEEE Proceedings Radar, Sonar and Navigation, 2003, 150(6):396-402.

[157] T. W. Lee, M. S. Lewicki, M. Girolami. Blind source separation of more sources than mixtures using overcomplete representations[J]. IEEE Transactions on Signal Processing Letters, 1999, 6(4):87-90.

[158] Nguyen H L. Blind source separation for convolutive mixtures[J]. IEEE Transactions on Signal Processing, 1995, 45(2):209-229.

[159] Deva, K. Borah. Estimation of fading channels with a parallel matching pursuitstructure[J]. IEEE Transactions on Communication, 2004, 21:5320-5324.

[160] Brian G, Agee, "The least-Squares CMA:A new Technique for Rapid Correction of Constant Modulus Signals." ICASSP (1986),TOKYO, P 953-956.

[161] R.Rinaldo, C.Tobehn. Olsen ect. Space-Based Detection of AIS Signals. The 11th Signal Processing for Space Communication Workshop. IEEE 2010.

[162] Kristian Reiten, Rune Schlanbusch, Raymond Kristiansen. Link and Doppler Analysis for Space-Based AIS Reception. IEEE 2007.

附录 A　AMP 解码方法

在 AIS 信号中，调制指数 $h=0.5$，根据 $x_{0,n}$ 的定义可获得如下结论：

$$x_{0,n}=\prod_{n=0}^{N} iI_n = x_{0,n-1}\cdot iI_n \tag{A.1}$$

其中 $I_n\in\{1,-1\}$，因此 $x_{0,n}\in\{1,-1,i,-i\}$，如果 $x_{0,2n}\in\{1,-1\}$ 则 $x_{0,2n+1}\in\{i,-i\}$，有如下变换规律：

$$\begin{cases} I_{2n}=i(x_{0,2n}x_{0,2n-1}) \\ I_{2n+1}=-i(x_{0,2n+1}x_{0,2n}) \end{cases} \tag{A.2}$$

从式（A.2）可以看出，AIS 信号可分解成四个 PAM 脉冲 $\{h_0,h_1,h_2,h_3\}$ 的和，如图 A.1 所示。脉冲 h_0 包含了 99.19%的信号能量，脉冲 h_1 包含了 0.8%的信号能量，为了简化维特比译码时的复杂度，只使用这两个脉冲作为维特比译码前端的匹配滤波器，如图 A.2（a）所示。

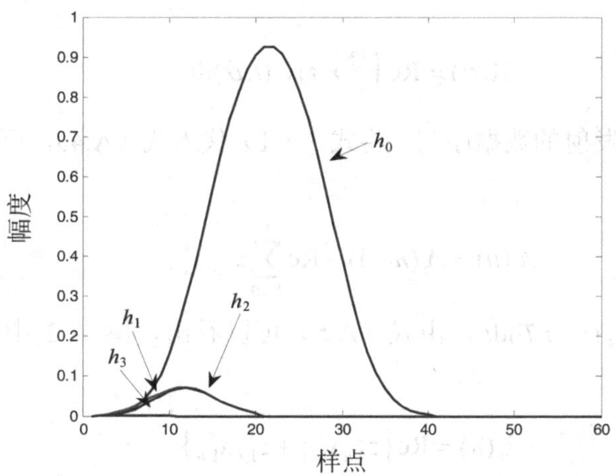

图 A.1　h_0、h_1、h_2、h_3 脉冲波形图

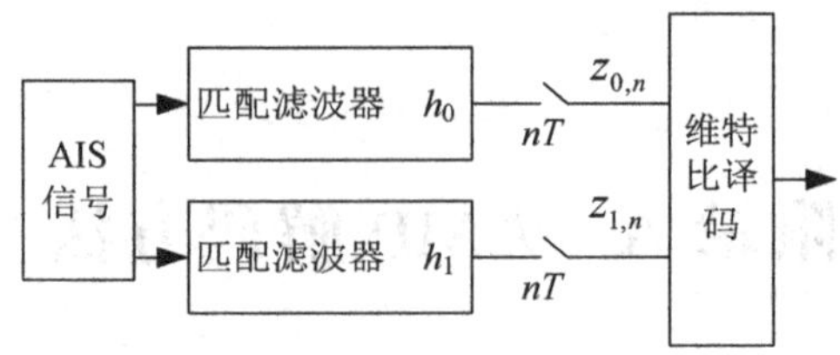

（a）信号处理简图

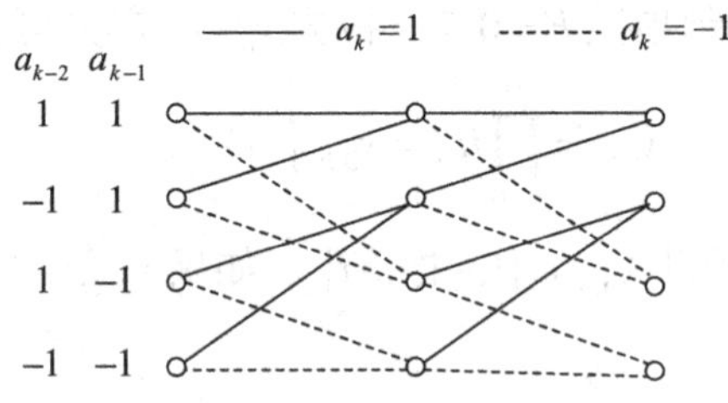

（b）四状态译码流程图

图 A.2 四状态维特比网格图

考虑平坦信道衰落的影响，接收到的信号 $r(t)$ 可用下式表示：

$$r(t) = s(t) + \varepsilon(t) \tag{A.3}$$

其中 $\varepsilon(t)$ 为加性高斯白噪声。对于接收到的信号，在发射端所有可能的信号组合具有相同的先验概率，由于 AIS 信号的恒模特性，最大化对数似然函数等价于最大化相关：

$$\Lambda(\alpha) = \mathrm{Re}\int_{-\infty}^{+\infty} r(t)s^*(t;\hat{\alpha})\mathrm{d}t \tag{A.4}$$

其中，$\hat{\alpha}$ 为可能发射的数据序列。将式（A.1）代入式（A.4），可得到递归路径度量表达式为

$$\Lambda_i(n) = \Lambda_i(n-1) + \mathrm{Re}\sum_{k=0}^{1} z_{k,n}x_{k,n}^* \tag{A.5}$$

其中 $z_{k,n} = \int r(t)h_k(t-nT)\mathrm{d}t$。由式（A.5）可以看出，图 A.2 中网格分支路径度量为

$$\lambda_i(n) = \mathrm{Re}\left\{z_{0,n}x_{0,n}^* + z_{1,n}x_{1,n}^*\right\} \tag{A.6}$$

引入 a_n 作为中间转换变量，$a_n \in \{1,-1\}$。对 a_n 有如下定义：

$$a_n = \begin{cases} x_{0,n} & n \ \text{even} \\ -\mathrm{i}x_{0,n} & n \ \text{odd} \end{cases} \tag{A.7}$$

再结合式（A.2），可得到式分支路径度量的具体表达式为

$$\begin{cases} \lambda_i(2n) = \mathrm{Re}\left\{z_{0,2n}\right\} a_{2n}^i - \mathrm{Im}\left\{z_{1,2n}\right\} a_{2n-2}^i a_{2n-1}^i a_{2n}^i \\ \lambda_i(2n-1) = \mathrm{Im}\left\{z_{0,2n-1}\right\} a_{2n-1}^i - \mathrm{Re}\left\{z_{1,2n-1}\right\} a_{2n-3}^i a_{2n-2}^i a_{2n-1}^i \end{cases} \tag{A.8}$$

图 A.2 表示了维特比接收机的状态网格图。通过式（3.15）和式（3.22）可对网格中的每条分支的 a_n 作度量，最后可解码获得 a_n 序列，再通过下式可获得原码元信息：

$$\begin{cases} I_{2n} = -a_{2n}a_{2n-1} \\ I_{2n+1} = a_{2n+1}a_{2n} \end{cases} \tag{A.9}$$

附录 B　收敛性证明

首先证明全局最优解与最小化问题等价，然后证明最小化问题的全局最优解收敛于 $\boldsymbol{y}=\boldsymbol{A}\boldsymbol{x}$ 的最稀疏解的必要条件是参数 $\delta \to 0$。首先证明最小化问题存在全局最优解。

定理 1： 若稀疏向量 $\boldsymbol{x}$ 的 ∞ 范数有界，非凸最小化问题存在全局最优解为 $\boldsymbol{x}_\delta$。

证明：令解空间 $\boldsymbol{\Omega}=\{\boldsymbol{x}|\boldsymbol{A}\boldsymbol{x}=\boldsymbol{y}\}$，由于稀疏向量 $\boldsymbol{x}$ 的 ∞ 范数有界，则存在某一常数 η 使下式成立：

$$\|\boldsymbol{x}_\delta\|_\infty \leqslant \eta \tag{B.1}$$

所以有

$$\begin{cases} \min \quad F_\delta(x)=\dfrac{2}{\pi}\displaystyle\sum_{i=1}^{n}\int_0^{\frac{x_i^2}{2\delta^2}}\exp(-u^2)\mathrm{d}u \\ s.t. \quad \boldsymbol{A}\boldsymbol{x}=\boldsymbol{y} \\ \qquad \|\boldsymbol{x}\|_\infty \leqslant \eta \end{cases} \tag{B.2}$$

令 $S=\boldsymbol{\Omega}\cap\{\boldsymbol{x}\|\boldsymbol{x}\|_\infty \leqslant \eta\}$，$S$ 是有界闭集且是紧集，由于 $F_\delta(\boldsymbol{x})$ 在 $\mathbf{R}^n$ 上是不间断的，由 Weierstrass 定理[142]可得，等价的最优化问题存在全局最优解。

令 $sp(\boldsymbol{A})$ 表示矩阵 $\boldsymbol{A}$ 最少线性相关的列向量个数，则

$$sp(\boldsymbol{A}) \leqslant rank(\boldsymbol{A})+1 \tag{B.3}$$

再利用文献[143]给出的结论可证明算法的收敛性。

引理 1： 若 $\boldsymbol{y}=\boldsymbol{A}\boldsymbol{x}$ 存在一个解 $\tilde{\boldsymbol{x}}$ 满足

$$\|\tilde{\boldsymbol{x}}\|_0 < sp(\boldsymbol{A})/2 \tag{B.4}$$

则 $\tilde{\boldsymbol{x}}$ 是唯一的最稀疏解。

下面证明当 $\delta \to 0$ 时，最小化问题的全局最优解收敛于 $\boldsymbol{y}=\boldsymbol{A}\boldsymbol{x}$ 的最稀疏解。

定理 2： 若最小化问题的全局最优解为 $\boldsymbol{x}_\delta$，$\boldsymbol{y}=\boldsymbol{A}\boldsymbol{x}$ 的最稀疏解为 $\boldsymbol{x}^*$，且满

足$\left\|\boldsymbol{x}^*\right\| < sp(\boldsymbol{A})/2$，则$\lim\limits_{\delta\to 0}\boldsymbol{x}_\delta = \boldsymbol{x}^*$成立。

证明：由$\boldsymbol{x}^*$是$\boldsymbol{y}=\boldsymbol{A}\boldsymbol{x}$的最稀疏解，即$\boldsymbol{x}^*$是$l_0$范数最小化问题的全局最优解，得

$$\left\|\boldsymbol{x}^*\right\|_0 \leqslant \left\|\boldsymbol{x}_\delta\right\|_0 \tag{B.5}$$

又因为$\boldsymbol{x}_\delta$是最小化问题的全局最优解，可得

$$F_\delta(\boldsymbol{x}_\delta) \leqslant F_\delta(\boldsymbol{x}^*) \tag{B.6}$$

取式（B.6）左右极限有$\lim\limits_{\delta\to 0}F_\delta(\boldsymbol{x}_\delta) \leqslant \lim\limits_{\delta\to 0}F_\delta(\boldsymbol{x}^*)$，由$\lim\limits_{\delta\to 0}F_\delta(\boldsymbol{x}) = \left\|\boldsymbol{x}\right\|_0$，可得

$$\left\|\boldsymbol{x}_\delta\right\|_0 \leqslant \left\|\boldsymbol{x}^*\right\|_0 \tag{B.7}$$

由式（B.7）可知当$\delta \to 0$时，有

$$\left\|\boldsymbol{x}_\delta\right\|_0 = \left\|\boldsymbol{x}^*\right\|_0 < sp(\boldsymbol{A})/2 \tag{B.8}$$

由引理 1 可知，当$\delta \to 0$时$\boldsymbol{x}_\delta$也是$\boldsymbol{y}=\boldsymbol{A}\boldsymbol{x}$的最稀疏解，即$\lim\limits_{\delta\to 0}\boldsymbol{x}_\delta = \boldsymbol{x}^*$成立。